디지털 전환 시대의 전자무역

디지털 전환 시대의 전자무역

초판1쇄 인쇄　2022년 6월 22일
초판1쇄 발행　2022년 6월 29일

지 은 이　이호형
펴 낸 이　신일희
펴 낸 곳　계명대학교 출판부
출판등록　제347-1998-1호(1970. 9. 1)
주　　소　대구광역시 달서구 달구벌대로 1095
대표전화　053-580-6233
팩　　스　053-580-6235
홈페이지　www.kmupress.com

ISBN 979-11-6516-146-0　93320　　정가 19,000원

디지털 전환 시대의 전자무역

이호형

계명대학교 출판부

머리말

4차 산업혁명 시대는 디지털 대전환의 시대이다. 무역은 전자문서 교환의 무역자동화를 거쳐 인터넷 등 정보통신기술을 활용한 전자무역의 시대로 발전하였다. 전자무역은 무역의 디지털 전환을 통해 새로운 무역 비즈니스 모델로 변화하고 고객가치 창출과 거래비용 절감을 목표로 하는 디지털 무역으로 진화하고 있다.

무역 거래 전반적인 지식과 정보를 바탕으로 전자무역 환경에서 유능한 인재를 양성하기 위한 과정을 대학에서 개설하고 있다. 전자무역 환경에 적합한 인재 양성, 글로벌 환경에서의 전자상거래에 대한 이해, 기존의 무역과 전자상거래의 차이점과 활용 방법, 전자상거래의 기본 요소와 4차 산업혁명의 응용기술에 대한 이해, 글로벌 전자상거래를 자세히 다루기 위해 이 책을 썼다. 기존에 있는 전자무역 교재들은 4차 산업혁명의 신기술과 무역의 디지털 전환 현상에 대한 설명이 부족하다. 사실 연구자들이 급변하는 전자무역 환경을 따라가기 힘든 부분도 있다. 분명한 것은 전자무역 인프라를 활용하여 국제화 시대의 국제경쟁력 향상을 도모하는 기업은 많이 늘어날 것이며 이에 전자무역을 활용할 수 있는 인력 수요도 증가할 것이므로 본 도서의 교육·연구 기여도를 예상할 수 있다.

본 책의 1장에서는 무역자동화와 전자무역의 역사, 전자무역의 개념, 무역의 디지털 전환에 대해 학습한다. 2장에서는 전자무역의 업무단계별 장점, 전자무역 활용사례, 전자무역 활성화 정책을 학습하여 전자무역의 필요성에 대해 이해한다. 3장에서는 현재 완성된 전자무역 인프라인 uTradeHub를 알아보고 uTradeHub 무역포탈, 전자통관과 원산지관리시스템 등 전자무역 실무에 대해 이해한다.

4장에서는 전통적으로 전자무역의 영역이었던 글로벌 B2B 전자상거래, 특히 무역거래알선사이트(e-Marketplace)에 대해 자세히 알아보고 B2B 인터넷무역마케팅 방법에 대해 이해한다. 5장에서는 급성장하고 있는 글로벌 B2C 전자상거래, 특히 국경 간 전자상거래에 대해 알아보고 국경 간 전자상거래 플랫폼에 계정을 만들고 입점하여 상품 등록, 판매관리, 대금 정산 등을 진행하는 과정을 실습한다.

6장에서는 4차 산업혁명이 무역에 미칠 영향과 무역업계의 대응 방안, 새로운 국제통상 질서에 대해 이해한다. 4차 산업혁명 기술별 전자무역 구현 사례와 무역절차별 4차 산업혁명 적용 가능성을 이해한다. 7장에서는 좀 더 심화하여 블록체인과 스마트 계약의 원리와 종류, 솔루션에 대해 이해한 후 블록체인을 활용할 수 있는 전자무역 분야에 대해 알아본다. 8장에서는 빅데이터의 개념, 중요성, 특징, 유형에 대해 이해한 후 전자무역 분야에 빅데이터가 활용되는 사례들을 파악한다.

9장은 코로나19 팬데믹 이후 뉴노멀로 자리 잡은 비대면 무역에 대해 다룬다. 비대면 무역 지원정책, 지원 서비스, 활용 수단에 대해 자세히 알아보고 비대면 무역에서 늘어난 사기 수법을 파악하고 예방할 수 있다. 마지막으로 10장은 디지털 무역에 관한 내용이다. 디지털 경제, 글로벌 전자상거래, 거대 디지털 기업의 등장으로 디지털 무역마찰이 대두되고 있다. 이를 해결하기 위한 디지털 무역 관련 협정과 국제규범에 대해 알아본다.

본 책을 통해 학습자들은 디지털 전환 시대의 전자무역 활용 능력을 갖춘 미래 인재로 성장하고 글로벌 시장을 누비는 창의적인 무역 전문가로 활약할 것이다. 끝으로 본 책이 출판되기까지 많은 도움을 아끼지 않은 가족들과 계명대학교 출판부에 감사의 마음을 전한다.

차 례

1장

무역의 디지털 전환

학습 목표

- 무역자동화와 전자무역의 역사와 정의를 이해한다.
- 무역 문서의 전산화, 무역업무의 디지털화, 전자무역의 디지털 전환에 대해 구분할 수 있다.
- 4차 산업혁명 시대에 전자무역이 디지털 전환의 핵심이 될 것을 전망할 수 있다.

학습 목차

1장

무역의 디지털 전환

제1절 무역자동화와 전자무역

1. 무역자동화의 역사

1) 무역의 역사

대한민국의 대외무역법 제2조 제1항에서는 "무역"을 "물품 등"의 수출과 수입으로 정의하고 있다. 국가와 국가 사이에 상품을 교환하는 행위인 무역은 세계적으로 그 역사가 매우 오래되었다. 동물 중에서 원숭이 같은 영장류는 서로 음식과 서비스를 교환하지만, 장거리 무역은 오직 호모 사피엔스(현생인류)에서만 볼 수 있는 행동이다.

석기시대에 이미 장거리 교역이 일어났다는 증거가 있으며 메소포타미아 문명에는 무역의 기록이 남아 있다. 메소포타미아 지역의 무역은 지중해를 거쳐 유럽까지 진출했고 동쪽으로는 중국까지 영향을 미쳤다. 그리스와 로마는 지중해 무역을 장악했었지만, 서로마제국이 멸망하면서 인도양으로 무역의 중심이 옮겨갔다. 이슬람 국가들은 무역에 적극적이었다. 천 년 가까이 유럽인은 이슬람 상인에 의지하여 교역하였다. 유럽의 항해기술이 발전하기 시작한 대항해시대를 맞이하여 오늘날처럼 서양 국가들이 무역을 지배하는 시대가 열렸다. 초기에는 스페인과 포르투갈이 서쪽 항로를 개척하고 신대륙을 식민지로 삼았다. 한 세기 뒤 네덜란드인에게 밀려났고, 결국 영국 동인도회사가 세계 무역을 장악하였다. 무역의 세계사에서 우리가 분명하게 알 수 있는 사실은 강대국들이 대부분 무역을 통해 발전하였다는 것이다.[01]

2) 무역의 위험

오랜 세월 동안 무역은 운송과 대금결제에 있어서 위험부담이 컸었다. 무역상들은 화물과 함께 길고 위험한 여정을 거쳐야만 했다. 멀리 있는 국가까지 수출하는 과정에서 여러 중개인을 통해 상품이 전달되었다. 그래서 중국에서 출발한 비단이 로마에 도착하면 원래 가격보다 백배나 비싸졌다. 육로와 비교해 해로가 더 안전하고 이동 속도가 빠르지만, 폭풍과 해적 등으로 선박과 화물을 잃을 위험이 컸다. 그래서 해상적하보험이 발달하였다.

무역 대금결제는 물물교환이 원칙이었으나 점차 금과 은을 대금결제의 수단으로 사용하는 비중이 늘어났다. 고대 그리스와 로마 시대부터 환어음과 신용장의 개념은 존재했지만 상용화되지는 않았다. 근대적인

---

01 윌리엄 번스타인, 무역의 세계사, 라이팅하우스, 2019.

금융시스템이 등장하기 전에도 무역이 활발한 국가와 상인들 간에 신용시스템이 존재했었다. 결국, 19세기 중반부터 영국의 상업은행들을 중심으로 국제무역 대금의 결제 수단으로 신용장이 본격적으로 사용되기 시작하면서 무역 거래에서의 대금결제 위험이 해소되기 시작했다.[02] 미국은 1914년에 비로소 신용장 발행이 시작되었고, 1933년에 신용장 통일규칙이 제정되었다.

신용장과 선적서류의 전달은 대부분 우편과 텔렉스(telex)[03]에 의하여 전송되다가 1973년에 SWIFT[04] 시스템이 출범하면서 전자적 메시지 전송이 자리 잡기 시작했다.[05] 하지만 SWIFT는 금융기관 간의 폐쇄적인 메시지 통신망이며 여전히 대부분 무역서류는 종이서류로 전달되고 있었다. 그나마 대한민국에 SWIFT 시스템이 본격 가동된 것은 1992년이다. 2022년 현재 세계 200여 개국 금융기관(중앙은행 등)과 기업이 가입해 있다. SWIFT에서 차단되는 국가는 무역거래가 불가능해진다.

3) 무역자동화의 추진

종이서류 전달방식은 많은 업무처리 시간과 인력이 필요하고 서류를 잃어버리거나 오류가 생기는 문제가 있었다. 1980년대 들어와 미국 등

---

02 김현미, 전자신용장(e-L/C)의 활성화를 위한 거래 실무상의 문제점과 해결방안에 관한 연구, 전남대학교 대학원 학위논문, 2012.

03 전신타자기를 전화망처럼 연결해서 텍스트 기반 메시지를 주고받는 서비스이다. 1931년에 사용이 개시되어 제2차 세계대전 이후 무역 통신을 지배하다가 1980년대 팩시밀리에 그 자리를 내주었다. 한국에는 1965년에 도입되었다. 텔렉스는 글자 단위로 비용을 지급하므로 무역용어에 약어가 많은 것이다.

04 Society for Worldwide Interbank Financial Telecommunications

05 채진일, 글로벌 전자무역에서 SWIFT의 TSU BPO의 도입과 과제, 무역상무연구 제49호, 2011.

선진국을 중심으로 서류 없는 무역 거래를 추진하기 시작하였다. 1987년 유엔유럽경제위원회(UNECE)에서 EDIFACT[06]를 제정하였다. UN/EDIFACT는 행정, 상업 및 운송을 위한 전자문서 교환 국제표준이므로 전자무역 확산의 계기가 되었다.

1971년 미국에서 개발된 전자우편(e-mail)은 1990년대 들어 기업들이 무역업무에 활용하는 것이 일반화되었고 1983년에 보급된 팩시밀리(FAX)는 텔렉스를 대체하기 시작했지만, 무역서류의 전자화는 요원하였다. 한국 정부는 1987년 '국가 전산화 확대 회의'에서 무역업무의 전산화 방침을 수립하였다. 1989년 당시 상공부(지금의 산업통상자원부에 해당)는 종합무역업무자동화 기본계획을 수립하였고 1991년 12월에 「무역자동화 촉진에 관한 법률」을 제정하였다. 한국무역협회의 100% 출자로 설립된 한국무역정보통신(KTNET)을 1992년 12월에 정부에서 무역자동화 지정사업자로 정하면서 본격적인 무역자동화 사업이 시작되었다.[07]

1994년 1월 상역[08], 외환 부문의 서비스를 시작으로 보험, 통관, 물류 부문까지 자동화가 완료되었다. 관세청, 외국환은행은 물론 모든 무역 관계기관과 무역회사가 VAN(value added network)[09] EDI망으로 연결되었다. 처음부터 이 EDI망은 글로벌 네트워크와 연동되어 국제적으로도 서류 없는 무역업무처리가 가능했다. 1997년 10월에 종합적인 무역업무

---

06 Electronic Data Interchange For Administration Commerce and Transport

07 김동구, 우리나라 무역자동화(EDI) 운영의 개선방안에 관한 연구, 산학경영연구 제11호, 1998.

08 상역(商易)은 상업적 교역, 즉 상업적 거래를 의미한다. 무역에서 외환, 물류, 통관을 제외한 업무 대부분을 상역으로 분류할 수 있다.

09 부가가치통신망. 인터넷이 아닌 독자적인 통신망이며 유료서비스를 부가하여 구성한 통신망을 지칭한다. 지금도 카드결제 단말기 서비스 등으로 사용되고 있다.

자동화서비스가 완성되었다. 비로소 전자문서교환(EDI) 방식을 활용하면서 무역업무를 사무실 컴퓨터에서 처리하는 것이 가능해졌다. 종이서류를 들고 무역유관기관을 방문하는 데 들어갔던 시간과 비용이 대폭 단축되기 시작한 것이다.

4) 무역 EDI의 이해

무역자동화는 무역에 관련된 각종 자료를 데이터베이스로 관리하고 각종 무역 서식을 컴퓨터를 이용하여 EDI를 통해 전송하는 것으로 궁극적으로 서류 없는 무역업무를 실현하려는 것이다. EDI(Electronic Data Interchange)는 거래 데이터 문서를 표준화하여 통신망으로 송·수신자가 직접 전송·수신하는 정보전달방식이다. 무역에 필요한 서류를 표준화된 서식을 통해 서로 합의한 통신표준을 이용하여 전송한다. 그러므로 국제무역에서 각종 서류의 처리 시간 단축, 비용 절감 등으로 생산성을 획기적으로 높인다. 하지만 전자문서교환의 대상은 재입력이 필요 없는 정형화된 자료만 대상으로 한다.

무역 EDI의 핵심적인 구성요소는 EDI 표준(Standards), 사용자시스템(User System), 통신사업자(VAN), 네트워크약정(N/A), 거래약정(I/A)이다.

EDI 표준은 전자문서의 교환을 보장하는 공통언어이다. 국제 EDI 표준은 UN/EDIFACT이고 미국은 미국표준협회(ANSI)의 X.12 규격 위원회에서 EDI의 표준을 정한다. 한국은 한국전자거래진흥원이 UN/EDIFACT의 한국 대표기관으로서 UN/EDIFACT를 준용하는 KEDIFACT를 제정하여 보급하고 있다. SWIFT처럼 국제 금융산업에서 적용되는 표준도 있고 대형 유통기업에서 기업 내부적인 EDI 표준을 정하는 예도 있다.

네트워크약정(Network Agreement: N/A)은 사용자와 서비스 제공자 간의 EDI 서비스 이용약정을 의미한다. 서비스의 종류 및 내용, 이용자 ID, 비밀번호 및 발신자 식별값, 서비스 이용요금 및 청구방법, 업무처리상의 오류 및 분쟁 해결절차 등에 대하여 KTNET과 약정한다.

거래약정(Interchange Agreement: I/A)은 KTNET이 아닌 사용자 간에 EDI 업무처리 약정을 하는 것이다. 외국환은행들은 전자무역업무 이용 신청서를 따로 받고 있으며 이 절차가 거래약정인 것이다. EDI로 처리할 전자문서 및 표준에 대해 합의한다. 업무별 사용자를 명시하고 수발신인을 확정한다. 전자문서 송수신시간과 비용부담을 합의한다. EDI 서비스 제공업자와 데이터통신망을 명시한다. 업무 처리상 오류와 분쟁 발생 시 해결할 절차 등을 합의한다.

2. 전자무역의 추진

1) 국내 전자무역 추진 동향

1990년대에 무역자동화 사업이 추진되는 가운데 정보통신기술의 발달에 따른 3차 산업혁명이 일어났다. 인터넷을 비롯한 새로운 정보통신기술의 보급이 가속화되면서 정보통신기술을 활용하는 무역업무를 무역자동화 개념에 머물러 두기 어렵게 된 것이다. 전자문서교환(EDI)도 인터넷 방식의 Web-EDI로 확장되었다. 그리고 미국에서 일어난 9.11 테러와 동아시아 SARS(중증급성 호흡 증후군) 여파로 인해 비대면 무역 거래의 필요성이 증대되었다. LG전자, 삼성, POSCO, 현대자동차 등 대기업은 자체 전자무역시스템을 구축·운용 중이었다.

1990년대 무역자동화 추진 과정에서 정부 및 관련 기관과의 유기적 협조체제가 미흡한 것으로 평가되었다. 전자무역업무 전반에 걸친 종합계획이 부재했다.

이에 한국 정부는 무역 과정을 근본적으로 혁신하고 고비용 무역구조를 획기적으로 개선할 수 있는 전자무역을 효과적으로 활성화하기 위해 국무총리를 위원장으로 하는 '국가전자무역위원회'를 2003년 설치했다. 이 위원회에서 전자무역의 추진과 관련된 기본방향 및 종합계획에 관한 사항과 법·제도를 정비하고 개선하는 사항 등에 대하여 협의·조정하였다.

국가전자무역위원회에서 전자무역촉진 3개년 계획을 마련하여 2004~2006년 동안 누구나 언제 어디서나 온라인으로 전 세계를 대상으로 가장 효과적이고 경제적인 방법으로 무역 활동을 할 수 있는 4대 추진 전략을 실행에 옮겼다.

표1 전자무역 4대 추진 전략

① 인터넷 환경에 맞는 범국가적 전자무역 인프라 조성 - 인터넷 기반의 전자무역 구현을 위한 시스템적·제도적 기반 마련 ② 단절 없는 전자무역서비스 실현 - 무역절차별 전자무역 촉진 저해요소를 발굴하여 개선 ③ 국가 간 서류 없는 무역 실현을 위한 대외협력 강화 - 글로벌 전자무역 구현을 위한 국제협력 활동에 주도적 참여 ④ 대업계 전자무역 활용 확산 가속화 - 전자무역 수출지원사업 확대 및 사용자 친화적인 환경 구축

자료: 관계부처 합동, 전자무역촉진 3개년 계획, 2003.

3년간의 구축 기간을 거쳐 인터넷 기반으로 고도화된 새로운 전자무역 플랫폼인 uTradeHub가 2008년 7월 오픈되었다. 다음은 추진 과정이다.

- 2006년 12월 산업자원부가 KTNET을 전자무역기반사업자로 지정 (근거: 전자무역 촉진에 관한 법률)
- 2008년 7월 전자무역 플랫폼 uTradeHub 서비스 시작
- 2008년 9월 법무부의 상법 개정을 통해 전자선하증권 등록기관 지정
- 2009년 5월 지식경제부의 대외무역법 개정을 통해 구매확인서 전자 발급 기관으로 KTNET을 지정하고 유통 서비스 개시

2) 전자무역 촉진에 관한 법률

정부의 「무역자동화 촉진에 관한 법률」이 오히려 전자문서교환(EDI)의 걸림돌이 된다는 지적이 일면서 2005년 「전자무역 촉진에 관한 법률」로 법명을 변경하고 내용을 전면 개정하였다. 「무역자동화 촉진에 관한 법률」은 폐쇄적인 시스템 내부에서 운용하는 무역 프로세스에 적용되기 때문에 웹 기반의 전자무역을 포함한 전자무역법으로 개정한 것이다.

「전자무역 촉진에 관한 법률」은 전자무역의 기반을 조성하고 그 활용을 촉진하여 무역절차의 간소화와 무역정보의 신속한 유통을 실현하고 무역업무의 처리 시간 및 비용을 줄임으로써 산업의 국제경쟁력을 높이고 국민경제의 발전에 이바지함을 목적으로 하고 있다.[10] 이 법에서는 전자무역을 무역의 일부 또는 전부가 "전자무역문서"로 처리되는 거래로 정의하고 있다.[11] "전자무역문서"란 전자무역에 사용되는 「전자문서 및 전자거래 기본법」 제2조 제1호에 따른 전자문서를 말한다.[12] "전자문서"란

---

10 전자무역 촉진에 관한 법률 제1조.
11 전자무역 촉진에 관한 법률 제2조 제1호.
12 전자무역 촉진에 관한 법률 제2조 제4호.

정보처리시스템에 의하여 전자적 형태로 작성·변환되거나 송신·수신 또는 저장된 정보를 말한다.[13]

3) 세계 전자무역 추진 동향

UN, APEC[14], OECD(국제개발협력기구)[15] 등 국제기구는 전자상거래의 활성화를 위한 법률, 조세제도, 표준 등에 관한 논의를 진행하였다. APEC은 나라별 paperless(서류 없는) 무역을 위한 개별실행계획(IAP: Individual Action Plan)을 작성하고 로드맵을 마련하였다. 이에 한국 정부는 국가전자무역 종합계획안을 토대로 한국의 전자무역 IAP를 수정하여 APEC 사무국에 제출하였다. APEC에서는 선진국은 2005년, 개발도상국은 2010년까지 서류 없는 무역기반을 마련토록 권고하였다.

UNECE(유엔유럽경제위원회) 산하 CEFACT(전자거래 및 무역촉진센터)가 운영하는 UN/CEFACT(유엔전자거래무역촉진기구)에서는 ebXML[16] 기반의 국제전자상거래 표준안을 완성하였다. 그리고 무역과 국제거래에 관한 상법을 제정하는 UN 보조기관인 UNCITRAL[17]에서는 전자계약 국제협약을 2013년 3월 1일부터 정식 발효하였으나 협약을 비준한 국가들이 많지 않다.

OECD는 온라인 디지털 상품 거래에 대한 소비세 및 소득세 부과를

---

13 전자문서 및 전자거래 기본법 제2조 제1호.

14 Asia-Pacific Economic Cooperation

15 Organization for Economic Cooperation and Development

16 electronic business XML(eXtensible Markup Language). 비즈니스 데이터를 안전하게 주고받는 데 XML을 사용하는 개방형 표준

17 United Nations Commission on International Trade Law, 국제상거래법위원회

논의하고 있으며, 국제상공회의소(ICC)는 전자신용장 통일규칙(eUCP)을 도입하여 전자신용장 기초를 마련하였다.

세계 선진국들은 국가 전체의 e-비즈니스 전략의 하나로 전자무역과 전자정부를 정부의 주요 정책으로 추진하고 있다. 세계 주도권을 잡기 위한 경쟁도 치열하다. 세계 전자무역 추진을 선도하는 미국은 전자무역을 추진하는 전담기관인 ITDS(International Trade Data System)를 구성하여 ACE(Automated Commercial Environment) 구축을 완료하고 고도화하고 있다. ACE는 수출입 정보의 보고 및 허가 시스템이다.

영국은 인터넷 기반의 무역포탈 서비스를 구축하였다. 서류 없는 무역환경 구축을 위하여 노력하고 있으며 내각 내 특별 전담기구인 e-Envoy를 설치하였다가 eGU(전자정부)로 대체하였다.

일본은 자국 무역자동화시스템을 동남아 국가들에 도입하자고 제안(ASEAN+3)하였다. 싱가포르는 정부 주도로 전자무역 지정사업자(CrimsonLogic) 제도를 운용하고 있다.

제2절 전자무역의 개념

1. 전자무역의 개념

1) 전자무역의 개념과 비전

전자무역은 「전자무역 촉진에 관한 법률」에서 규정된 용어이다. “전자무역"이란 무역의 일부 또는 전부가 전자무역문서로 처리되는 거래를 말한다. 전자무역의 법적인 정의는 축약되어 있으므로 다음과 같이 풀어서 설명할 수 있다. 전자무역은 "고객 발굴, 상담, 계약, 원자재 조달, 운송, 통관, 결제에 이르는 모든 무역업무를 인터넷과 정보통신기술을 활용하여 시공간의 제약 없이 처리하는 새로운 형태의 무역이다."[18] 그리고 전자무역은 무역 거래방식을 전자화하는 무역자동화를 넘어, 궁극적으로 4차 산업혁명과 디지털 기술을 활용하여 무역의 구조와 무역 프로세스를 근본적으로 개선하는 과정이다.

전자무역 프로세스는 기업이 수출입 과정에서 하는 연결된 통관, 물류, 결제 같은 활동과 수출입 관련 기업들이 선사, 외국환은행, 포워더 등과 주고받는 문서(정보)의 흐름으로 정의할 수 있다. 전자무역 인프라는 이러한 문서(정보)의 교환을 전자적 방식으로 처리하는 기능을 제공하는 uTradeHub를 말한다. 전자무역 관련 산업은 전자무역 인프라에서 연계하여 무역 프로세스에 참여하는 다양한 기업들, 즉 전자상거래, 금융, 물류, 보험 산업 등을 포괄한다.

전자무역의 비전은 언제 어디서나 Single Window(단일창구)를 통해 해외시장조사에서 통관, 물류, 결제에 이르는 수출입 전 과정 업무를 가장 경제적이고 효과적인 방법으로 수행 가능한 시스템을 구축하는 것이다. 개별 기업이 전자무역 플랫폼을 통해 기업 내부업무와 같게 전자무역 업무를 처리할 수 있는 시스템을 지향한다. 이것은 uTradeHub 디지털무역물류플랫폼의 데이터연계를 제공하는 공개 API 통합서비스를 통해 실현되었다.

---

18 관계부처 합동, 전자무역촉진 3개년 계획, 2003.

2) 전통적인 무역과 전자무역의 비교

전통적인 무역에서는 회사의 공식 근무 시간에만 일할 뿐만 아니라 바이어의 시차를 수용하기 위해 초과 근무도 했었다. 하지만 아무리 열심히 일해도 사람이 24시간 연속으로 일하는 것은 불가능하다. 이제 전자무역 시스템에서 업무 자동처리의 비중이 높아짐에 따라 24시간 연속적으로 거래가 이루어지는 시대에 접어들었다. 전자무역의 장점은 데이터를 재입력할 필요가 없다는 것이다. 담당자는 자동 생성된 주문정보 등 온라인에서 획득한 데이터를 재입력할 필요 없이 확인만 하면 된다.

전통적인 무역에서는 수출업자, 수입업자, 대리점, 도매업자 등의 중개자(Intermediary)가 항상 존재했지만, 전자무역 시대에는 수출자와 소비자 간의 직접구매 또는 역직구의 비중이 증가하고 중개자의 역할이 감소하고 있다. 전통적인 무역에서는 물리적 시장이 있기 때문에 글로벌 기업만이 전 세계를 상대할 수 있었다. 전자상거래 시대에 중소기업은 온라인으로 글로벌 시장을 개척할 수 있다.[19]

전자무역 시대의 마케팅 활동은 쌍방향 커뮤니케이션을 통해 1:1 접촉이 가능하다는 장점이 있다. 전통적인 마케팅 활동은 바이어의 의지와 상관없이 일방적인 마케팅이었다. 불특정 다수의 바이어를 대상으로 수출상품을 홍보하기 위한 마케팅 활동을 펼쳤다.

고객의 문의에 담당자가 직접 응답하는 방식에는 한계가 있다. 주문이 많아질수록 고객 문의 및 불만도 많아져 많은 기업에서 고객 문의에 당일 대응 및 처리를 하기 어려운 상황이다. CRM(고객 관계 관리) 솔루

---

19 최하늘, 이호형, 스마트무역의 이해, 계명대학교출판부, 2021.

션을 도입한 기업은 실시간으로 마케팅을 자동화할 수 있다. 이메일, 메시지, 소셜 미디어와 같은 반복적인 마케팅 작업을 자동화할 수 있다. 사람이 수동으로 처리하는 것보다 효율적이며 고객 문의에 즉시 대응할 수 있다. 인공지능(AI) 기술을 활용해 고객의 행동과 습관을 분석해 최적의 타이밍에 고객 관리가 가능하다.

물리적 시장에서 상거래는 상점과 같은 특정 장소에서 이루어진다. 그러므로 재고 관리는 중요하며 시간과 공간의 제약을 받게 된다. 그러나 가상 공간 시장에서는 시간과 공간의 제약이 제거되고 물리적 공간에서는 불가능한 서비스가 제공될 수 있다. 스마트폰의 보급은 가상공간을 시장으로 확대하고 가상공간과 물리적 공간을 연결하는 데 크게 기여하고 있다. 온라인과 오프라인을 결합한 O2O 현상은 전자무역 분야에서도 활발하다.

전통적으로 신용장, 추심, 송금은 외국환 은행을 통한 국제무역거래에서 가장 중요한 결제수단이다. 전자적 수단을 통한 무역결제가 가능하지만 이용률이 기대만큼 증가하고 있지는 않다.

오랫동안 무역은 무역 문서를 종이 형식으로 전달하는 방식으로 처리되었다. 우편이나 팩스로 보내는 것은 궁극적으로 종이 문서를 전달하는 것이었다. 이제 EDI(Electronic Document Interchange)와 인터넷의 도입으로 Paperless Trade의 시대가 열렸다.

표2 전통적인 무역과 전자무역의 주요 특성 비교

구분	전자무역	전통적 무역
무역 형태	직접무역 (수출기업-소비자)	간접무역 (수출기업-Intermediary -소비자)

거래대상 지역	전 세계	한정된 지역
거래시간	24시간	제약된 시간
고객 수요 파악	온라인으로 수시획득 Data 재입력이 필요 없음	Agent의 활동 정보의 재입력이 요구
마케팅 활동	양방향 통신을 통한 1:1 접촉	바이어의 의사가 무시된 일방적인 마케팅
고객 대응	고객 불만에 즉시 대응	고객 불만에 대응 지연
판매거점	가상공간	물리적인 시장
통관 및 수출입	전자문서	종이문서
대금결제	전자화폐, 전자자금 이체	신용장, 환어음, 현금, 수표

3) 전자무역의 효과

단순히 종이문서를 전자문서로 대체하는 것이 아닌 무역사업 전반의 혁신을 통해 전자무역을 통한 거래비용 절감이 가능하다. 무역 자동화 시대에는 무역 업무의 일부만 온라인으로 처리할 수 있었고 전자 문서는 종이 문서로 다시 인쇄되는 경우가 많았다. 이제 인터넷 기반의 전자상거래 플랫폼인 uTradeHub와 회사 내부정보시스템을 연동하여 모든 거래 절차의 디지털화를 실현하였다. 기업의 가장 중요한 자원인 노동시간을 획기적으로 단축하여 무역의 핵심가치인 해외시장 개척과 관리에 시간을 할애할 수 있게 되었다.

2009년 기준 전자무역의 활용률은 수출입 통관 98%, 외환거래 40%로 확인되었다. 한국의 전자무역은 80,000개 이상의 무역 회사, 은행, 보험 회사, 관세사, 보세 창고, 운송 회사, 항공사 및 무역 관련 기관을 연결하는 최상위 무역 커뮤니티를 구축했다. 875종의 무역 문서가 디지털화되었다. 연간 3억 6,000만 건의 거래서류가 전자적으로 처리되기 때문

에 전자무역을 통한 경제적 효과는 약 6조 원으로 추산된다.[20]

한국은 세계에서 무역 의존도가 가장 높으며 세계 7위의 수출대국이다. 무역 인프라의 경쟁력이 중요한 나라이다. 2010년이 되자 한국의 전자무역 서비스 수준은 이미 완성 단계에 이르렀다. 한국으로부터 ODA(공적개발원조)를 받는 국가들은 한국의 전자무역에 큰 관심을 보였고, 한국의 전자무역과 전자통관시스템은 몽골, 리비아, 칠레 등 여러 국가에 수출되었다. 글로벌 전자무역 네트워크가 없으면 한국의 전자무역 인프라가 아무리 좋아도 제 기능을 할 수 없다. 따라서 글로벌 전자문서교환 서비스, 국제협력활동, 국제공인인증기관의 상호인정제도, 전자무역시스템의 수출 등 글로벌 전자무역 확산을 위한 노력이 뒤따라야 한다.[21]

2. 전자무역의 유사 개념

1) 사이버 무역

전자무역의 법적 용어로 무역자동화의 개념을 확립하는 과정에서 가상공간을 이용한 국제무역, 즉 사이버무역(International Trade Carried by Cyber Space)이라는 개념이 주목을 받았다. 사이버 무역은 인터넷과 정보통신기술을 기존 무역에 접목한 새로운 무역 형태로 받아들여졌다.

---

20 한국무역협회 국제무역통상연구원, 무역절차의 그린화, 전자무역의 경제적 효과분석, Trade Focus Vol. 9 No.64, 2011.

21 최하눌, 이호형, 스마트무역의 이해, 계명대학교출판부, 2021.

사이버 무역은 가상 공간에 존재하는 글로벌 시장에서 낮은 거래 비용을 무기로 서비스와 같은 무형의 재화와 유형의 재화를 사고 파는 무역 거래이다. 사이버 무역은 전자무역이라는 법적 용어가 정착됨에 따라 이제는 사용되지 않고 있다.

2) 인터넷무역

인터넷무역은 인터넷을 이용하여 무역거래 및 중개관계를 하고 EDI(전자문서교환)를 통해 지급, 선적, 보험, 통관 절차를 수행하는 무역거래이다. 수출자가 전자상거래에 상품을 내놓으면 구매를 원하는 수입자가 온라인으로 가격상담을 하고 계약을 체결하고 전자적으로 결제할 수 있다. 무역 방식에서 전자상거래의 비중이 증가함에 따라 세계 각국은 이 분야에서 우위를 점하기 위해 경쟁하고 있다. 미국은 '인터넷 자유무역지대'를 주장하고 있다. 그러나 인터넷 거래가 안정적인 시스템으로 인식되기 위해서는 신용위험, 관세 부과, 저작권 및 지식재산권 침해, 체계적인 운송시스템 등 해결해야 할 과제가 남아 있다.

인터넷을 이용하면 저렴한 비용으로 효율적으로 사업 동반자를 찾을 수 있다. 기존에는 거래처 발굴을 위해 무역 알선기관에 의뢰하거나 각종 디렉토리[22], 인쇄 매체, 광고, 전시회 등을 이용하였다. 그러나 인터넷에서는 정부, 무역유관기관, 개별 기업이 등록한 무역 관련 정보를 웹사이트에서 쉽게 검색할 수 있다.

---

22 기업들의 정보를 수록한 책자. 온라인으로 발간되는 경우가 대부분이지만 여전히 많은 무역전시회 현장에서 인쇄물로 배포 또는 판매하고 있다.

인터넷을 통한 거래는 기업의 규모와 인지도뿐만 아니라 소비자의 니즈를 충실히 반영할 수 있느냐에 달려 있다. 따라서 좋은 제품, 서비스 역량, 창의성이 있다면 중소기업에게도 수출 가능성은 열려 있다. 또한 해외 현지 교두보 없이 해외시장 개척이 가능하여 수출시장 확대의 기회를 모색할 수 있다.

인터넷을 통해 수출하려는 기업의 경우 홍보 브로셔나 전단지를 인쇄하지 않고도 인터넷에 제품 정보를 표시할 수 있으므로 마케팅 비용을 크게 줄일 수 있다. 바이어는 해외 출장 없이 인터넷에서 쉽게 제품 정보를 찾을 수 있어 검색에 드는 시간과 비용을 절약할 수 있다

3) 비대면 무역

코로나19 대유행, 전쟁, 테러 등 각국의 강력한 이동제한과 입국제한으로 대면마케팅에 장벽이 생긴다면 기업은 비대면 마케팅으로 벽을 넘어야 한다. 최근 전자무역의 트렌드는 비대면 무역이다. 효과적인 비대면 무역 마케팅은 무역 산업을 활성화할 수 있다. 코로나19 이후에도 많은 바이어가 여전히 온라인을 찾을 것이다.

전 세계 정부는 비대면 수출을 위한 기반 시설을 확장하고 있다. 가상전시회, 화상회의, 온라인 세미나 등의 비중이 증가하고 관련 산업의 규모도 커지고 있다. 국내에서도 KOTRA는 비대면 해외 마케팅을 적극 추진하고 있다. KOTRA는 온라인 지점, 화상 상담, 온라인 브리핑, 온라인 플랫폼 진입, buyKOREA 강화, 온라인 상품관, 온라인 전시관을 강화하고 있다. KOTRA는 코로나19 이후에도 대면·비대면 결합(O2O) 해외 마케팅을 추진할 계획이다.

인공지능(AI), 사물인터넷(IoT), 빅데이터 등 4차 산업혁명 기술과 결

합해 인터넷무역과 마케팅을 중심으로 한 비대면 무역이 발전하고 있다. 빅데이터는 목표 시장 선정, 해외시장조사, 바이어 발굴 등에 활용된다. 한국무역협회와 관세청의 수출통계 빅데이터를 활용하여 목표시장 선정에 도움을 줄 수 있다. 수출국의 무역정보를 제공하는 TradeNAVI에서 소비자의 입장에서 통합된 무역정보를 얻을 수 있다. KOTRA의 무역 빅데이터 플랫폼이 해외 유망시장을 발굴한다. 인공지능 기능이 자동으로 보고서를 제공하므로 거래 동향을 쉽게 파악할 수 있다. 해외시장조사를 마치고 해외 바이어 발굴을 시작한다. 바이어 발견 방법은 검색 엔진 사용, 소셜 미디어 사용, 무역거래알선사이트 사용의 세 가지 범주로 나눌 수 있다. 대면 마케팅이 불가능한 상황에는 온라인 전시회와 화상상담이 필수다.[23]

3. 전자무역, 전자상거래 그리고 e-비즈니스

1) 전자무역과 글로벌 전자상거래

글로벌 전자상거래는 전자무역과 비슷한 개념으로 이해할 수 있다. 「전자문서 및 전자거래 기본법」에서 "전자거래"란 재화나 용역을 거래할 때 그 전부 또는 일부가 전자문서 등 전자적 방식으로 처리되는 거래를 말한다.[24] 「전자상거래 등에서의 소비자보호에 관한 법률」에서는 "전자상

---

23 최하늘, 이호형, 스마트무역의 이해, 계명대학교출판부, 2021.
24 전자문서 및 전자거래 기본법 제2조 제5호.

거래"란 전자거래의 방법으로 상행위(商行爲)를 하는 것으로 정의하고 있다.[25] 상행위에 초점을 두고 있다는 점에서 전자무역과 전자상거래는 비슷한 점을 찾을 수 있다. 그러나 무역은 다른 국가의 수출자와 수입자 간의 상행위에 초점을 맞추고 있으며 국내 상행위를 포함하지 않는다. 그러므로 전자상거래에서도 국내 전자상거래를 제외한 글로벌 전자상거래만 전자무역과 관련이 있다.

여기서 주목해야 할 점은 2010년 이후 글로벌 B2C(기업과 소비자간 거래) 전자상거래 규모가 급격히 커졌다는 점이다. 온라인 해외 직접판매(역직구)가 크게 증가하고 있다. 2010년까지 전자무역은 전자상거래의 관점에서 볼 때 글로벌 B2B 개념으로만 이해될 수 있었다. 해외시장 개척과 바이어 발굴에 관심이 있는 수출 중소기업은 EC21, ecplaza 등 글로벌 거래 B2B 사이트만 이용하고 있었다. 이제 글로벌 B2B 사이트뿐만 아니라 B2C 방식의 온라인 해외 직접판매도 기업의 해외시장 개척에 필수적인 활동이 되고 있다.

2) 전자무역과 글로벌 e-비즈니스

e-비즈니스는 기업에서 모든 경영활동을 수행하려고 인터넷과 정보시스템 등 디지털 기술을 포괄적으로 이용하는 것이다. e-비즈니스는 기업 내부 경영관리는 물론 다른 회사와의 협력을 위한 활동과 전자상거래

25 전자상거래 등에서의 소비자보호에 관한 법률 제2조 제1항.

까지 포함한다.[26] 세계무역기구(WTO)는 e-비즈니스를 "통신 네트워크를 통해 제품을 제조, 광고, 판매 및 유통하는 것"으로 정의한다. WTO는 전자문서 교환, 제품 생산 및 글로벌 전자상거래를 포함한 전자무역의 관점에서 e-비즈니스를 본다. e-비즈니스는 수출입 절차, 국경을 넘는 상품이동, 지불, 무역 금융 등 주요 국제기구에서 논의되고 있는 무역원활화의 핵심 영역과 관련하여 논의되고 있다.[27]

이상을 요약하여 전자상거래와 e-비즈니스의 관점에서 전자무역을 정의하면 다음과 같다. 무역관련 개인, 기업, 기관이 인터넷, 정보시스템 등 디지털 기술을 활용하여 글로벌 커머스를 수행하는 것을 말한다. 궁극적으로 전자무역은 글로벌 전자상거래와 글로벌 e-비즈니스의 일부로 볼 수 있다.[28]

---

26 Laudon, Kenneth C., Jane P., Management Information Systems(12th Edition), Prentice Hall, 2011.

27 김선옥, "e-비즈니스의 활성화를 위한 무역원활화추진", 통상정보연구, 제7권 제2호, 2005.

28 최하눌, 이호형, 스마트무역의 이해, 계명대학교출판부, 2021.

제3절 무역의 디지털 전환

1. 무역의 디지털 전환

1) 디지털 전환 시대

Digital Transformation은 디지털 혁신 또는 디지털 전환으로 번역된다. 디지털 전환은 변화하는 비즈니스 환경과 시장 요구 사항을 충족할 수 있도록 새로운 비즈니스 프로세스를 창출하고 문화 및 고객 경험을 개선하기 위해 디지털 기술을 사용하는 프로세스이다. 이러한 디지털 비즈니스 재편을 디지털 전환이라고 한다. 올바른 디지털 기술의 활용으로 비즈니스 기회에 빨리 대응하고, 진화하는 고객 요구사항을 충족하며, 미래의 성장과 혁신을 이끌어갈 능력을 얻을 수 있다.

1차 산업혁명에서는 증기기관이 세상을 변화시킨 혁신 기술이었다. 2차 산업혁명에서는 기계와 산업의 과학화, 3차 산업혁명에서는 컴퓨터와 인터넷이 혁신 기술이었다. 4차 산업혁명에서는 바로 디지털 혁명이 혁신 기술이다. 3차 산업혁명도 부분적인 디지털 혁명이지만 4차 산업혁명이 본격화되면 인공지능(AI), 머신러닝, IoT(사물인터넷) 네트워크, 빅데이터 분석, 로봇공학 같은 지능형 디지털 기술을 통해 업무처리 방식과 비즈니스 모델이 획기적으로 변화된다.

3차 산업혁명은 정보와 업무의 디지털화에 그쳤다. 정보의 디지털화(Digitization)는 아날로그 형식의 정보와 문서를 디지털 형식으로 변환하는 것이다. 업무의 디지털화(Digitalization)는 디지털 기술을 기존 업무 프로세스에 통합하는 것이다. 4차 산업혁명은 디지털 전환(Digital

Transformation)의 시대를 맞이하게 한다. 고객 경험, 비즈니스 모델, 기업 운영을 근본적으로 재구성하는 활동이 본격화된다. 가치 제공, 수익 창출, 효율 개선을 위한 새로운 방법이 디지털 기술을 통해 가능해진다.

2) 무역의 디지털 전환

1990년대 무역 자동화는 아날로그 기반 무역 문서 및 무역 활동의 디지털화였다. 무역 문서를 전자 문서로 변환하고 EDI 방식으로 송수신할 수 있다는 것은 획기적인 일이었다. 2000년대는 3차 산업혁명이 무르익으면서 무역업무 프로세스의 디지털화가 이루어졌다. 무역서류의 디지털화와 더불어 인터넷, PC, 스마트폰을 통해 무역업무를 디지털화하는 것이 보편화되었다. 단순히 EDI 전자문서가 Web-EDI로 변경된 것이 아니라, 전자문서를 처리하는 기업이나 기관 내부의 업무가 전산화된 것이다. 무역 ERP가 설치된 기업은 ERP 시스템에 입력된 정보를 uTradeHub 전자무역 시스템에 재입력하지 않고도 전자무역 서비스를 이용할 수 있게 되었다.[29] 무역업무는 효율적으로 개선되었지만 무역업의 비즈니스 모델은 근본적으로 바뀌지 않았다.

4차 산업혁명이 시작된 지금, 전자무역은 Digital Transformation의 시대로 접어들고 있다. 디지털 전환(Digital Transformation)은 전산화와 디지털화의 개념과 비즈니스 모델의 변화를 포함하는 개념이다. 전자무역과 글로벌 전자상거래가 확산되면서 수출자와 소비자를 연결하는 무역

---

29 ERP(Enterprise Resource Planning, Enterprise Resource Planning)는 기업 내에서 생산, 물류, 재무, 회계, 판매, 구매, 재고 등 비즈니스 활동 프로세스를 통합하고 관리한다. 신속한 의사결정을 지원하는 전사적 자원관리시스템 또는 전사적 통합시스템을 말한다(노규성·조남재, 2010; Laudon & Laudon, 2006).

상, 대리점, 도매상 등 중개자의 역할이 약화되고 있다. 국내 소비자가 해외 인터넷 쇼핑몰에서 상품을 구매하는 직접구매(직구)가 수입업자의 역할을 대체하고, 해외 소비자가 국내 인터넷 쇼핑몰에서 상품을 구매하는 역직접구매(역직구)가 새로운 수출 경로로 떠오르고 있다.[30]

3) 전자상거래와 4차 산업혁명 기술 수용 - uTradeHub 2.0

전자상거래의 발달로 개인 또는 영세중소기업들의 전자상거래 수출과 해외 직접구매가 늘어났다. 이에 한국무역정보통신(KTNET)에서는 전자상거래 수출통관 지원 플랫폼인 'goGlobal'을 오픈하였다. 빅데이터, 인공지능(AI), 블록체인으로 대표되는 4차 산업혁명 기술을 전자무역에서 수용하기 위한 uTradeHub 2.0 사업(uTradeHub 고도화)이 산업통상자원부의 2019년 예산지원으로 3년 사업으로 진행되었다.[31]

- 2016년 4월: 전자상거래 수출통관 및 중소기업들의 전자상거래 수출 지원을 위한 플랫폼 'goGlobal' 서비스 오픈
- 2019년 1월: 4차 산업혁명 기술을 수용한 uTradeHub 2.0 사업 시작

30 최하늘, 이호형, 스마트무역의 이해, 계명대학교출판부, 2021.
31 이동환, "국내외 전자무역시스템 도입 현황과 발전 방향", 주간기술동향 1892호, 정보통신기획평가원, 2019.

2. 전자무역의 미래

4차 산업혁명으로 접어들면서 '디지털 역량'이 세계 시장에서 핵심적인 경쟁요소로 대두되고 있다. 온라인·비대면 경제가 확산하면서, 데이터 및 플랫폼 활용역량 중심으로 무역의 비교우위가 전환되고 있다. WEF(세계경제포럼)는 "블록체인·인공지능(AI)·사물인터넷 등의 혁신 기술발전이 미래 무역구조를 바꿀 것"으로 전망하고, WTO(세계무역기구)는 "온라인 플랫폼이 새로운 무역 방식을 제시하고 특히 중소기업에 기회가 될 것"으로 예측한다. 특히, 코로나19 팬데믹을 계기로 급성장한 온라인 거래를 뒷받침할 물류 등 온라인과 오프라인 간 연계의 중요성이 더욱 두드러지고 있다. 이에 한국 정부는 수출기업 10만 개, 무역 규모 1조 달러의 벽을 넘어 '수출기업 20만 개, 무역 규모 2조 달러 시대'로 가는 무역구조 혁신 전략의 목적으로 무역 디지털 전환대책을 추진하기 시작했다.

1) 전자무역 3.0시대

전자무역은 e-Trade 3.0시대로 진화하고 있다. e-Trade 3.0의 핵심은 무역계약의 사전단계, 해외시장 조사 및 고객 발굴 프로세스, 그리고 사후 단계의 무역계약 이행과 지급 프로세스를 전자적으로 수행하고 글로벌 영역으로까지 확산하는 것이다.[32] 전문지식의 영역에 있는 무역이 전자무역 및 글로벌 전자상거래 덕분에 일상적인 상거래의 수준으로 보편

---

32 이상진·김형철, "전자무역 마케팅의 변화와 발전 방안에 관한 연구", 한국무역상무학회지 제60권, 2013년 12월, pp. 213-234.

화하여 무역의 생활화로 자리 잡을 수 있다. 디지털 전환시대에 부응하여 무역 프로세스가 전자화하는 점진적 진화는 상당 부분 진행되었고 이제 무역 비즈니스 모델이 혁신되는 급진적 진화를 앞두고 있다.

2) 진정한 전자무역은 무역업무의 혁신

그러나 전자무역에 대한 이해가 전자무역문서의 활용에 국한된 것이라면 1990년대 무역자동화 개념에 머물러 있는 것이다. 전자무역은 모든 무역 단계가 빠르고 효율적으로 수행될 수 있도록 모든 정보기술을 활용하는 무역 비즈니스 혁신으로 이해되어야 한다. 정보기술과 네트워크, 표준화된 무역관행을 통해 세계시장을 개척하고 관리하는 모든 무역활동은 전자무역이다. 그리고 전자무역은 4차 산업혁명 시대의 새로운 무역 환경에서 무역 프로세스를 근본적으로 변화시켜 새로운 비즈니스 모델을 개발하는 것을 의미한다. 전자무역의 궁극적인 목적은 기존의 무역거래 및 비즈니스 처리 방식을 디지털화하는 수준에 머물지 않고 최신 정보 기술을 활용하여 무역거래의 구조와 프로세스를 혁신하는 것이다.

3) 전자무역의 발전 방향

4차 산업혁명 시대의 디지털 혁신은 국제무역의 모든 영역에 영향을 미칠 것이다.[33] 네트워크를 활용한 전자상거래의 확산은 무역절차에서 생산자와 소비자 간의 거리와 정보교환을 단축하고 있다. 관세행정에는 빅

---

33 이병문·정희진·박광서, 4차 산업혁명이 무역에 미칠 영향과 이에 대비한 수출촉진전략, 무역학회지 제42권 제3호, 2017.

데이터, 드론, IoT(사물인터넷), 블록체인 등 4차 산업혁명 핵심 기술들이 접목되고 있다. 국제물류 기업들도 블록체인 시스템, 클라우드 컴퓨팅을 적극적으로 도입하고 있다. 무엇보다도 국제무역 협상에서 새로운 디지털 통상규범의 중요성이 확대되고 있다. 무역자동화, 전자무역의 시대는 디지털 무역의 시대로 진화하고 있다. 전 세계적인 디지털 경제 전환, 범국가적 차원에서의 디지털 전략, 디지털 통상협상, 디지털 국제표준 등 디지털 무역 원활화에 대한 논의가 활발해지고 있다.[34]

미래의 전자무역은 경제통합 가속화, 전자상거래와 새로운 무역 방식의 확산 같은 국제 무역환경 변화에 능동적으로 대처해야 한다. 무역정보 빅데이터, 외환, 상역, 통관, 물류 등 모든 무역절차가 국내는 물론이고 해외까지 전자적으로 실현되는 글로벌 무역정보망의 구현을 지향해야 한다.

---

34 한국무역협회 통상지원센터, 디지털무역 표준 논의 동향과 시사점, KITA 통상 리포트, Vol. 6, 2021.

토의문제

■ 무역자동화와 전자무역의 관계를 전산화, 디지털화, 디지털 전환의 개념에서 설명하시오.

■ 이 책에서 주장하고 있는 전자무역의 미래가 과연 실현 가능한 것인지를 주제로 토론하시오.

■ 이 책에서 소개한 전자무역 활용 사례 외에 또 다른 좋은 사례를 찾아서 설명하시오.

■ 전자무역과 유사한 개념인 글로벌 전자상거래 시장이 변화하고 있는 과정을 조사하여 설명하시오.

■ 전자무역 3.0 시대로 발전하여 무역의 생활화로 진화되는 사례를 찾아 토론하시오.

2장 전자무역의 활용

학습 목표

- 전자무역 업무단계별 활용 효과에 대해 이해할 수 있다.
- 무역의 디지털 활용 사례를 통해 전자무역의 필요성에 대해 이해할 수 있다.
- 전자무역 활성화 정책이 세계 무역 발전에 미칠 영향을 이해할 수 있다.

학습 목차

제1절 전자무역의 업무단계별 장점
제2절 전자무역 활용 사례
제3절 전자무역 활성화 정책
토의문제

2장 전자무역의 활용

제1절 전자무역의 업무단계별 장점

전자무역 이용자의 입장에서는 무역업무의 각 단계별로 전자무역 활용법을 잘 알 필요가 있다. 무역업무의 단계에 따라 전자무역을 이용할 때의 이점을 이해할 필요가 있다.

1. 정보수집 단계

1) 무역전시회를 통한 정보수집

전통적으로 무역회사들이 해외시장정보를 수집하기 위해서는 무역전시회, 컨벤션, 카탈로그, 대중매체 등을 이용한다. 무역전시회란 제품을 생산하는 기업과 사고자 하는 바이어들이 만나는 장이다. 무역전시회는 단순히 제품 홍보에 그치는 것이 아니라 영업, 제품 테스트, 시장 동향과 정보 파악, 네트워크 구축 등 비즈니스의 종합 플랫폼의 역할을 한다. 코로나19 팬데믹으로 인해 많은 무역전시회가 오프라인으로 개최되지 못하고 취소 또는 가상전시회로 전환되었다. 그러나 무역전시회는 온라인과 달리 단기간에 바이어와의 미팅 횟수를 극대화한다는 점에서 가장 비용 효율적인 무역 마케팅 도구이다.[35] 무역전시회의 효과를 극대화하기 위해서는 온라인과 오프라인 전시회를 모두 활용해야 한다.

2) 중소기업의 해외시장 정보수집

중소기업은 해외마케팅 활동 시 해외 무역전시회 참가 비용이 부담스럽고, 해외마케팅 전문인력이 부족하여 어려움을 겪고 있다. 중소기업중앙회가 수출중소기업을 대상으로 조사한 '중소기업 무역애로조사' 결과를 보면, 해외마케팅 활동 시 해외전시회 등의 비용부담, 해외마케팅 전문인력 부족, 시장정보 부족 등의 어려움을 겪고 있는 것으로 조사됐다. 중소기업의 76.6%가 해외전시회, 시장개척단 참가 시 항공료, 체재비 부담을 가장 큰 고충 사항으로 지적하였다. 중소기업이 이용하는 해외마케팅 지원 프로그램은 해외 무역전시회 참가, 해외홍보 지원, 해외시장개척단 참가 순으로 나타났다. 해외 무역전시회 참가를 가장 많이 이용하고 있다.

이제는 중소기업도 인터넷 정보를 검색하여 국내외 신제품이나 거래

---

35 서민교, 이창현, "국제촉진수단으로서의 무역전시회(Trade Show)의 효과성 및 전략적 활용방안 연구", 통상정보연구 제8권 제1호, 2006, pp. 305-323.

처에 대한 정보를 신속하고 쉽게 수집할 수 있다. 직접 구글이나 현지 국가의 검색사이트를 통해 시장조사에 나설 수도 있고 무역 관계기관의 해외시장조사 서비스를 이용할 수도 있다.

3) 무역정보서비스의 활용

KOTRA(대한무역투자진흥공사)는 전 세계 해외무역관(2022년 현재 84개국 128개 무역관)을 통해 해외 유망 파트너 발굴 및 시장조사를 지원하는 서비스를 유료로 제공하고 있다. AT(한국농수산식품유통공사)는 농식품(신선 농산물 및 가공 농식품) 수출기업 및 농가를 대상으로 정보 수요자 맞춤형(시장분석, 경쟁력분석, 소비자조사) 해외시장 조사보고서를 제공한다. 한국무역협회, 대한상공회의소 등 기관에서도 해외시장조사 보고서를 수시로 업데이트하고 있다.

특히 통합무역정보서비스인 '트레이드내비(TradeNAVI)'를 통해 중소기업은 수출상대국의 다양한 무역정보를 통합하여 얻을 수 있다. 무역정보의 다양화, 전문화에 따라 기업들이 개별적으로 분산된 많은 정보에 대응하기 어려우므로 적극적인 정부의 지원이 필요했었다. 이에 산업통상자원부와 한국무역협회는 중소기업의 경쟁력 강화를 위하여 시장정보, 통계, 세율, 기술규제, 인증 등 수출하는 데 필수적인 상대국의 무역정보를 수요자 관점으로 국가별, 품목별로 제공하고 있다.

2. 무역마케팅 단계

1) 온라인 글로벌 마케팅의 이점

전통적으로 무역회사는 해외 출장을 가서 무역마케팅 활동을 위해 종이 카탈로그나 매스 미디어를 사용했다. 이제 무역마케팅은 홈페이지 개설, 무역중개사이트 등록, 온라인 광고 등을 통해 손쉽게 할 수 있다.

2) 온라인 무역마케팅으로 수출기업 육성

코로나19로 비대면 경제가 확산하면서, 중소기업을 중심으로 온라인 수출이 급속히 증가하였다. 글로벌 온라인 시장의 확대는 내수에 머물러 있는 중소기업에 디지털 해외마케팅, 바이어 매칭의 최적화, 온라인 판매망 구축 등 저비용으로 글로벌 시장에 진출할 새로운 기회가 된 것이다. 정부는 56만 8천 개 제조 중소기업 중에서 순수 내수기업을 제외하고 30만 개 기업이 수출 가능성이 있는 것으로 추정하고 있다. 이 가운데 20만 개 기업(수출 중 10만 + 수출 가능성 10만)을 온라인 무역마케팅 기법으로 수출주력군으로 육성하면 무역 규모의 획기적 확대가 가능한 것이다.

3. 거래 협상 단계

1) 화상상담의 뉴노멀화

전통적으로 무역회사는 해외 출장을 가거나 고객과 계약 조건을 협상하기 위해 값비싼 국제전화를 거는 것이 관례였다. 전자상거래 시대에 이메일은 기본이고 화상회의 등 비대면 상담 방식이 활발히 활용되고 있다. 코로나19 팬데믹(세계적 대유행)으로 국내외에서 무역 박람회 등 대규모 마케팅 행사가 급히 취소되거나 연기되면서 해외여행이 어려워졌다. 글로벌 공급망의 피해까지 겹치면서 제품 생산, 유통, 물류에서부터 신제품 홍보, 신규 바이어 발굴에 이르기까지 모든 면에서 어려움을 겪었다. 이에 한국무역협회, KOTRA 등 무역유관기관들이 화상회의를 적극적으로 개최했고, 기업들이 화상회의를 통해 수출실적을 경험하면서 화상상담은 새로운 수출방식의 뉴노멀로 자리매김하기 시작했다.

A사는 한식을 중심으로 세계 곳곳에 다양한 제품을 수출하고 있다. 다양한 제품을 하나의 컨테이너에 함께 콘솔(Consolidation)하고 내보내는 것을 선호한다. A사는 다양한 국내기업의 다양한 식품을 조달하여 바이어의 요청에 따라 제품을 조합, 배송하는 곳이다. 이 회사와 한국무역협회의 화상상담이 성공적으로 이루어졌다. 한국무역협회 주최 상담회에서 소개된 우크라이나 바이어로부터 수출 주문을 받았다. 현지 출장이나 전시회 참가에 따른 비용부담 없이 화상상담을 통해 우크라이나 시장을 개척해 바이어들과 고정 거래를 시작했다. A사 관계자는 “K-Food의 영향으로 외국인들의 한국 음식과 식문화에 대한 호감도가 상당히 높아졌지만, 식품은 공산품과 달리 수출이 가장 어려운 분야 중 하나”라고 말했다. 따라서 화상 수출상담회에 참가해 바이어를 만나기 전에 해당 국가에 대한 사전 조사를 진행하면 현지인의 입맛과 식문화, 취향에 맞는 음식을 소개할 수 있어 시간을 절약하고 실패 확률을 줄일 수 있다.

4. 물류·운송 단계

1) 온라인 유통 활성화

매매계약이 체결된 후 수출자는 물품 인도 의무를 이행해야 한다. 계약 물품을 수입자에게 보내는 과정에서 기존 방식은 수출자가 운송인과 대면, 전화, 팩스 등의 방법으로 운송계약을 체결하고 운송과정을 관리했다. 전자무역 시대에도 형태가 있는 상품은 물리적으로 운송되지만 온라인으로 운송계약을 체결하고 운송과정을 실시간으로 볼 수 있다. 무체물(콘텐츠 등)의 경우 온라인 유통을 추진하고 있다.

2) TradeFlow 서비스

유트레이드허브에서 접속 가능한 TradeFlow 서비스는 화주-포워더-관세사 간 상업송장(인보이스) 데이터 변환 및 공유를 통해, 포워더에게 "일정 확인", "예약-선적요청-B/L 공유" 업무를, 관세사에게 "수출통관의뢰" 업무를 제공하는 서비스이다. 선사/포워더 개별 웹사이트를 방문하거나, 영업사원에게 전화, 이메일로 확인했던 선사/포워더 일정 확인을 온라인으로 즉시 확인할 수 있게 되었다. 고객으로부터 수신한 서류, 예약정보를 수기 입력하던 업무처리 방식이 온라인으로 예약요청, 선적요청 데이터를 수신하여 자사 ERP 프로그램에 입력되므로 데이터 수기 입력시간을 단축할 수 있다. 온라인 예약, 선적요청(S/R)을 통해 수출업무 진행 상황을 관리할 수 있고 실시간 컨테이너 반·출입 현황 및 선박 입출항 일정을 온라인에서 확인할 수 있다.

5. 대금결제 단계

1) 전자적 무역결제 금융

무역 대금결제는 전통적으로 송금, 추심, 신용장 결제방식 등이 주로 이용됐다. 전자무역 시대에 전자신용장이 보편화되었고 글로벌 신용카드, 트레이드카드 등 새로운 전자결제시스템이 보급되었다

전자적 무역결제 금융은 T/T(송금)와 L/C(신용장)의 장점만 살린 신개념 결제 방법이다. 은행의 지급보증을 통해 수출업체도 안심할 수 있는 서비스이다. 은행이 수출기업에 자국 금리 대비 낮은 금리로 선입금을 제공하며 수입기업은 외화대출 후 바로 송금할 수 있는 서비스를 제공한다. 전자적 무역결제 금융을 이용하면 최소 20개 단계에서 최대 9개 단계로 50% 이상 절차가 단축된다. 모든 단계를 온라인으로 처리하여 신속, 저렴하다.

'B2B 글로벌 구매카드'는 B2B(기업 간 전자상거래) 전자무역 결제 수단으로 카드시스템과 외환 결제시스템을 결합한 무역 대금결제 수단이다. 수입업체는 신용장 수수료 등 은행 수수료를 절감하고 전자무역에 따른 업무 효율성을 높일 수 있다. 수출업체는 수협은행의 지급보증으로 수출대금을 빨리 현금으로 회수할 수 있는 장점이 있다.

2) 블록체인 기반 수출대금 지급

블록체인 기반 물류 수출대금 지급보장 서비스로 거래 과정의 위험을 없앨 수 있다. 블록체인 기술은 신뢰 가능한 데이터를 바탕으로 빠른 대응이 가능한 것이 장점이므로 스마트 계약은 무역 시장의 기존 문제점들을 해결할 수 있다. 블록체인 기술을 활용하게 되면 중계기관을 거치지

않고 곧바로 송금하게 되므로 은행의 국제 송금수수료를 최소화할 수 있다. 환전이 불필요하므로 환전수수료가 발생하지 않는다. 또한, 신용장 거래의 복잡성도 완화할 수 있다. 세계의 각국 은행들에서 블록체인 무역금융을 시범적으로 운영하기 시작하면서 실용화를 위한 시도가 시스템적으로 다양하게 전개되고 있다. 세계적인 주요 금융기관들이 함께 구축한 블록체인 무역금융 네트워크인 'Conture'는 신용장거래 시범 운용을 성공적으로 처리했으며 정식 출시되었다.

6. 계약의 종료

1) 고객관계관리(CRM)

무역계약의 의무이행이 완료된 후 사후관리를 위해 데이터베이스마케팅 기법을 활용한 고객관계관리(CRM)를 수행한다. 고객의 니즈에 맞는 신제품을 개발하거나 고객과 상품정보를 교환하는 등 고객관리 과정에서 CRM과 같은 정보시스템 활용이 필요하다.

2) 온라인 분쟁해결(ODR)

그리고 무역에 있어서 상대방이 계약을 불이행하거나 위반하여 손해를 입은 자가 계약 상대방에게 계약의 해제, 손해배상, 가격 인하 또는 인상 등을 요구할 수 있다. 이때 손해배상 청구, 무역분쟁 등이 발생할 수 있다. 국제무역에서 분쟁이 발생했을 때 재판이 아닌 중재로 해결하는 것이 좋다. 분쟁 당사자들 간에 합의에 따라 제삼자인 중재인에게 분쟁 해결 판정을 요구하고 중재인의 판정이 내려지면 분쟁 당사자는 판정 결과에 구속되는 것이 중재이다. 비공개의 원칙 아래에 거래 전문가의 판단에 의하고, 문제 해결에 들어가는 시간과 경비를 절약할 수 있는 등 무역인에게 환영받는 분쟁 해결 방법이다. 한국에도 상설 중재기관으로 (사)대한상사중재원이 있다.

국제 전자상거래의 다양성, 익명성 및 복잡성으로 인해 국제 전자상거래에서 발생하는 분쟁은 해결하기 어렵다. 소송, 국제 상사중재 등 기존의 분쟁 해결 방식으로는 대규모 국제 전자상거래 분쟁을 해결하기가 쉽지 않다. 따라서 국제 전자상거래 분쟁이 발생했을 때 저비용의 효율적인 온라인 분쟁 해결(ODR, Online Dispute Resolution)이 필요하다. 온라인 분쟁 해결은 대안적 분쟁 해결 시스템에서 진화했으며 국제 전자상거래 분쟁을 해결하는 데 많은 이점이 있다. 그리고 급속도로 증가하는 국제 전자상거래에 따라 이전보다 점점 더 다양해지고 있는 분쟁에 대비하기 위해 원활한 온라인 분쟁 해결 방법이 마련되어야 한다.[36]

7. 전자무역 활용의 의의

1) 시간적·공간적 한계의 극복

전자무역은 종이 무역서류 중심의 무역 방식이 가지고 있던 시간적·공간적 한계를 뛰어넘어 24시간 365일 가상공간에서 거래가 이루어질 수

---

36 한설화, 최원목 "국제 전자상거래의 온라인 분쟁해결에 관한 연구 -한-중 FTA 접근방식을 중심으로-" 국제거래법연구 29.1 pp. 109-133(2020): 109.

있는 구조를 갖추고 있다. '언제, 어디서나 네트워크에 접속할 수 있는' 유비쿼터스(Ubiquitous) 시대에 맞게 기업이나 개인도 시간과 장소에 구애받지 않고 복잡한 무역업무를 온라인으로 가장 경제적이고, 효과적인 방법으로 처리할 수 있게 하는 것이 uTradeHub(유트레이드허브)이다. 양방향의 거래가 실시간으로 이루어질 수 있다는 점은 전자무역의 유용성을 극대화하고 있다. 직접 종이서류를 제출할 때 들어간 시간과 비용을 절감할 수 있고 전자무역 문서와 무역정보의 재입력을 방지할 수 있으므로 업무혁신의 시너지 효과가 발생한다.[37]

2) 시장의 통합화·단일화

전자무역에서는 거래처의 물리적 위치가 중요하지 않기 때문에 각 국가마다 독립적으로 존재하던 시장이 네트워크를 통해 하나의 시장으로 통합되고 있다. 물론 개별 전자상거래 사이트에서 다양한 시장이 형성되겠지만, 온라인에서는 누구나 쉽게 시장 정보를 얻을 수 있는 가상의 공간이라는 점에서 통일된 시장이 형성된다고 할 수 있다.

온라인으로 시장 접근성이 좋아지고 진입장벽이 낮아짐에 따라 중소기업에는 글로벌 시장 진출을 위한 새로운 기회가 생겼다. 온라인 수출액은 크게 성장하고 있으며 코로나19 팬데믹 상황에도 높은 증가세를 지속했다. 중소기업 수출 비중은 증가하고 있으나 20% 내외이므로 여전히 대기업이 우리 수출을 주도하고 있다. 수출중소기업 수가 지속 증가하고는

---

37 최철호(Cheol-ho Choi), 김철호(Cheol-ho Kim). "중소기업 수출활성화를 위한 uTradeHub 서비스 개선방안." 국제상학, (2020): 101-119

있지만, 10만 개 이하로 정체된 상황이다. 코로나19로 비대면 경제가 확산하면서, 중소기업을 중심으로 온라인 수출이 급속히 증가하고 있다. 과거에는 마케팅 역량과 영업망이 부족한 중소기업이 글로벌 브랜드를 만들기 어려웠다. 가상공간 시장에서는 기업의 규모와 상관없이 글로벌 기업으로 도약할 수 있는 기회가 있다.

3) 편리한 해외시장 정보수집

중소벤처기업부의 「벤처기업 정밀실태조사」에 의하면 벤처기업들은 해외시장 진출 시 해외시장 정보의 부족(42.9%)을 가장 큰 어려움으로 답하였다. 그다음 어려움으로 해외 진출 필요자금의 부족(41%), 무역 전문인력 부족(33%), 수출 관련 절차적 규제 부담(22.8%), 기술력 부족(22.7%) 순으로 답하였다.

그동안 각 기업은 비즈니스 파트너를 발굴하고 해외시장 정보를 얻기 위해 많은 노력과 시간을 투자했다. 기업들은 다양한 인쇄 매체를 통해 해외시장에 대한 정보를 직간접적으로 수집하거나 무역박람회에서 기업 및 기관과 직접 만남을 가졌다. 그러나 이제는 사무실에 앉아 있으면서도 해외시장 정보를 쉽게 얻을 수 있게 되었다. 해외시장에서 정보수집 능력이 부족해 기업경쟁력이 취약했던 기업들은 정보 획득을 통해 경쟁력을 회복할 수 있다.

4) 쉬운 글로벌 마케팅

온라인에서는 저렴한 비용으로 전 세계적으로 동시에 광고하고 마케팅할 수 있다. 자체 웹사이트는 물론 SNS를 통해 광고 및 홍보 효과를 높일 수 있다. 따라서 글로벌 기업만이 가능했던 글로벌 광고 및 마케팅 활동을 이제 중소기업(SME)도 수행할 수 있게 되었다. 모든 기업은 우수한 제품을 글로벌 브랜드로 성장시킬 수 있는 기회가 있다.

예를 들어 중국 진출에 목표를 두고 있으나 제한적인 정보, 자원 및 경험 부족으로 시장진입에 어려움을 겪는 국내 중소기업은 중국의 파워인플루언서를 지칭하는 '왕홍(网红)'과 마케팅 계약을 하면 된다. 중국 온라인 마케팅을 통한 브랜드 인지도를 높일 수 있고 정기적인 왕홍 라이브 판매를 통해 매출을 달성할 수 있다. 중국 시장에서 높은 시장성과 경쟁력을 가지고 있으며 중국문화와 연계성이 높은 수출 유망 뷰티, 식품, 생활용품 기업에 더욱 효과적이다.

또한, 소비자의 의견을 반영하기 쉬운 환경이기 때문에 제품 디자인부터 판매까지 전 단계에서 전 세계 소비자들의 의견을 수렴해 제품출시가 가능하다. 생산자와 소비자의 역할을 동시에 하는 참여형 소비자(prosumer)의 역할이 확대되고 있는데 크라우드펀딩 사이트나 소셜네트워크서비스 같은 IT 환경에서 다양한 시도가 이런 추세의 형성을 돕고 있다.

5) 거래비용의 절감

각종 무역서류를 표준화된 전자문서교환(EDI)으로 대체하고 각종 계약상담 및 주문처리를 온라인으로 진행하여 시간과 비용을 대폭 절감할 수 있다. 종이와 출장 경비를 절약하는 것 외에도 문서를 작성하고 전달하고 데이터를 다시 입력하는 데 드는 시간을 절약하는 것이 더 가치가 있다. 실제로 거래비용은 거래에 필요한 협상 비용, 정보 수집 및 처리 비용, 계약 준수 여부를 모니터링하는 비용이 더 큰 것이다. 따라서 인터넷 화상회의와 메신저를 통해 공급망 내 기업 간 의사결정을 빠르고 정확하게 함으로써 각종 거래에 따른 비용을 절감할 수 있다.

무역거래 전 과정이 디지털화되면 빅데이터와 인공지능(AI)을 활용해 기업이 원하는 맞춤형 정보를 제공함으로써 수출신고에 걸리는 시간과 비용을 90% 이상 줄일 수 있다. 이를 위해 정부는 블록체인, 빅데이터, AI 등 혁신 기술을 활용해 무역회사의 거래비용을 줄이고 전자상거래 수출을 촉진하기 위한 '디지털 무역기반 구축방안'을 추진하고 있다.

6) 전자적 공급사슬 관리(e-Supply Chain Management)

전자무역에 참여하는 기업은 서비스 제공자 간의 공급망을 구축하여 소비자 요구에 대응하고 글로벌 경쟁 환경에 신속하게 대응할 수 있어야 한다. SCM(Supply Chain Management)은 제품 기획부터 원자재 구매, 제조, 물류에 이르기까지 공급망과 관련된 모든 구성 요소를 유기적으로 통합하고 그 결과를 고객에게 전달하는 것이다. SCM은 공급망에 참여하는 모든 서비스 공급자 간의 효율적이고 통합된 성능을 향상시킨다. 디지털 기술을 이용하여 공급망을 통합 관리하는 전자 공급망 관리(e-SCM)도 전자무역에서 중요한 분야가 되고 있다. 인터넷과 정보통신기술을 활용하여 공급자, 유통채널, 고객과 관련된 정보, 물자, 자금 등의 흐름을 효율적이고 신속하게 관리하는 전략적 기법이 e-SCM이다. e-SCM의 개념은 기존 SCM 관련 기술들이 온라인상에서도 기능할 수 있도록 하는 것이다. 공급자, 고객, 기업 모두의 e-비즈니스 수행의 필요를 만족시키고 공급망 관리 업무의 효율성을 극대화한다.

제2절 전자무역 활용 사례

1. 온라인 해외시장조사를 통한 미국 시장 진출

K사는 미국 시장 진출을 위해 데이터 분석 기법으로 먼저 목표 시장을 선정하였다. 인구 통계별 시장분석과 가구당 소득 및 개인 소득을 고려하여 시장을 조사한 결과 특정 주를 목표 시장으로 선정하였다. 목표 시장에 있는 업체들의 정보는 미국 국세청, 관세청 등의 공공데이터를 활용하여 실시간으로 업데이트되는 정확한 기업 상세 데이터를 받을 수 있었다. 동종업종의 잠재 고객들을 확보하고, 해당 기업들의 상세 정보를 분석하였다. 동종업종의 소매점, 도매점들이 어디에 자리 잡고 있으며, 해당 기업의 매출, 직원 수, 위치, 신용 정보, 담당자 등을 자세히 분석할 수 있었다. 이 밖에도 창립일, 직원 현황, 성별 정보, 판매량, 신용등급, 부가세 신고자료(기업의 각종 매출 및 비용) 등 상세한 정보까지 자료를 수집하였고, 모든 업체와 직접 통화, 이메일 발송, 샘플 발송, 관심도, 업체의 규모 등등 직접적인 선별작업을 통해 사전 준비 전략을 세웠다.

K사는 미국 회사들의 구매 결정권을 가진 담당자와 통화 후 메일을 통해 회사소개서와 홈페이지, 동영상 링크, 제품 e-카탈로그를 발송하였다. 메일 수신확인이 되지 않은 담당자에게 재발송을 하고 거래 가능성이 큰 업체들을 선별하여 미팅 약속을 잡아나갔다. 샘플은 최소 미팅 요청일 1개월 전에 보냈고 동선에 맞게 사전 미팅 예약을 진행하였다. 큰 규모의 업체들과 미팅을 진행하여 계약을 성사시켰으며 성공적으로 현지화를 할 수 있었다. 해외 공공데이터 활용을 통해 수집된 데이터를 가공하여 방문

리스트를 만들고 발굴된 바이어 리스트를 최신화하여 진성 바이어와 업체에 대한 상세정보를 확보할 수 있었던 것이 성공적인 미국 시장 진출의 비결이었다.

2. 성공적인 인터넷 무역마케팅

1) A사: 메이크업 브러시 수출[38]

A사는 한국무역협회(KITA) 자료실을 찾아 무역회사 정보를 받았고, KOTRA 바이어 디렉터리에서 정보를 얻어 인쇄된 카탈로그를 보내봤지만 성과가 없었다. 그 후 한국무역협회 전자무역 활용 세미나를 통해 전자무역에 대해 알게 되었다. 인터넷을 통해 바이어를 발굴하고 전 세계 소비자들에게 수출품을 홍보하면서 전자무역의 장점을 알게 되었다.

전자상거래에서는 상품의 다양화가 중요하다. A사는 메이크업 브러쉬로 바이어를 찾았지만, 메이크업 브러쉬와 색조화장품의 연관성이 높다는 점에서 관련 제품을 다양화했다. tradeKorea, buyKorea, GobizKOREA 등의 무료 무역거래알선사이트와 유료 글로벌 B2B 사이트를 통해 해외 바이어를 발굴하여 좋은 성과를 거두었다. 바이어가 A사를 신뢰하게 된 8가지 요인은 다음과 같다.

- 자세한 영문 홈페이지 및 회사 도메인으로 된 이메일 주소

---

38 한국무역협회 수출성공사례, 전자무역으로 신뢰를 쌓는 8가지 비결

- 참신하고 편리한 디자인
- 국내외 인증 획득 및 특허 등록
- PPT 카탈로그를 통한 제품정보 제공
- 회사정보 변경 최소화
- 소량 주문에도 최고의 서비스
- 효율적인 샘플 및 운임 비용 대응

회사정보가 온라인에 노출되면서 가짜 바이어가 늘었다. 바이어의 이메일 주소가 회사 도메인이 아닌 경우 의심스럽다. 미국 회사라고 하는데 +86으로 시작하는 중국 전화번호도 있다. 이메일 도메인이 회사 주소의 국가와 일치하지 않으면 의심스러운 것이다. 'google.co.kr' 도메인을 사용하고 회사 주소가 중국이면 문제가 있는 것이다. 상담 과정에서 관심 상품의 전문 용어를 사용하여 가짜 바이어를 걸러낼 수 있다. 진성 바이어인지 확신이 서지 않으면 해외 업체의 신용조사 서비스를 이용한다. 계약 상담을 모두 마치고 계약을 하기 위해 한국에 오겠다고 했던 바이어들이 불법 취업을 목적으로 입국했다가 사라지는 일도 있다. 무역 계약을 미끼로 단기체류비자를 쉽게 발급할 수 있는 초청장을 노렸다.

2) B사: 눈꽃빙수기 수출[39]

B사 대표가 과거 석유화학 관련 기업에서 바이어를 찾을 때 사용했던 방법은 인터넷 검색을 통해 바이어 정보를 수집한 뒤 팩스와 이메일

---

39 한국무역협회 수출성공사례, 경험으로 터득한 인터넷무역 노하우

을 보내고 전화를 거는 것이었다. B2B 거래인 석유화학 산업에서는 효과적인 방법이었지만, 눈꽃빙수기 산업에서는 통하지 않았다. 눈꽃빙수기는 한국의 비수기에 외국인 바이어를 찾아야 했다. B사 대표가 인터넷에서 찾은 바이어에게 메일을 보내 제품을 소개했지만, 담당자가 바뀌고 퇴사하는 경우가 많아 회신이 없었다.

그래서 인터넷 거래로 눈을 돌렸다. 많은 바이어들이 tradeKorea, Alibaba와 같은 무역거래알선사이트에 가입해 있다. B사는 각종 무역거래알선사이트에 자사 상품을 올려 눈길을 끌었다. 수출거래는 한 달 만에 온라인으로 성사되었다.

인터넷 거래로 인한 사기 사례가 있었다. 정확히 말하면 이메일 해킹으로 사기를 당한 것은 B사의 CEO가 아니라 말레이시아의 한 바이어였다. B사의 CEO는 그 경험을 통해 진성 바이어와 사기꾼을 구별하는 방법을 배웠다. 제품이 필요한 진성 바이어는 사후관리에 대해 끈질기게 묻는다. 메일 내용에 주문 건수나 전국 유통망만 언급된다면 사기일 가능성이 크니 삭제해도 된다. 그리고 사전 협의 없이 주문서를 첨부하여 보내는 자는 진성 바이어가 아니다. 첨부파일을 열지 말고 스팸 처리해야 한다.

B사의 CEO는 Alibaba가 10개 이상의 무역거래알선사이트 중에서 가장 효과적인 곳이라고 말했다. tradeKorea는 거래 성사 가능성이 크며 사이트에서 거래를 관리한다. 전 세계에서 제품 문의를 받는 비결은 바로 구글에 있다. 여러 무역중개 사이트에 상품을 등록하면 자동으로 구글에 노출된다. 중요한 것은 빠른 대응이다. 각각의 상황에 대응할 수 있는 이메일 내용을 작성하는 것이 좋다. 바이어의 전화번호를 저장하면 메신저와 SNS를 통해 바이어와 소통할 수 있다는 장점이 있다. 무역중개사이트

와 구글에서 만난 바이어들과의 적극적인 소통이 진정한 인터넷무역이다. 바이어가 먼저 가격을 묻는다고 가격을 먼저 말하면 안 된다. 경쟁사로부터 가격정보만 도용하는 경우가 많기 때문이다.

3. 전자상거래 수출 성공사례[40]

C사는 2010년 해외 온라인 마케팅을 주 사업으로 설립한 전문무역상사이다. C사는 현재 한국무역협회로부터 전문무역상사로 지정되어 있다. C사의 대표는 소비재 제품의 대부분이 B2C 전자상거래를 통해 판매되고 있는 현실에 주목하였다. B2C 방식으로 먼저 해외 소비자들의 온라인 검증을 거치면 현지 바이어들 눈에 띌 수 있다. 소규모 제조회사는 해외 전자상거래를 직접 진행하기 어려우므로 전문무역상사가 해외 소비자를 검증하고 바이어를 매칭하는 것이 효율적이다. 따라서 전자무역은 이제 B2C에서 시작하여 B2B로 이어진다.

C사의 온라인 수출 성공사례는 다음과 같다. 첫째, 모니터를 생산하는 국내 중소기업(SME)의 수출 과정이다. C사는 제품기획 단계부터 컨설팅했다. C사는 온라인 시장조사를 통해 해외에서 통할 제품의 스펙을 찾았다. 이어 구독자 600만 명의 유튜버가 영상을 리뷰해 500만 뷰를 달성했다. 제품에 대한 소비자 반응이 좋다는 평가를 받아 미국 주요 온라인몰에 출시됐다. 발매 첫날 700개는 완판됐다.

---

40 한국무역협회 수출성공사례, 이제는 B2C가 소비재 수출의 출발점

다음 사례는 러시아 수출에만 치중했던 차량용 블랙박스의 온라인 수출이다. C사는 아마존, 큐텐(Qoo10), 이베이 등 해외 온라인몰에 제품을 등록하고 SNS와 유튜브 프로모션 마케팅을 진행했다. 한 달에 약 1만 달러 정도 팔리던 제품이 몇 달 뒤에는 한 달에 30만 달러 이상 팔렸다. B2C 판매를 통해 전 세계 소비자들에게 검증을 받은 만큼 현지 바이어들이 제조사에 직접 연락해 B2B 수출을 시작했다. 각국의 온라인 퍼블리싱권이 현지 바이어들에게 이양되면서 제조사의 수출이 기하급수적으로 늘어났다.

C사는 모니터 업체와 블랙박스 업체를 대상으로 전자상거래 관련 업무를 계속 대행하고 있으며, 현지 물류센터를 통한 물류 지원도 병행하고 있다. C사 대표는 수출 패러다임이 온라인상에서 변할 것이라고 내다봤다. 해외 B2C 온라인몰에서 상품 검증의 필요성이 높아짐에 따라 국내 중소기업은 전문무역상사의 해외마케팅 지원 프로그램과 B2C 판매 대행 지원사업을 활용할 필요가 있다.

4. 비대면 수출마케팅 성공사례

A사는 헤어 및 뷰티 관련 제품을 생산하는 회사이다. 코로나19 사태로 해외마케팅 계획이 큰 타격을 입었다. 대부분의 무역 박람회가 연기 및 취소되면서 화상상담이 획기적이었다. A사는 해외시장을 염두에 두고 많은 준비를 했다. 제품 비디오와 영어 웹사이트를 정성껏 제작하였다. 바이어가 다운로드할 수 있는 7페이지 분량의 전자카탈로그는 콘텐츠와 디자인에서 전문성을 느낄 수 있었다.

첫 수출은 아는 바이어에게 샘플을 보냈는데 테스트 후 2,700달러 상당의 주문을 했다. 대만 총판과 비대면 수출 독점계약, 말레이시아와 4만 5,000달러 수출계약도 체결했다. 말레이시아에서도 오랫동안 알고 지내던 바이어와 줌을 통해 화상상담을 이어가다 말레이시아 측에서 샘플을 요청했다. 한국무역협회 화상 수출상담회에서 만난 일본, 필리핀, 미얀마 바이어 중 미얀마 바이어는 OEM(주문자 상표 부착 생산) 거래에 적극적인 태도를 보였다. 일본 바이어에게 샘플을 보낸 후 이메일로 계속 소통하였다.

A사는 다양한 신제품 출시와 유통채널 다변화를 위해 노력하였다. 소매제품은 온라인 쇼핑몰을 통해 유통하였다. 헤어 스타일리스트를 비롯한 전문가용 시장을 개척할 필요가 있는데 이들을 직접 접촉하기 위해서는 오프라인 마케팅이 필요하지만, 비대면의 상황에선 화상상담을 충실히 활용해야 한다.

화상상담의 장점은 자료를 공유하면서 상담할 수 있다는 점인데, 수출업체 자료를 바이어에게 미리 보내주면 상담이 더욱 효과적일 수 있다. 화상상담을 통해서 하나부터 열까지 설명하려고 하면 시간이 부족하다. 상대방 국가의 인터넷 상황에 따라 화면이 자주 끊길 수 있음을 고려해야 한다.[41]

---

41 한국무역협회, "화상상담으로 해외 바이어 속속 발굴", 언택트 시대의 수출 마케팅 화상수출상담회 성공스토리, 2020.

5. FTA 원산지관리서비스 시스템 활용 사례

E사는 2006년 설립해 헬스케어 기기를 주요 아이템으로 하는 소규모 신생기업이다. 공기청정기로 시작해 2020년 5월 자외선 발광다이오드(UV LED)를 적용한 캡슐 살균기를 출시해 내수시장에서 소위 '대박'을 쳤다. E사는 국내 직접 생산을 고집하였다. 중국산 부품을 들여와 국내에서 조립하는 게 아니라 디자인부터 설계, 하드웨어 PCB(인쇄회로기판), 소프트웨어, 금형, 사출 등 전 생산 공정을 직접 관리해 마케팅에서도 '100% Made in Korea'임을 강조하였다.

별도의 해외마케팅을 하진 않았으나 이런저런 경로로 E사 제품을 알게 된 해외 바이어들이 먼저 거래를 제의하였다. 캡슐 살균기의 경우 호주와 말레이시아 수출이 결정됐고, 홍콩, 인도, 미얀마, 싱가포르, 일본, 미국, 프랑스, 독일 등과는 협의하였다. 코로나19 팬데믹이 지속하고 있는 상황에서 K-방역에 대한 해외의 관심이 높아지고 있는 흐름에 E사도 올라탔다.

한국무역협회에 'OK FTA 컨설팅'을 신청했다. 컨설턴트는 회사의 요청에 따라 한-인도 CEPA(포괄적 경제동반자협정) 업무 프로세스 구축에 중점을 두고 컨설팅을 진행하기로 했다. 한-인도 CEPA 원산지증명서는 원칙적으로 기관에서 발급한다. 컨설턴트는 한국무역협회 산하 한국무역정보통신(KTNET)이 운영하는 국가 전자무역 인프라 서비스인 uTradeHub에서 제공하는 FTA 서비스 'FTA Korea'를 이용하여 E사가 FTA 업무를 보다 효율적으로 관리할 수 있도록 하였다. FTA Korea를 이용한 원산지 결정 방법 및 원산지 설명 자료보관 의무에 대한 교육을 시행하여 E사 담당자가 자체적으로 원산지를 관리할 수 있도록 지원하였다.

OK FTA 컨설팅 결과 E사는 인도 바이어와 첫 수출에 성공했다. 한-인도 CEPA 원산지증명서 발급을 통해 바이어는 기본관세율 7.5%의 UV 살균기를 무관세로 수입해 7.5%에 해당하는 관세 혜택을 받았다. FTA로 무장한 E사는 UV 살균램프 외에도 차량용 공기청정기 등을 생산하여 인도 외에 유럽, 호주, 미국, 아세안 회원국 등 다양한 국가로의 수출을 확대해 나갈 계획이다.[42]

제3절 전자무역 활성화 정책

1. 전자무역 이용률 제고

1) 전자무역 이용률 제고 필요성

우리나라는 전자통관시스템의 활용률이 100%이다. 관세청에서 법으로 의무화했기 때문이다. 전자무역의 전반적인 이용은 대기업에 비해 중소기업이 낮은 수준이다. 한국무역협회에 따르면 2012년 기준 원산지증명서 발급 및 구매확인증 발급은 전자 발급이 100%를 차지했다. 2012년 uTradeHub를 통한 전자무역 평균 이용률은 58%에 이르렀다. 2013년 기준 국내 전체 신용장 발행량의 79%를 전자적 방식이 차지했다.

---

42 한국무역신문, [FTA 활용 성공 사례] 헬스케어기기-L사, 2021.11.14.

하지만 2013년 기준으로 uTradeHub을 통해 수출신용장의 27%, 적하보험증권의 25%, 수입화물선취보증의 26%, 화물인도지시의 37% 정도만 처리하는 등 전자무역 이용률이 낮은 무역업무가 남아 있다.[43] 권혁(2019)의 연구에 의하면 252개 응답 기업 중 전자무역을 이용한 수출 비율은 10% 미만에 불과한 기업이 63.1%를 차지했다.[44]

2) 전자무역 활성화 정책

한국의 전자무역은 무역업계의 수출경쟁력 강화에 이바지하고 있다. 무역업체를 비롯한 보험사, 은행, 선사, 항공사, 관세사, 보세창고와 무역유관기관이 연결된 세계 최고 수준의 무역 커뮤니티가 구축되었다. 모든 무역업무 문서를 전자화하여 2010년 기준 연간 3억 6천만 건을 전자적으로 처리하고 있으므로 약 6조 원의 경제적 효과가 창출된다는 연구결과가 있다.

지역경제 블록화, 국경 간 전자상거래의 확산 등 국제 무역환경 변화에 대처하기 위해 전자무역은 모든 무역절차가 국내뿐만 아니라 해외에서도 전부 실시간, 전자적으로 진행되는 글로벌 무역정보망의 구현을 지향한다.[45] 이에 산업통상자원부는 전자무역을 활용하는 기업이 언제 어디서나 경제적이고 효과적인 방법으로 무역을 할 수 있도록 전자무역 인프라

---

43 이상진·김형철, "전자무역 활용현황 분석과 발전방향에 관한 연구", 전자무역연구 제12권 제2호, 2014.

44 권혁, "한국 수출입기업의 전자무역시스템 활용성과에 관한 실증 연구", 경영연구 제34권 제1호, 2019.

45 산업통상자원부, "전자무역 활성화", 정책브리핑

확산 정책을 추진하고 있다.[46]

전자무역 인프라 확산을 위한 정책은 첫째 수요자 중심의 일괄적인 서비스 체계 구축, 둘째 개방형 무역정보 활용기반 조성, 셋째 국가 간 서류 없는 무역 실현, 넷째 전자무역 확산을 위한 지원체계 정비이다.

전자무역 확산을 위한 지원체계 정비는 먼저 공공성 중심으로 전자무역기반시설을 운영하고 있다. 전자무역 서비스의 안정적인 제공을 위하여 공공성을 확보하는 위주로 KTNET이 전자무역기반시설을 운영한다. 그리고 전자무역 확대를 위한 관련 법령을 개정하였다. 무역의 모든 과정을 전자적으로 처리하고, 기업이 모두 편리하게 전자무역을 이용할 수 있도록 관련 법령을 개정한 것이다.

2. 수요자 중심의 통합 서비스 체계 구축

전자무역의 활용도를 높이기 위해서는 국내 무역과 관세, 물류 네트워크의 연계를 통한 비즈니스 가시성 확보가 필요하다. 기업은 모든 무역 프로세스의 비즈니스 처리 정보 및 화물 추적 정보를 알고 싶어한다. 이를 위해 새로운 전자무역 서비스가 개발되었다.

1) 디지털 무역 물류 플랫폼

KTNET에서 오픈한 디지털 무역 물류 플랫폼을 이용하면 무역/물류

---

46 한국통상정보학회, "선진 무역환경 조성을 위한 전자무역 개선방안 연구", 2009.

업무를 하나의 플랫폼에 처리할 수 있다. 판매(주문)관리부터 수출입 업무까지 하나의 시스템에서 원스톱으로 처리할 수 있는 것이다. 수출입서류의 정보를 AI 기술로 데이터를 활용하고 저장할 수 있고 무역과 물류 데이터를 공유하고 유통할 수 있다. 무역과 물류 시스템을 결합하여 하나의 시스템에서 정보를 공유하고 활용할 수 있다. 구매확인서와 간접수출실적증명을 모바일로 발급받고 유관기관에 자동으로 전달할 수 있다. 이 모든 것을 하나의 플랫폼에서 One-Stop(한꺼번에) 해결할 수 있다.

2) 구매확인서 전자화

원자재 구매, 납품업무 등 주로 기업 간 거래에 활용되는 전자문서의 유통 및 관계기관 업무처리에 필요한 인프라를 제공해야 한다. 구매확인서는 2011년 7월에 온라인 발급이 처음 시행된 이후 2012년 6월 구매확인서 발급 이력 관리, 통계정보 제공, 과세 신고자료 조회 등이 추가된 '구매확인 통합정보서비스'로 확대 개편되었다. 이에 따라 무역업체는 은행을 방문할 필요 없이 uTradeHub에 접속해 구매확인서 신청이 가능하다. 구매업체가 통지해 주지 않더라도 공급업체는 uTradeHub에서 발급된 구매확인서 조회를 실시간으로 할 수 있다. 구매확인서 전자화 실시 이후 국가전자무역망 uTradeHub 가입 업체가 2만 5천여 개 증가하는 등 전자무역 활성화에 크게 이바지하고 있다. 무역업계의 연간 비용 절감액이 375억 원에 달하는 것으로 추정되는 등 시너지 효과를 창출하고 있다.

3) 전자물류 서비스

수출화물을 체계적으로 무역업계가 관리할 수 있도록 외국 주요 항만과 화물추적정보를 연계해야 한다. 관세청 홈페이지(www.customs.go.kr)에서 실시간 정보를 통해 수입화물의 통관 진행정보, 수출 선적 정보, 출항허가 정보, 상표권등록 정보를 검색하고 확인할 수 있다. 모두 무상으로 제공된다.

KTNET은 uTradeHub 내에 uLogisHub를 운영하고 있다. 수출입 물류 업무의 온라인 거래를 통해 선사, 항공사, 포워더를 비롯한 물류 업계의 업무를 고도화, 효율화해주는 차세대 물류포털이다. 항공사, 해운사, 포워더, 보세구역, 보세운송사에 대한 입출항 신고, 승객/승무원 명단 제출, 적하목록 제출, 보세운송 신고, 수출입신고 등 모든 수출입 물류 처리 절차를 자동화하여 업무처리 시간 및 비용 절감에 이바지하고 있다.

4) 블록체인 기반 수입화물반출 플랫폼

과학기술정보통신부와 한국인터넷진흥원이 주관하는 '2021년 블록체인 시범 선도사업' 중의 하나로 KTNET이 구축하는 '블록체인 기반의 수입화물 반·출입 및 내륙운송 플랫폼'이 2021년 10월 개통되었다. 수입화주의 소량 화물이 항구에 들어와 화주에게 인도되는 업무 프로세스에 블록체인 기술이 접목된 플랫폼을 활용하면, 운송 오더, 배차 정보, 반출정보 등의 과정이 블록체인에 저장되어 정확성이 확보되고, 누락 및 오류 발생을 방지한다. 차량 기사의 스마트폰으로 운송할 화물의 정보와 차량 정보 QR코드를 전송하여 오반출의 위험을 없앤다. 수입화주, 포워더, 운송사, 보세장치장 간의 실시간 정보가 공유되어 수입화물 내륙운송의 효율성이 향상된다. 시간과 비용 절감, 빠르고 정확한 운송으로 기업들의 경쟁력을 높여줄 수입화물 반·출입 및 내륙운송 플랫폼은 KTNET의 uLogisHub에서 이용할 수 있다.

3. 국가 간 서류 없는 무역 실현

1) 글로벌 전자무역 네트워크 구축

해외 전자무역 네트워크와 연계하여 글로벌 전자무역 서비스를 확대하고 있다. 국가간 전자무역 시스템과 민간기업 통신망의 연계를 통해 전자무역 문서가 차질 없이 교환될 수 있도록 정책을 추진하고 있다.

범아시아전자상거래연맹(PAA)은 전자무역 관련 프로젝트, 신규 서비스 개발, 전자무역 국제협력을 공동으로 추진하고 있다. 한중 및 한-대만 전자무역 협력사업을 추진하고 있으며, 민관협력체계는 정책정보 교류 및 공동협력사업을 통해 전자무역 활성화를 위해 노력하고 있다. 공인인증기관의 국제상호인정시스템(PKI Mutual Recognition)은 국가 간 공동인증서의 유효성 검증을 위해 필요한 부분이다.

2) 전자무역시스템 수출

전자무역 초기 단계에서부터 우수한 전자무역시스템의 수출을 촉진하였다. 정보통신기술 및 인프라가 미흡한 국가에 한국의 전자무역시스템을 수출하는 것이 전략적인 글로벌 전자무역 서비스 확대 방안이다. KTNET은 대한민국 전자무역시스템 구축 경험과 기술을 바탕으로 개발도상국 전자무역 컨설팅에서부터 관세행정 현대화 등 사업으로 전자무역시스템을 수출하고 있다. 또한, Single Window 구축부터 국가 간 문서교환(Cross-Border Transaction) 서비스까지 다양한 분야에서 글로벌 전자무역 확산을 위해 노력하고 있다.

전자무역 전자정부 시스템 구축사업으로는 탄자니아 조세청 신통관자동화시스템 구축사업(2012년 8월~2014년 8월)이 가장 먼저 진행되었고 최근에는 우즈베키스탄 표준청 정보시스템 구축사업(2017년 1월 ~2019년 4월)이 진행되었다. 그 외에도 카메룬, 케냐, 르완다, 요르단, 남아공, 동아프리카, 몽골에서 전자무역·전자정부 시스템 구축사업이 진행되었다.

토의문제

- 전자무역 이용률이 여전히 낮은 무역업무는 무엇이며 그 숨은 이유에 대하여 설명하시오.
- 이 책에서 소개한 전자무역 활용 사례 외에 또 다른 좋은 사례를 찾아서 설명하시오.
- 전자무역의 이용률을 높일 방법에 관하여 토론하시오.
- 전자무역에서 수요자 중심의 통합서비스 체계가 구축된 사례를 찾아서 설명하시오.
- 글로벌 전자무역 네트워크 구축이 진행된 상황에 대하여 평가하고 글로벌 네트워크가 미진한 부분이 무엇인지 토론하시오.

3장
uTradeHub와 전자무역 실무

학습 목표

- uTradeHub의 추진 배경과 현재 완성된 각 포탈의 기능에 대해 이해할 수 있다.
- uTradeHub 무역포탈에 구현된 마케팅, 상역, 외환, 통관, 물류, 결제까지 전자무역 실무 전 과정에 대해 이해한다.
- 전자통관과 원산지관리시스템의 중요성에 대해 이해한다.

학습 목차

제1절 uTradeHub의 이해
제2절 uTradeHub 무역포탈
제3절 전자통관과 원산지관리시스템
토의문제

3장 uTradeHub와 전자무역 실무

제1절 uTradeHub의 이해

1. uTradeHub의 추진 배경

1) 전자무역 촉진에 관한 법률

대한민국 정부와 한국무역협회가 2002년 전자무역 확산 전략회의에서 전자무역에 대한 비전을 정하였다. 전자무역 발전을 위해 설정한 비전은 "모든 기업이 언제 어디서나 인터넷 환경에서 가장 경제적이고 효과적인 방법으로 모든 무역 활동을 수행할 수 있는 환경과 서비스를 제공하는 것"이다. 이를 실현하기 위해 「전자무역 촉진에 관한 법률」이 제정되었다.

기존 폐쇄형 전용망(VAN)이었던 무역자동화망을 인터넷 기반의 개방형 전자무역 인프라로 전환하여 무역업무를 지속적으로 처리할 수 있도록 하여 국제경쟁력을 높이는 데 그 목적이 있다. 이러한 입법 취지에 부합하도록 법률의 이름을 「무역업무자동화 촉진에 관한 법률」[47]에서 「전자무역 촉진에 관한 법률」[48]로 2005년에 변경하여 2006년부터 시행하였다. 이 법에 따라 전자무역기반사업자로 KTNET(한국무역정보통신)이 지정되었고, 전자무역기반시설로 uTradeHub(Ubiquitous Trade Hub)가 구축된 것이다.

2) uTradeHub 구축 과정

산업통상자원부(2003년 당시 지식경제부)와 한국무역협회는 전자정부과제의 하나로 2003년부터 '전자무역 서비스' 구축사업을 추진하기 시작했다. 시장조사, 신용평가, 관세청, 해운/항공, 시중은행, 금융결제원 등이 마케팅에서 결제까지 모든 업무를 전자무역에서 할 수 있다. 이를 바탕으로 모든 무역업무를 중단 없이 처리할 수 있는 국가 전자무역 허브를 새롭게 구현하였다.

무역회사는 인터넷을 통한 Single Window 접속을 통해 마케팅, 상거래, 통관, 물류, 외환, 결제에 이르기까지 무역업무 전 과정을 빠르고 편리한 원스톱 방식으로 처리할 수 있다. 이제 무역회사는 은행이나 수출입 관련 기관을 방문하지 않고도 언제 어디서나 쉽고 간편하게 무역업무를 처리할 수 있다.

---

47 무역절차의 간소화와 무역정보의 신속한 유통을 실현하고 무역업무의 처리 시간과 비용을 절감하여 산업의 국제경쟁력을 높임으로써 국민경제 발전에 이바지함을 목적으로 하는 법률

48 전자무역의 기반을 조성하고 그 활용을 촉진하여 무역절차의 간소화와 신속한 유통을 실현하고 무역업무의 처리 시간과 비용을 줄일 목적으로 만든 법률. 법률 제11690호를 근거로 2013년 3월 23일부터 시행되었다.

uTradeHub의 사업 추진을 담당한 주요 기관은 산업통상자원부와 관세청이다. 한국정보화진흥원은 업무수행관리를 지원했다. 전자무역추진 과제 수행 및 사업관리 전반(PMO, 프로젝트관리조직)은 전자무역추진센터에서 담당하였다. 전자무역의 활용 및 홍보·보급, 사업계획 수립 및 제안요청서 작성, 사업자 선정 지원, 실질적인 시스템 구축을 위한 여건을 마련하였다. 전자무역추진센터는 2004년 국가전자무역위원회 산하 조직으로 출범하여 한국무역협회, 한국무역정보통신, KOTRA, 금융결제원 등 유관기관에서 전문 인력을 파견하였다.[49]

2008년 7월 29일, 차세대 전자무역 시스템인 uTradeHub가 정식 출시되었다. uTradeHub는 무역 고속도로를 만들기 위한 20년간의 정부 및 민간 노력의 결실이다. uTradeHub는 문서 비용 절감을 넘어 기업의 무역거래 프로세스를 혁신하고 생산성을 높이는 매개체로 자리 잡았다. 한국무역정보통신은 2008년부터 전자무역 인프라 사업자로 uTradeHub를 업그레이드하고 서비스를 유지하고 있다.

2. uTradeHub의 기능과 가입방법

1) 기능

uTradeHub(Ubiquitous Trade Hub)은 무역포탈, 물류포탈, 통관포탈 등에 사용자가 접근하기 위한 관문이다. 통합로그인 기능은 물론이고

49 최하늘, 이호형, 스마트무역의 이해, 계명대학교출판부, 2021.

전자무역서비스에 대한 전반적인 소개, 서브포탈마다 제공하는 공통서비스(공지사항, Q&A, FAQ, 자료실)를 제공하고 있다.

SSO(Single Sign On) 통합인증을 통해 uTradeHub에서 제공하는 무역포털, 물류포털, 통관포털의 모든 서비스를 원스톱으로 한 번의 로그인으로 쉽고 빠르고 편리하게 처리할 수 있다.

2) 가입방법

uTradeHub 웹사이트에서 회원가입을 할 수 있다. 무역/물류 회사인 경우 기업회원을 선택하고, 전자상거래 포털 사용자인 경우 개인회원을 선택한다. 사업자등록번호를 입력하면 이전에 가입한 회사 정보를 읽을 수 있다. 회사 정보, 영문 추가 정보, 사용자 정보를 입력한다. 무역/제조업체는 무역포털을 이용하는 회사이며, 해운회사, 항공사, 포워더(운송중개인), 보세구역, 보세운송회사, 검사회사, 육로운송회사, 특송회사, 관세사는 물류포털 이용자이다. 무역포털과 물류포털을 동시에 이용하는 경우 무역서비스와 물류서비스 중복 선택이 불가능하다.

uTradeHub는 유료 서비스이므로 청구서 수신 주소 정보를 입력하고 가입 신청서를 인쇄한다. 신청서에 날인 또는 대표자 서명(개인사업자만 가능)을 하여 사업자등록증과 함께 KTNET으로 팩스를 보내야 한다.

3. uTradeHub 각 포탈 소개

1) 무역포탈

uTradeHub의 핵심이라고 할 수 있는 무역포탈을 통하면 원산지증명서, 적하보험, 환어음, 선적요청, 선하증권 등 관계기관을 방문할 필요 없이 서류제출 및 접수를 할 수 있다. 전자문서의 중복 제출을 방지하고 전자문서의 유통을 간소화하여 비용 및 인력을 절감하는 효과가 있다.

2) 글로벌 전자무역 포탈

전자무역 서비스는 한국에 국한되지 않고 무역 및 물류 기업의 무역 자동화 혁신을 실현하고 무역 부대비용을 획기적으로 줄이기 위해 해외파트너와 거래 정보를 교환할 수 있는 서비스를 제공할 수 있다. 글로벌 전자무역 포털을 통해 해외 파트너와 본점간 전자문서 송수신을 위한 부가서비스를 제공한다. KTNET의 MFCS(적하목록)와 연계하여 관세청 신고 자동화가 가능하다. 철강 수입업자는 철강협회에 '철강재 수입 전 신고'를 자동화할 수 있다. 범아시아 전자무역 네트워크 구축 연맹(PAA)과 아시아-유럽 전자무역 네트워크 구축 연맹(ASEAL) 등 글로벌 전자무역사업자의 협력을 통해 글로벌 서비스를 제공하고 있다.

3) 전자상거래 무역포탈

전자상거래를 통해 판매되는 상품에 대한 배송요청, 수출통관, 반품재수입신고, 결제, 구매확인 등의 서비스를 제공하며, 통계정보를 통해 다양한 조건의 실적을 확인할 수 있다. 전자상거래에서 판매되는 상품의 경우 전자상거래 수출신고, 배송요청, 외화 입금신청 등의 업무를 쉽고 빠르게 처리할 수 있다. 동일한 사업자등록번호로 uTradeHub에 가입하면 하나의 아이디로 전자상거래 무역포털 서비스를 이용할 수 있다. 2020년 현재 전자상거래 무역포털 서비스가 무료로 운영되고 있다.

4) FTA Korea

FTA Korea는 uTradeHub에서 제공하는 FTA 원산지 관리 서비스(원산지 유통/보관/판정)이다. 웹 기반으로 별도의 소프트웨어 설치 과정이 필요하지 않으나, 원산지 판정 및 증빙서류 관리가 가능하다. 수출기업과 거래관계가 있는 국내 중소기업의 원산지 관리 시스템으로 적합하다. FTA Korea의 장점은 업종이나 기업 규모에 관계없이 보편적으로 사용할 수 있다는 것이다. 별도의 설치 작업이 없기 때문에 초기 구축비용, 운영비, 유지관리비가 절감된다. 기존 원산지 관리 시스템이 있는 업체라도 공급자의 원산지 관리 시스템이 FTA Korea라면 연동하여 사용할 수 있다. 전자문서를 통해 원산지 판정 데이터를 교환할 수 있기 때문이다.

5) uTradeHub-ERP 연계를 위한 오픈 API 서비스

수출입 기업은 사내 ERP 시스템에 입력한 정보를 KTNET의 전자무역플랫폼 uTradeHub에서 그대로 사용할 수 있다. KTNET은 오픈 API[50] 기반으로 uTradeHub 서비스를 설계함으로써 기업 ERP와 uTradeHub 플랫폼을 쉽게 연결할 수 있기 때문이다. 기업 ERP 시스템에서 처리되는 수출입 문서 정보를 uTradeHub 전자무역 시스템에 재입력해야 하는 불편함을 완화할 수 있다. 기업은 연결을 위한 응용 프로그램을 구축하거나 별도의 솔루션을 구매하지 않고도 다양한 외부 정보 시스템에 쉽게 연결할 수 있다.[51]

---

50 open application program interface
51 최하눌, 이호형, 스마트무역의 이해, 계명대학교출판부, 2021.

4. uLogisHub

1) 개요

KTNET에서 운영하는 화주, 선사, 항공사, 운송사, 창고 간의 수출입 물류 업무처리를 위한 디지털 물류 플랫폼이다. cTradeWorld 물류서비스 'eLogisFrame 서비스'를 확대 개편한 원스톱 B2B, B2G 통합물류서비스이다.

해양수산부가 KTNET을 항만물류정보 중계망 사업자로 선정했다. 항만물류중계서비스는 해운사, 포워더, 운송사, 컨테이너터미널 등 항만물류 기업이 선박 입출항, 수출입화물 반출입신고 등 해양수산부 민원을 전자적으로 처리할 수 있도록 하는 물류포털 서비스이다.

2) uLogisHub 해상스케줄/화물추적/홍보서비스

uTradeHub에서 해상스케줄 화물추적 메뉴로 들어가면 약 250여 개 선사/포워더의 스케줄과 화물추적 정보를 조회할 수 있다. 해상스케줄 화물추적 메뉴는 해상물류업무 사이트인 uLogisHub로 전환된다. 스케줄 서비스는 별도 가입이 필요하며 화물추적 서비스는 별도 가입 없이 사용할 수 있다.

조회할 수 있는 서비스는 선사에서 제공하는 FCL(컨테이너 1개를 단위로 해서 수송되는 대량화물) 선적 스케줄, 포워더에서 제공하는 LCL(Less than Container Load) 스케줄, 내륙운송 전문기업이 제공하는 Inland(내륙운송) 스케줄, 화물 이동정보, 선박 입출항 조회 등이다.

5. 전자무역실습시스템 uTradeEdu

1) 개요

KTNET은 20년의 전자무역 인프라 시스템 운영 노하우를 바탕으로 전자무역 실습시스템(uTradeEdu)을 구축했다. 이 서비스의 사용자는 업계 실무자, 전공 대학생 및 특성화 고등학생이다. 실습 분야는 크게 국내외 무역을 중심으로 하는 'e-Trade'와 물류를 중심으로 하는 'e-Logistics'로 구분된다. 전자무역 실습시스템(uTradeEdu)을 이용하여 무역회사 및 물류회사의 현장 업무를 가상으로 실습하여 전자무역/전자물류 실무능력을 향상시킬 수 있다.

현재의 무역 정보통신기술(ICT) 기반 솔루션과 uTradeHub 서비스 환경에서 관련 업무 지식과 실무를 배울 수 있다. 인터넷만 가능하면 별도의 시스템 설치 없이 교육현장에서 간단하게 사용할 수 있어 편리하다. 무역분야에서는 기업간 또는 기관(은행, 세관 등)간 수출입 기업, 관세청, 국내 바이어, 공급자의 업무를 수행할 수 있다. 물류분야에서는 포워더, 해운사, 운송사, 물류센터간, 기업간, 터미널간, 기관(항만청, 세관, 은행 등)간 업무실습이 가능하다.

2) 수강방식과 커리큘럼

uTradeEdu에서는 개별 학생 등록이 아닌 각 학교, 기관, 기업 교육담당자와 uTradeEdu 단체교육담당자가 계약을 체결하고 개별 학생 등록절차를 거친다. uTradeEdu의 강의 방식은 디지털 교과서 형태로, 기초 이론 교육, 실습, 퀴즈, 요약 등을 통해 학생들이 쉽게 학습 목표를 달성할 수 있도록 구성된 자기주도적 학습 프로그램이다. 학생들은 무역 및 물류의 비즈니스 흐름에 따라 비즈니스 전체를 실습할 수 있으므로 무역 및 물류 비즈니스 프로세스를 이해하는 데 도움이 된다. 학습자를 위한 수강 이력, 진척도 관리 등 편리한 교수진 관리 기능을 제공하고, 교육 이수 증명서를 발급할 수 있다.

무역과 물류의 출발점이 되는 계약과 각종 전자문서 작성방법 및 업무절차를 현업에서 바로 적용할 수 있도록 실무에 정확히 반영할 수 있게 실습을 준비하였다. e-Trade(수출입무역업)의 경우 수출입기업 간의 무역 업무를 중심으로 프로세스에 따라 청약/승인, 계약, 각종 신청/신고, 결제 등이 가능하다. e-Logistics(수출입물류업)는 화물을 중심으로 업무절차에 따른 일정 조회, 예약, 선적요청, B/L 발급 및 관련 물류회사의 업무를 수행하여 실습할 수 있다.

제2절 uTradeHub 무역포탈

uTradeHub 무역포탈은 마케팅, 상역, 통관, 물류, 외환, 결제까지 무역업무 전 과정을 신속하고 편리하게 단절 없이 처리하는 단일화된 Workplace를 제공한다. 사용자 업무처리 프로세스를 간소화하고 무역 업무 효율성을 높일 수 있다. 무역포탈을 통해 서류 중심이 아닌 사용자 중심 작업 공간을 구현한다. 개별 수출, 수입 건수 기준으로 업무 진행 상황을 추적할 수 있고, 요청한 업무의 처리 결과, 관련 문서 등을 포탈

의 사용자 업무 프로세스에서 실시간으로 확인할 수 있다.[52]

1. 주요 기능

1) My Trade

My Trade는 uTradeHub의 모든 기능을 사용자가 메뉴 방식이 아닌 하나의 Workplace에서 업무를 모두 수행할 수 있도록 고안된 기능이다. 수많은 무역업무 중에서 사용자 자신의 업무를 설정하고 업무 진행 상황에 맞는 To-Do 및 To-Check 등 업무목록을 표시하므로 능동적으로 업무를 수행할 수 있다.

사용자가 자기 업무만 처리할 수 있도록 설정을 할 수 있다. 시스템에서 필요한 초기업무를 제외한 나머지는 모두 사용자가 지정하여 많은 무역업무를 단순화해서 To-Do, To-Check List를 볼 수 있다. 이러한 업무 프로세스를 사용자별, 계약별로 등록하여 업무에 적용할 수 있다.

사용자는 자기 계약과 연결된 모든 정보(상업송장, 포장명세서, B/L, 신용장 등)를 볼 수 있다. 이를 녹색(처리된 업무), 적색(처리해야 할 업무)으로 To-Do List에서 확인할 수 있다. 해당 업무의 버튼을 클릭하면 현재 정보에서 해당 화면으로 전환하여 업무처리가 가능하다.

---

52 uTradeHub 홈페이지 무역포탈 소개

2) 수출업무 서비스

수출계약 후 신용장 통지, 수출신고, 선적, 대금 입금 등의 업무를 전자적으로 처리하며 체계적으로 관리하는 시스템이다.

문서를 작성할 때 연관 있는 문서를 선택할 수 있으므로 동일 항목을 중복으로 입력하는 일 없이 신속한 업무처리가 가능하다. 상업송장 정보로 포장명세서가 자동 작성되며, 선적서류(환어음, 원산지증명서, 수익자증명서 등)를 쉽게 작성할 수 있다. 통관과 선적이 다르게 이루어졌을 때 통관 잔액과 선적 이력을 확인할 수 있다. 온라인으로 선적요청(S/R)하고 B/L이 발급되면 수신도 가능하다. 단, 발급된 e-B/L은 원본이 아니므로 e-NEGO에만 활용될 수 있다.

자체적으로 작성한 문서와 외부발급 기관으로부터 발급받은 매입 관련 서류를 매입신청서에 첨부하면 매입은행으로 송신할 수 있다. 자체 작성 가능한 문서는 환어음, 수익자 증명서, 상업송장, 포장명세서, 수출채권양도동의서(O/A)이며 외부발급문서는 선하증권(e-B/L), 보험증권, 원산지증명서, 수출신고필증이다.

3) 수입업무 서비스

수입계약 후 신용장 개설, 선적서류 내도 및 통관, 대금결제 등의 수입업무를 전자적으로 처리하며 체계적으로 관리하는 시스템이다.

문서를 작성할 때 연관 있는 문서를 선택할 수 있으므로 동일 항목을 중복으로 입력하는 일 없이 신속한 업무처리가 가능하다. 수입 유관기관의 전자민원시스템에 연결되어 있으므로 해당 기관에 전자민원을 쉽게 신청할 수 있으며 처리 결과는 uTradeHub에서 확인할 수 있다. e-D/O 시스템의 화물정보 조회 화면에서는 수입화물에 대한 정보를 추적 및 조회 가능하며, D/O 발급신청 및 보세운송 요청도 처리할 수 있다.

4) 국내 구매 서비스

수출자가 수출물품을 제조하고 가공하는 데 필요한 원자재 또는 완제품을 국내 업체에 원활하게 조달하기 위하여 사용한다. 내국신용장이나 구매 확인과 관련된 물품매도 확약과 내국신용장/구매확인서 발행을 할 수 있다. 세금계산서, 물품 수령증 발행, 대금결제 등 업무를 전자적으로 처리하며 체계적으로 관리하는 시스템이다.

문서를 작성할 때 연관 있는 문서를 선택할 수 있으므로 동일 항목을 중복으로 입력하는 일 없이 신속한 업무처리가 가능하다.

5) 국내 공급 서비스

국내 공급업체가 수출용 물품을 수출자에게 납품하고 대금 회수를 위한 업무를 처리한다. 내국신용장이나 구매 확인과 관련된 내국신용장/구매확인서통지, 물품매도 확약, 물품수령증 수신, 판매대금 매입(추심)의뢰, 세금계산서발행 등의 모든 업무를 전자적으로 처리하고 체계적으로 관리하는 시스템이다.

문서를 작성할 때 연관 있는 문서를 선택할 수 있으므로 동일 항목을 중복으로 입력하는 일 없이 신속한 업무처리가 가능하다.

6) 전자문서보관소

전자문서보관소는 무역업무 처리 과정에서 발생하는 각종 무역 전자문서를 안전하고 안정적으로 보관하는 전자상거래 인프라이다. 저장된 문서는

전자문서로 인정된다. 전자무역 촉진에 관한 법률 16조의 효력을 가진다.[53]

전자무역서비스를 통해 발급된 수출신용장, 수출입신고필증 등 전자무역 문서는 인증서와 함께 전자문서보관소에 자동으로 저장되며, 회사 무역거래 담당자는 전자문서저장소를 통해 종이문서와 같은 효력을 인정받은 전자문서를 관련 기관인 제삼자에게 전자적으로 배포할 수 있다.

전자문서보관소를 통해 유통되는 지정된 전자무역 문서는 종이문서와 같은 효력을 가지며, 종이문서를 제출해야 했던 업무의 비효율성을 제거하고 무역업무 전 프로세스에 대한 자동화의 기반을 제공하여 준다.

2. 전자신용장 서비스(e-L/C)

1) 개요

2005년부터 수출입 회사는 uTradeHub를 통해 은행으로부터 온라인 신용장 통지를 받을 수 있다. 신용장 조건의 변경 및 신용장 관련 수수료가 포함된다. 환어음 매입 및 신용장 양도와 같은 신청은 온라인으로도 처리할 수 있다.

e-L/C는 기존의 종이 문서를 기반으로 하는 신용장과 달리 전자적으로 통지되는 신용장을 말한다. 전자신용장 서비스 시스템은 신용장 통지부터 수출대금 매입까지 신용장과 관련된 모든 과정을 전자적이고 체

53 전자무역기반사업자가 전자무역 문서를 보관할 때는 「전자문서 및 전자거래 기본법」 제5조 제1항에 따른 전자문서의 보관이 행하여진 것으로 본다.

계적으로 관리하는 시스템이다. 은행과 공동으로 설립한 한국형 전자신용장 서비스는 세계 최초이다. e-L/C는 e-NEGO의 기반시스템으로서 핵심적인 역할을 한다.

2) 주요 기능

e-L/C 서비스를 이용하여 신용장 도착 사실을 수출회사에 알린다. 또한 전자무역 문서보관소에 저장된 전자신용장을 신용장 원본 확인을 요청하는 제삼자에게 배포하는 기능도 수행한다. 기타 주요 기능으로는 신용장 내도통지 관리 기능, 신용장 양도 및 매입 신청 관리 기능, 신용장 이력 관리 등이 있다. 통지 및 매입은행의 경우 전자신용장 서비스는 신용장 한도, 매입 내역, 통계 등을 제공하는 기능이 있다.

3) 기대효과

원본 신용장을 디지털화하여 무역회사의 관리 비용을 절감한다. 무역회사는 더 이상 종이신용장이 필요하지 않다. 신용장을 제삼자에게 전달하는 것이 더 쉬워진다. 수시로 신용장 과정을 확인하는 것이 더 쉽다. 은행이 무역회사에 신용장을 통지하거나 환어음 매입이 쉬워진다. 신용장에 대한 분실이나 훼손의 위험은 근본적으로 방지된다. 신용장을 위조하거나 변조하려는 시도를 원천적으로 차단한다. 무역회사가 환어음 매입을 요청할 때 은행이 신용장 한도를 즉시 확인하지 않아 사기가 발생하는 경우가 있는데 이런 문제는 발생하지 않는다.

3. e-Nego 서비스

1) 개요

Nego는 협상(negotiation)의 줄임말이다. 신용장 대금결제 방식은 수출자가 은행에 환어음과 선적서류를 제시하고 수출대금을 선불로 받아가는 방식이다. 수출환어음매입이라고도 한다. 외국환은행이 환어음과 선적서류를 사는 것이다. 수출업자로서 환어음을 외국환은행에 파는 것이다. 선적서류에 하자가 없으면 클린네고, 하자가 있으면 각서네고가 된다. 선적서류의 결함으로 은행이 환어음 금액을 받지 못한 경우 수출업자는 대금을 반환하기 위한 각서를 첨부한다.

e-Nego 시스템은 수출업자가 선적서류를 전자화하고 선적서류 제출을 자동화하여 은행을 방문하지 않고도 uTradeHub에서 Nego 업무를 처리할 수 있는 시스템이다. e-Nego 시스템은 전자무역의 최종 버전으로 볼 수 있으며 2010년 한국에서 세계 최초로 상용화되었다.

2) 기능

전자신용장(e-L/C), 전자선하증권(e-B/L), 전자원산지증명서(eC/O) 및 전자보험증권(e-I/P)도 uTradeHub를 통해 전자적으로 발행 및 배포된다. 회사 내부 시스템이 e-Nego 시스템과 연결되면 은행과 연결되어 환어음 매입 업무 전체를 전자적으로 처리할 수 있다. e-Nego 시스템의 전자선적서류가 전 세계적으로 유통되기 위해서는 해외 서비스와의 연계가 필요하다. 해외시스템과 uTradeHub가 Hub to Hub 연결되거나 해외 전자무역 네트워크(SWIFT, OpenText Business Network 등)와 연결되어야 한다.

3) 기대효과

수입업체가 선적서류를 수령하는 데 소요되는 시간이 단축된다. 수출 회사는 Nego에 들어가는 시간과 비용을 절약한다. 서류 작성 및 준비 기간은 평균 6일에서 3일로 단축되었다. 선적당일 네고는 원칙적으로 불가능했지만 e-Nego 시스템에서는 가능한 경우가 많다. 선적서류의 전달 기간이 단축됨에 따라 신용장 발행은행의 매입대금이 지연되었을 때 매입은행이 부담하는 지연이자 부담을 경감하였다. 선하증권(B/L) 및 보험증권(I/P)과 같은 중요한 선적서류의 분실 위험이 사라졌다.

매입은행은 본점과 지점 간의 선적서류 배달 시간을 단축했다. 이에 따라 은행의 고객 서비스가 개선되었다. 선적서류 위변조의 위험이 사라졌고, 매입서류의 보관 및 조회 절차가 간소화되었다.

4. e-B/L(전자선하증권) 서비스

1) 개요

해상무역 화물의 인도청구권을 나타내는 선하증권(B/L)은 유가증권이라 전자화하기 어려웠다. 이는 전자무역 활성화에 걸림돌이 됐다. Title Registry는 선사로부터 B/L을 전자적으로 수령하고 B/L을 전자적으로 배급하기 위해 가장 중요하다. 물품 인도청구권은 전자적으로 관리되어야 하기 때문이다. uTradeHub의 e-B/L(Electronic Bill of Lading) 서비스는 B/L의 소유권을 Title Registry에 등록하고 원본 B/L을 전자무역문서보관소에 저장 및 유통한다. 전자적 B/L 발행 및 유통은 e-Nego의 전제 조건이다. 환어음을 매입할 때 가장 중요한 선적서류가 B/L이기 때문

이다. e-B/L이 유통되면 e-Nego가 완성되어 수출대금을 조기에 회수할 수 있다.[54]

2) 주요 기능

- 선적을 위해서는 먼저 상업송장을 기준문서로 발행하여야 하며, 상업송장 작성 시 자동으로 포장명세서가 생성된다.
- 선적요청은 수출업체가 상업송장, 포장명세서, 컨테이너 정보, 수출신고필증 정보를 직접 입력하거나 포워더에게 연락하여 운송업체에 선적을 요청하는 절차이다.
- 수출업자가 Check B/L 조회를 통해 B/L에 기재할 내용을 직접 확인한다. 공식 B/L 발행 후 e-B/L 조회는 상세 조회 및 권리등록 출력 기능을 제공한다.
- 수출업자가 자신의 e-B/L을 타사로 양도하는 경우 e-B/L 재발급 신청을 통해 e-B/L 양도를 신청한다.
- 다른 회사는 양도 요청을 받은 후 e-B/L의 양도를 수락하거나 거부할수 있다.
- e-B/L 소유권 이전 및 등록 등 변경사항을 확인하기 위해서는 Title Registry에 등록된 소유권을 조회할 수 있다.

---

54 최하늘, 이호형, 스마트무역의 이해, 계명대학교출판부, 2021.

5. 수출입요건 확인 전자민원 서비스

수출입요건확인제도란 법령에서 정하는 요건확인기관으로 지정된 기관이 수출입 물품의 허가·승인·표시조건을 기업의 요청에 의하여 확인·인증하는 제도이다. 수출입요건확인은 수출입 업무 절차 중 가장 번거로운 일이다. 대한민국은 2005년부터 요건확인기관 민원업무를 전산화했으며, 2010년에는 수출입 관련 요건확인 업무를 완전히 온라인화했다. 수출입승인, 추천 등 요건을 확인하기 위해 요건확인기관을 방문하는 대신 회사 담당자가 온라인으로 업무를 처리한다. 반복적으로 제출되던 문서를 자동화, 간소화하여 요건확인 기관 및 기업의 업무 효율성을 높였다.

6. KTNET 발급 구매확인서비스

1) 개요

구매확인서는 내국신용장 개설이 곤란한 경우 국내에서 수출용 원자재 및 완제품의 구매를 용이하게 하기 위하여 내국신용장에 따라 외국환은행 또는 KTNET에서 발급하는 증명서이다. 내국신용장과 가장 큰 차이점은 무역금융 혜택을 받을 수 없다는 점이다.

2010년 기준으로 연간 100만 건 이상의 구매확인서가 발행되었으며 통계에 따르면 550,000건 이상의 온라인 구매확인이 처리되었다. 결국 2011년 7월 1일부터 은행 창구를 방문하는 구매확인서 발급이 폐지되었다.

온라인 발급은 KTNET 또는 은행에서 자유롭게 선택 가능하다. 전자발급의 전면 시행으로 기업의 부가가치세(VAT) 신고가 간소화되었다. 구매확인서가 발급된 국내 거래에는 부가가치세가 적용되지 않으며 구매확인서 사본이 더 이상 필요하지 않다. KTNET이 은행에서 발행한 금액을 포함한 구매확인서 발급 명세를 국세청에 통보하기 때문이다. 회사에서 발급받은 구매확인서는 전자문서보관소(KTNET)에 5년간 보관되어 언제든지 사용할 수 있다.

2) 전자발급 방법

uTradeHub에 접속하여 회원가입을 한 후, 구매확인서 발급기관으로 KTNET을 선택한다. 가입신청서를 출력하여 사업자등록증 사본과 함께 팩스로 KTNET 고객센터로 보내야한다. 은행을 발급기관으로 지정할 때 uTradeHub 가입승인서를 출력하여 은행에 직접 제출하는 절차가 추가된다.

회사 내부 ERP 시스템이나 전자무역 소프트웨어를 사용 중이라면 KTNET과 협의하여 구매확인서 신청 자동화 기능을 추가할 수 있다.

7. e-AWB(전자항공화물운송장) 서비스

항공운송장(AWB)은 항공화물운송의 기본서류이다. 해상운송에서 선하증권(B/L)과 같은 역할을 하는 증권이다. 선하증권(B/L)과 같이 유통할 수 없다. 선하증권(B/L)은 유가증권이지만 항공운송장은 수취증일 뿐이다.

e-AWB 서비스는 항공사 대리점으로부터 항공운송장(Air WayBill)을 전자적으로 받아 원본을 KTNET 전자무역보관소에 보관한다. Title Registry에 변경이력 및 원본 인쇄 내용을 등록하여 Air WayBill의 전자 발행 및 유통의 기반을 제공한다. 주요 기능은 e-B/L 서비스와 유사하다.

제3절 전자통관과 원산지관리시스템

1. 전자무역 통관

1) 관세행정의 전자화

전자무역에서 통관은 관세청의 UNI-PASS(전자통관시스템)를 통해 이루어진다. 검사, 검역 등 수출입 요건을 충족해야 하는 물품을 수입/수출하고자 하는 경우 UNI-PASS 창구에서 요건확인 신청과 수출입 신고를 원스톱으로 처리할 수 있다. UNI-PASS는 관세청이 수출입 업무를 효율적으로 추진하기 위해 개발한 시스템이다. WCO(세계관세기구)에서 권장하는 모든 국제규격을 반영하고 있어 어느 나라에서나 사용할 수 있는 시스템이다. 국제표준화기구(International Organization for Standardization)의 정보통신(IT) 서비스 관리 국제표준인 ISO 20000 국제인증을 받았다. 관세청은 2005년부터 UNI-PASS를 14개국에 수출하고 29개국에 컨설팅서비스를 제공할 정도로 국제 경쟁력을 인정받았다.

관세청은 수출기업이 신속하고 정확하게 원산지증명서(C/O)를 신청할 수 있도록 UNI-PASS와 연계하여 FTA-PASS(원산지관리 시스템)를 운영하고 있다. FTA-PASS는 기업이 FTA 원산지를 직접 관리할 수 있도록 관세청에서 2010년 개발, 보급한 원산지 관리 시스템이다. 수출자가 기관에서 발급한 원산지증명서를 신청하는 경우, UNI-PASS에 저장되어 있는 수출신고정보는 원산지증명서 신청 시 그대로 기재된다.

2) UNI-PASS(전자통관시스템)

관세청은 1974년 국가관세종합정보망 구축을 위해 수출입신고서 온라인 입력 시스템을 도입한 1세대의 '무역통계 전산화'를 시작으로 1992년 2세대 '통관자동화 시스템(EDI)을 구축했다. 이어 3세대 전자통관시스템 UNI-PASS를 2000년에 최초로 선보였다.

UNI-PASS는 물품신고와 세관 검사, 수출입신고, 세금 납부 등 모든 통관절차를 세관 방문과 서류 없이 온라인으로 처리할 수 있도록 개발된 한국의 전자통관시스템 브랜드다. 이 시스템은 세관 수출입신고 및 수출입에 필요한 정부 기관의 관련 절차를 통관 단일창구(Single window)를 통해 한 번의 세관 신고로 일원화시켜 과거에 하루 이상 걸리던 수출신고 절차를 2분 이내로, 2일 이상 걸리던 수입신고와 관세 환급 절차를 각각 3~5시간 이내로 단축했다. 관세청에 따르면 UNI-PASS를 이용하면 수출입 물류비용, 관세 처리, 화물처리 업무에서 연간 2백억 원의 절감 효과를 얻을 수 있다.

UNI-PASS는 무역회사, 해운회사, 항공사, 운송회사, 관세사, 은행, 수출입단체, 정부부처 등 수출입업체와 무역유관기관을 하나의 통합 네트워크로 연결한다. 따라서 항공기 및 선박의 입출항 및 출입국자 관리가 기본이며, 보세화물 추적관리와 수출입 요건확인도 세관신고서 통합(UNI)으로 일괄 처리(PASS)가 가능하다.

전자통관시스템은 공항이나 항만의 통관 시스템에서도 찾아볼 수 있다. 온라인 수출업체의 수출신고 과정도 더 편해졌다. UNI-PASS는 세계관세기구(WCO)와 UN의 전자문서 표준 등을 적용, 세계 각국에서 사용 가능한 국제 표준화된 시스템으로 주목받았다. UNI-PASS에 대한 세계의 관심은 수출로 이어졌다. UNI-PASS는 2005년 카자흐스탄을 시작으로 몽골, 에콰도르, 탄자니아, 도미니카, 카메룬, 가나 등 2021년까지 총 15개국에 총 2억 4천633만 달러 규모의 수출을 기록했다.

관세청은 프로그램을 개선하고 보안을 강화하여 시간과 공간의 제약 없이 세관 신고가 쉬운 4세대 UNI-PASS를 오픈하였다. 4세대 UNI-PASS는 개선된 프로그램과 강화된 보안이 특징으로 세관 신고가 쉽다. 이 시스템을 이용하면 휴대폰을 이용하여 개인 및 기업별 다양한 관세행정 정보를 얻을 수 있으며, 국제우편 통관·유통 이력신고, 밀수신고, 납세신고 등 각종 관세행정신고를 손쉽게 할 수 있다. 통관절차도 신속하여 직구 소비자가 상품을 더 빨리 받을 수 있다.

2. 전자적 원산지증명서 발급 및 검증

1) 대한상공회의소 원산지증명센터

KTNET에서 전자무역용 또는 기업 범용(1등급) 공동인증서를 발급받은 후 대한상공회의소 원산지증명센터에 접속하여 서명등록을 먼저 한다. 웹 인증 서비스 이용을 위한 아이디 등록은 대한상공회의소 인증센터에서 한다. 사업자등록번호 1개당 회사의 대표아이디 1개가 자동으로 부여된다. 법인사업자는 사업부별로 서브아이디를 등록할 수 있다. 시스템에 로그인 한 후 인증을 원하는 양식을 선택하고 작성한다. 원산지증명서와 함께 원산지소명서도 준비해야 한다. 문서가 완성되면 상공회의소에 온라인으로 제출된다. 원산지증명서 신청시기는 수출신고 및 선적 후 1개월 이내이다.

신청서가 접수되면 상공회의소 발행인이 문서를 검토한다. 심사가 완료된 후 신청자에게 발급완료 또는 정정요청을 한다. 수정을 요청한 문서는 '재작성'을 클릭하여 문서를 수정한다. 수정된 문서는 다시 제출해야 한다. 인증 수수료는 온라인 결제 시스템을 사용한다. 수수료 지불은 10일 이내에 완료되어야 한다. 상공회의소에 회비를 납부한 회원사는 인증수수료가 면제된다.

승인된 문서는 컬러 프린터로 회사에서 직접 인쇄해야 한다. 발급된 문서의 진위 여부는 인증서 조회 사이트에서 확인할 수 있다. 대한상공회의소에서 발급/인증한 문서의 진위여부에 외국수입업자가 직접 발급/인증 연도, 참조번호, 참조코드를 입력하면 진위여부를 확인할 수 있다.

2) 관세청 UNI-PASS

FTA 특혜 원산지증명서는 관세청 전자통관시스템(UNI-PASS)을 통해서도 발급받을 수 있다. UNI-PASS에서 원산지증명서를 신청하면 수출신고정보를 불러와서 미리 작성하는 기능을 사용할 수 있다. UNI-PASS가 먼저 수출신고를 완료한 후 원산지증명서를 신청하기 때문이다. 원산지증명서 신청 공통 수출신고정보 필드를 자동으로 채우는 기능이 설정되었다. 작업도 편리하지만 원산지증명서의 정확성과 신뢰성이 향상되었다. 원산지증명서를 준비하는 과정에서 잘못된 기재로 인해 수입국 세관에서 FTA 특혜 신청이 거부되는 경우가 많았다. 이 문제가 해결되었다.

3) FTA 원산지증명서 검증서비스 CO-PASS

원산지증명서를 오용하는 사례가 많기 때문에 원산지증명서가 적법한 절차를 거쳐 발급되었는지 확인이 필요하다. 관세청은 FTA를 체결한 국가와 협력하여 FTA 원산지 확인 서비스인 CO-PASS를 개발했다. 세관 또는 대한상공회의소에서 발급한 모든 원산지증명서를 하나의 CO-PASS에서 조회할 수 있다. CO-PASS에서 원산지증명서 조회 절차는 다음과 같다. 먼저 FTA 협정과 국가를 선택한 후 원산지증명서가 한국에서 발행되었는지 또는 다른 국가에서 발행되었는지 선택한다. 마지막으로 발급번호를 입력하면 원산지증명서의 진위 여부를 쉽게 확인할 수 있다.

3. 원산지관리시스템

수출기업뿐만 아니라 내수기업도 FTA 원산지관리시스템이 필요하다. FTA는 현재 우리나라 무역에서 70% 이상 활용되고 있으므로 직수출이 없는 제조업체라 하더라도 FTA 원산지관리 업무는 피할 수 없다. 직수출이 있는 대기업과는 다르게 대기업의 협력사 또는 중소기업에서는 늘어나는 FTA 체결국과 비교해 FTA 발생 효과에 대한 체감률이 저조하다. 자체적인 원산지관리시스템을 갖춘 대기업이 아니면 중소기업이 직접 원산지관리를 체계적으로 하기 힘든 부분이 있다. 이에 산업통상자원부에서는 FTA Korea, 관세청에서는 FTA-PASS 원산지관리시스템을 개발하여 무료로 모든 기업이 활용할 수 있도록 보급하고 있다.

1) FTA Korea

FTA Korea는 uTradeHub에서 제공하는 FTA 원산지 관리 서비스이다. 핵심 서비스는 원산지 판정 관리 서비스, 사후 검증 준비를 위한 데이터저장 서비스, 원산지증명서 발급 및 보관 서비스이다. FTA Korea를 활용하면 외부 시스템과의 데이터 교환이 편리해진다. 전자문서로 받은 원산지확인 데이터는 시스템에서 재활용할 수 있다. 시스템이 달라도 원산지증명서 발급 및 유통 지원이 가능하다. 기업 내부 ERP 시스템의 원가, 생산, 고객 등의 정보는 FTA Korea와 연계되어 있다. 기업별로 별도의 FTA 시스템을 구축할 필요가 없다. 원산지 판정 결과를 암호화된 전자문서 방식으로 전송하는 중계 서비스이므로 원산지 판정에 사용된 원가, 고객 등 영업비밀정보가 노출되지 않아 안심하고 이용할 수 있다.

KTNET은 산업통상자원부와 공동으로 원산지관리시스템을 고도화하여 '차세대 자유무역협정(FTA) 원산지관리시스템'인 'FTA Korea Plus'를 구축하였다. 회원가입 절차가 어려웠던 기존 원산지관리시스템은 회사 내부의 원산지 기초데이터 활용을 위해 회사의 양식과 다른 양식을 별도로 사용해야 했다. FTA 협정이 다양할 때 우선 활용협정을 추천하는 기능이 없었다. FTA 원산지증명서를 발급받을 때 데이터 자동추출 기능이 없었다. 이제 회원가입이 간편한 'FTA Korea Plus' 개통으로 수출기업이 가진 데이터 양식 그대로 원산지관리 업무에 활용할 수 있다. 인공지능(AI)을 활용한 데이터 자동추출 기능과 우선 활용 FTA 협정 추천기능은 원산지 판정과 원산지증명서 발급신청을 간편하게 해준다.

2) FTA-PASS

FTA-PASS는 자체적으로 원산지관리시스템을 개발/운영하기 어려운 수출업체를 위하여 관세청의 지원으로 국제원산지정보원에서 개발한 소프트웨어이다. 홈페이지(http://www.ftapass.or.kr)에서 무료로 내려받아 사용할 수 있다.

FTA-PASS 기본형은 원산지관리시스템 모든 기능을 활용하고자 하는 수출/국내 공급기업이 활용할 수 있다. FTA-PASS 간편형은 최소한의 정보 입력을 통한 원산지관리를 하고자 하는 수출/국내 공급기업이 활용한다. 수출기업의 경우 자율발급 원산지증명서 발급대상 협정 이용 기업만 사용할 수 있다. FTA-PASS를 활용해 보기 전 회원가입 없이 모의 원산지 판정 체험도 가능하므로 학생들의 실습에 활용할 수 있다.

- 활용 사례[55]

테플론 관련 세계적 기업 T사가 국내에 직접 투자하여 설립한 N사의 FTA-PASS 활용 사례이다. N사는 중국에 수출하는 두 가지 물품의 한중 FTA 관세 특혜를 받기 위해 준비하고 있었다. N사의 수출품 HS코드[56]에 대한 한중 FTA 협정 원산지 결정 기준이 세번변경기준[57]이므로 제품과 원부자재에 대한 HS코드를 자체적으로 검토하여 진행하였으나 원산지 판정에 대한 확신이 없었다. 그리하여 N사는 한국무역협회 FTA종합지원센터 차이나데스크에 컨설팅을 요청하였다. 컨설턴트는 수출품 완제품에 대한 한국산 원산지 판정을 완료했다. 그리고 원산지 판정의 정확성을 높

---

55 한국무역신문, "[FTA 활용 성공 사례] N사-동박", 2021.12.12.

56 무역 거래에서 거래 상품의 종류를 숫자 코드로 분류해 놓은 것

57 역내에서의 생산 공정에 의해 비원산지 재료의 세번(HS코드)이 변경된 경우, 비원산지 재료를 원산지물품으로 인정하도록 하는 기준

이고 원산지 판정 근거자료를 마련하기 위해 'FTA-PASS' 솔루션 구축과 지속적 활용을 컨설턴트가 제안하였다. N사는 이제 'FTA-PASS'로 HS코드와 가격정보 확인을 할 수 있어서 체계적으로 세번변경기준의 근거자료와 원산지 증빙서류를 갖출 수 있다. N사의 한중 FTA 특혜원산지증명서 발급에 대한 근거자료는 항상 준비되어 있다.

토의문제

- 국제무역 대금결제 전자화 현황에 대해 추가로 학습하고 전자결제 시스템 활용률이 높아지지 않는 이유를 주제로 토론하시오.
- 무서류(Paperless) 무역 송금 서비스에서 발생할 수 있는 문제점을 주제로 토론하시오.
- 전자무역 활성화를 위한 공동인증서 전자인증을 대체할 방안을 주제로 토론하시오.
- 원산지증명서 검증을 위한 혁신적인 방법이 있을지 토론하시오.
- e-B/L(전자선하증권)의 원활한 유통을 위하여 세계적으로 어떤 노력을 하고 있는지 조사하시오.
- uTradeHub 각 포탈의 기능에 대하여 알아보고 추가되어야 할 기능이 있는지 토론하시오.
- 전자무역실습시스템(uTradeEdu)에 회원가입을 하고 실습방법을 숙지하시오.

4장

B2B 전자상거래무역

Electronic Trade in the Age of Digital Transformation

학습 목표

- 글로벌 B2B 전자상거래와 전자무역의 교집합을 이해한다.
- 무역거래알선사이트(e-Marketplace)를 활용한 바이어 발굴기법을 숙지한다.
- 검색엔진과 소셜미디어, 무역 디렉터리 등 B2B 인터넷 무역마케팅 방법에 대해 이해하고 수출바우처 수행기관을 통해 온라인 해외시장 개척을 실행에 옮길 수 있다.

학습 목차

4장

B2B 전자상거래무역

제1절 글로벌 B2B 전자상거래

1. 전자상거래

1) 전자상거래의 법적 정의

「전자문서 및 전자거래 기본법」에서는 '전자거래'를 재화나 용역을 거래할 때 그 전부 또는 일부가 전자문서 등 전자적 방식으로 처리되는 거래로 규정하고 있다.[58] 그리고 「전자상거래 등에서의 소비자보호에 관한 법률」에서는 '전자상거래'를 전자거래의 방법으로 상행위(商行爲)를 하는

58 전자문서 및 전자거래 기본법 제2조 제5항

것으로 정의하고 있다.[59] 정보통신기술의 발전과 스마트폰의 보급, 편리하고 안전한 전자결제시스템의 발달로 인해 전자상거래는 급성장하고 있다. 이제 전자상거래는 거래의 자동화, 전자화를 넘어서 디지털 환경과 상행위를 포함하는 새로운 쇼핑 생태계로 발전하고 있다. 메타버스, 사물인터넷, 빅데이터, 인공지능(AI) 등 4차 산업혁명 기술들이 전자상거래에 적용되고 있다.

2) 전자상거래의 급성장

코로나19로 전 세계가 경기 침체를 겪으면서도 전자상거래 시장은 오히려 성장을 이어갔다. 그동안 상대적으로 전자상거래 이용률이 낮았던 고령층의 온라인 쇼핑이 코로나19를 계기로 늘어났다. 중국이 세계 1위의 전자상거래 시장이고, 미국, 영국, 일본 순으로 전자상거래 시장이 성장했다. 한국 전자상거래 시장규모는 세계 5위이며 2020년 140조 원을 돌파했고 2022년 200조 원을 바라보고 있다. 특히 모바일 쇼핑은 전체 전자상거래의 70%를 돌파하였다. 성균관대학교 최재붕 교수의 표현에 의하면 "인류 소비 문명의 표준이 바뀌고 있다". 기업과 고객 모두에게 유통과 소비의 디지털 전환은 선택이 아닌 필수가 된 것이다.

---

59 전자상거래 등에서의 소비자보호에 관한 법률 제2조 제1항

2. 전자상거래 모델의 분류

1) 거래참여자에 의한 분류

판매자와 구매자가 온라인상에서 재화와 서비스의 거래를 수행한다는 전자상거래만을 국한해서 생각해 본다면 전자상거래 모델은 다양한 비즈니스 모델의 구분이 가능하다. 그중 가장 이해하기 쉽고 일반적인 분류 방법이 거래에 참여하는 거래 주체에 의한 방법이라 볼 수 있다.

거래참여자에 의한 전자상거래 분류에는 일반적으로 기업(B: Business), 고객(C: Customer), 정부(G: Government)와 같은 거래 참여 주체의 조합에 의한 비즈니스 모델 구분이 사용된다. 기업 간 거래는 B2B(Business to Business), 기업이 정부를 상대로 하는 조달의 경우는 B2G(Business to Government)와 같이 구분되는데 그 조합에 따라 다양한 전자상거래 모델을 구분하고 분류할 수 있다.

2) 글로벌 B2B 전자무역

전자거래의 형태와 관련하여 상대적으로 규모가 크고 리스크가 큰 전자무역은 주로 국내외 원자재조달 및 상품 판매와 관련된 글로벌 B2B 또는 글로벌 B2G 거래이다. 수익 원천과 관련하여 무역 거래를 중계해 주는 무역거래알선사이트, e-마켓플레이스, 전문 무역정보, 신용조회, 전자문서 이용 등 무역정보 서비스 등은 광고 수입, 회비 등으로 수익을 얻는 전자무역 비즈니스이다.

거래에 참여하는 이해관계자들의 상호작용과 관련하여 무역거래알선사이트, e-마켓플레이스는 다대다(N:N) 거래를 통하며 전문화된 거래정보 제공, 신용조회, 거래자동화서비스, 전자조달(e-Procurement)은 일

대다(1:N) 트랜잭션(transaction)이다. 상품판매 측면에서 자사 홈페이지, 무역중개사이트, e-마켓플레이스 등을 이용한 전자거래는 실물상품 중심의 형태이며, 전문거래정보 및 신용조회 서비스는 전자적 형태의 디지털 상품 중심의 형태이다. 무형자산, EDI 무역자동화 및 무역 대행 서비스는 서비스 지향적이라고 할 수 있다.

이 가운데 무역거래알선사이트(e-Marketplace)는 상대적으로 큰 노력과 비용이 들었던 계약체결 이전까지 해외와의 비정형화된 무역업무를 인터넷을 이용해서 더욱 신속하고 저렴하게 처리할 수 있는 이점이 있다.

3. 글로벌 B2B 전자상거래

1) 글로벌 B2B 전자상거래의 성장

글로벌 B2B 전자상거래는 전자무역과 밀접한 관련이 있다. 전자상거래의 관점에서 전자무역을 이해하려면 먼저 글로벌 B2B 전자상거래를 생각할 수 있다. B2B 전자상거래는 회사 간의 제품(서비스 포함) 또는 정보 거래를 의미한다. 전자상거래의 초기 관심은 B2C에 집중되었지만 B2B의 총 거래 금액은 이미 B2C를 초과했다. 어린 시절부터 디지털 환경에서 성장한 세대들이 B2C 전자상거래의 경험을 바탕으로 B2B 거래에서도 전자상거래 플랫폼과 솔루션을 적극적으로 사용하기 때문이다.

B2B 전자상거래는 다음과 같은 사례들이 있다. B2B 모델은 계속 발전하고 변화되고 있다.

- 기업 웹사이트

기업의 얼굴과도 같은 기업 웹사이트는 24시간 연속 운영되는 가상 무역전시장으로 생각할 수 있다. 기업 웹사이트가 없으면 잠재 고객들은 이 회사의 존재에 대해서 의심할 것이고 더는 알아볼 가치가 없는 회사로 생각할 것이다. 이제 기업 홈페이지 제작은 필수가 되었다. 오프라인 매장이나 사무실이 있어도 잠재 고객들이 방문에 앞서 웹사이트를 통해 정보를 얻고 있다. 특히 무역 관련 기업은 영문 홈페이지를 반드시 갖고 있어야 한다.

어떤 기업의 웹사이트는 공급업체들만 들어올 수 있는 업무환경을 제공한다. 어떤 기업의 웹사이트는 직접 제품을 판매하는 쇼핑몰로 구성되어 있다.

- 제품 공급과 조달을 위한 거래소

기업 구매담당자가 방문하여 공급업체로부터 상품을 구매하고 제안을 요청하며 때로는 입찰에 참여할 수 있다. 전자조달 사이트라고도 하는 일부 사이트는 기업 모임을 지원하고 다른 사이트는 틈새 시장에 중점을 두고 있다.

- 산업 포탈

제품 목록, 토론 그룹 및 기타 기능과 같은 산업 및 회사별 통합 정보를 제공하여 온라인 산업 시장을 제공한다. 이러한 산업 포털 사이트는 조달 사이트보다 더 넓은 목적을 가지고 있다.

- 중개 사이트

제품이나 서비스를 원하는 회사와 그것을 공급할 수 있는 회사 사이의 중개자 역할을 한다. 좋은 예는 장비를 임대하는 사이트이다.

- 정보 사이트

기업의 특정 산업과 관련된 정보를 제공한다. 여기에는 산업별 검색 사이트와 무역 및 산업 표준화를 구성하는 사이트가 포함된다.

2) 글로벌 B2B 전자상거래 비즈니스 모델

- 공급자 중심 모델(eDistribution)

공급자 중심 모델은 다수의 공급자가 온라인 시장을 구축하여 다수의 기업에 판매하는 효율적인 채널을 구축하는 모델이다. 공급자는 자신의 가격을 설정할 특권이 있다. 공급업체와 제품, 서비스를 검색하기 쉬워야 하며 공급자의 신뢰도는 공급자 중심 비즈니스 모델에서 성공하는 데 중요하다.

IT 및 네트워킹 분야의 세계적인 리더인 Cisco는 고객 서비스 시장인 CCO(Cisco Connection Online)를 통해 성공을 거두었다. CCO는 고객과 공급업체, 판매자, 사업 동반자를 위한 창구 기능을 담당한다. Cisco는 CCO를 통해 매출 증가와 더불어 저비용으로 고객지원 수준을 높일 수 있었다. 공급망을 최적화하는 MCO(Manufacturing Connection Online)는 Cisco와 계약한 제조업체와 물류 파트너를 연결한다. Cisco는 전자상거래를 가치사슬 전반에 활용하여 B2B 전자상거래가 제품판매 이상의 가치가 있음을 보여준 좋은 사례이다.

- 구매자 지향 모델(eProcurement)

구매자 지향 모델은 구매자의 요구를 중심으로 진행된다. 대량 구매가 가능한 대기업에서 활용하는 경우가 많다. 이러한 방식은 판매자들의 견적을 비교하고 수락하기 위한 포털사이트를 구축한다. 판매자들이 접속해서 견적을 제출하면 구매자는 분석 후에 거래할 판매자를 결정한다. 구매자 지향 모델을 통해 구매자는 거래비용을 절감하고 가장 좋은 가격으로 제품을 공급받을 수 있다.

현대/기아차의 '바츠(Vaatz)' 시스템이 구매자 지향 모델의 좋은 사례이다. 글로벌 협력사에 부여된 아이디로 벤더 기업이 로그인하여 견적서 제출, 수주현황 확인, 전자계약 등 다양한 업무를 '바츠(Vaatz)' 사이트를 통해 진행하고 있다.

- 중개자 지향 마켓플레이스 모델(eExchange)

중개자 지향 모델은 구매자와 판매자가 서로 만날 수 있는 시장으로 구성된다. 마켓플레이스는 최대한 많은 구매자와 판매자를 확보하며 글로벌 B2B 전자상거래 모델 중에서 가장 큰 비중을 차지하고 있다.

중개자 지향 모델의 가장 성공적인 사례는 알리바바(Alibaba) 그룹이다. 세계 최대 온라인 B2B 거래 플랫폼인 Alibaba는 1999년에 중국의 수출회사들과 전 세계 바이어를 연결해 주는 B2B 이마켓플레이스로 시작하여 큰 성공을 거두었고 그 이후 타오바오(B2C 전자상거래 사이트) 등 종합 인터넷 플랫폼 서비스 기업으로 성장하여 현재 중국 전자상거래 1위 기업으로 자리매김하고 있다.

4. 글로벌 B2G 전자상거래

1) B2G 전자상거래의 정의 및 종류

전자상거래가 활성화됨에 따라 B2C 및 B2B 전자 상거래는 이미 큰 시장을 형성했다. 또한 기업과 정부 간에 온라인 거래를 하는 전자상거래 방식을 B2G(Business to Government)라고 한다. 행정기관 홈페이지에서 전자적으로 공무를 해결하는 국세청의 전자세금계산서, 국세청 홈택스도 B2G라고 한다. 여기에서는 정부 또는 정부 기관에서 필요한 상품 또는 서비스의 온라인 공공 조달에 중점을 둔다.

국내에서는 국가종합전자조달 나라장터, 방위사업청 국방전자조달시스템, 공공혁신조달플랫폼 혁신조달종합포털 혁신장터가 운영되고 있다. 공공조달 시장은 연간 135조 원 규모로 국내총생산(GDP)의 7%를 차지한다. 세계 공공조달시장 규모는 6조 달러이다. 미국 연방정부조달시장은 2020년 6,000억 달러를 돌파한 세계 최대 시장이다. 2020년 기준 UN 조달시장 규모도 223억 달러에 달했다.

수출기업은 글로벌 공공조달시장을 살펴볼 가치가 있지만 입찰에서 자국기업을 우선시하고 정부마다 독립적인 계약규정을 두고 있어 정보수집에 어려움이 있다. 세계무역기구(WTO)는 GPA(정부조달협정)를 관장하고 있어 매년 GPA 회원국의 정부조달 규모를 조사·고시한다. WTO 정부조달협정(GPA)을 체결한 국가의 공공조달시장에 직접 진출이 가능하다.[60]

---

60 최하눌, 이호형, 스마트무역의 이해, 계명대학교출판부, 2021.

2) 글로벌 B2G 시장 진출전략

조달청은 우수 조달기업의 수출 활성화를 위해 '해외조달시장 수출 전략기업 육성사업'을 시행하고 있다. 해외 현지 기업과 수출 전략 기업을 매칭하여 네트워크를 구축하고 해외 프로젝트 참여를 통해 해외 진출을 확대하는 것이다. 국내 기업의 해외시장 진출 전략을 수립하고, 역량개발 교육 및 해외 네트워크 구축을 지원한다. UN, WHO 등 국제기구가 운영하는 조달시장 진출을 지원하는 '글로벌 조달 마케터 사업'도 있다. 국제기구 조달시장에 진출하는 유망기업에게 맞춤형 종합컨설팅을 제공하고 국제기구 조달 전문가를 양성하여 글로벌 조달시장 진출 기반을 마련하기 위한 사업이다.

중소벤처기업부 중소기업수출지원센터는 조달청과 함께 해외조달시장 정보(globalkoreamarket.go.kr/gpass)를 제공한다. 북미, 국제기구, EU, 아시아 등 시장으로 나누어 해외조달시장 동향과 최근 입찰정보를 제공하고 있어 B2G를 통해 해외시장에 진출하고자 하는 기업에 도움이 된다.

3) 해외조달 성공사례

분자진단 전문기업 씨젠이 유니세프(UNICEF)와 코로나19 진단키트공급계약을 체결했다. 이번 계약으로 씨젠은 유니세프의 주문에 따라 최장 2년간 저개발국에 코로나19 진단키트를 공급하게 된다. 전문가들은 이번 계약이 UNOPS(유엔프로젝트조달기구), UNDP(유엔개발계획) 등 유엔 내 다른 기관에도 적용할 수 있는 확장성이 뛰어난 계약이라고 평가했다. 씨젠은 외교부와 조달청이 주관하는 '해외공공조달 입찰지원사업'에도 참여했다.[61]

---

61 중소기업수출지원센터 해외조달시장정보 해외조달 성공사례 - 씨젠, 코로나19 진단 키

5. 글로벌 B2B2C 전자상거래

1) B2B2C 정의

전자상거래의 급속한 성장으로 B2B와 B2C 채널 간의 경계가 모호해졌다. B2B2C는 B2B와 B2C를 결합한 형태이다. 기업을 모집하여 소비자와 연결해 주는 대가를 받고, 소비자에게도 각종 서비스 비용을 받는 비즈니스 모델이다. B2C는 마케팅 비용과 비교하면 수익률이 낮고 실적변동이 크며 B2B는 자금투자 회수 기간이 길어지고 기존 거래 관계를 바꾸기 어려운 약점이 있다. 이를 극복하는 대안으로 B2B2C 모델이 떠올랐다. 제조기업은 생산에 집중하는 가운데 마케팅기업은 제조기업의 상표 경쟁력이나 데이터베이스를 이용할 수 있고, 고객을 위한 맞춤형 데이터베이스 마케팅을 할 수 있는 장점이 있다. 비즈니스-투-매니(business-to-many) 즉 B2M으로 불리기도 하고 기업 간 거래와 기업과 종업원 간 거래를 결합한 B2B2E(Business to Business to Employee)의 형태도 유사한 비즈니스 모델이다.

2) B2B2C 전자상거래와 플랫폼 비즈니스

B2B2C 전자상거래는 플랫폼 비즈니스의 형태로 실현되고 있다. 플랫폼 비즈니스는 플랫폼 운영자가 두 개의 서로 다른 시장을 연결하여 거래를 촉진하고 새로운 가치를 제공함으로써 이윤을 창출하는 형태의 비즈니스 모델을 말한다. 플랫폼 비즈니스는 플랫폼을 만들고 운영하고 관

트 UN조달 시장 진출

리함으로써 이윤을 창출하는 플랫폼 사업자 혹은 운영자의 수익 모델이라는 측면이 강하다. 따라서 플랫폼 비즈니스를 플랫폼을 가치 교환의 장소로 제공하고 운영함으로써 이윤을 창출하는 기업활동으로 정의하기도 한다.[62] 세계경제포럼(WEF)은 글로벌 디지털 플랫폼의 매출액이 2025년에 약 60조 달러 규모로 성장하고 세계 전체 기업 매출액의 약 30%가 플랫폼 비즈니스를 통해 얻어질 것으로 전망하고 있다. 삼정KPMG가 발행한 '플랫폼 사업 성공 전략' 보고서에 따르면 글로벌 시가총액 상위 10개 기업 중 7개가 플랫폼 기업이다. 삼정KPMG는 플랫폼 확산으로 가장 큰 영향을 받을 산업은 모빌리티, 유통, 소비재, 금융, 헬스케어 산업이라고 예측했다.

플랫폼 비즈니스에는 공급자와 소비자, 외부 협력사 등 다수의 참여자로 구성돼 이들 간의 끊임없는 상호작용을 통해 가치의 교환과 순환이 지속해서 이루어지기 때문에 마치 자연생태계와 유사한 플랫폼 생태계가 존재한다. 지속 가능한 플랫폼 생태계를 유지하기 위해서는 집단과 집단 간의 교차 망 효과를 고려하여 집단들 모두가 성장할 수 있도록 관리해 주어야 한다.

- 패션 브랜드 할인 정보 플랫폼 : 패션기업(B) - 애플리케이션(B) - 소비자(C)
- 음식배달 플랫폼 : 음식점(B) - 음식배달 애플리케이션(B) - 이용자(C)
- 경매 서비스 : 자재 가공, 제품 생산 업체(B) - 경매 서비스(B) - 고객(C)

---

62 최하늘, 이호형, 스마트무역의 이해, 계명대학교출판부, 2021.

- 보험 설계 온라인 플랫폼 : 보험설계사(B) - 온라인 플랫폼(B) - 고객(C)
- 자동차 외관 수리 견적 서비스 : 자동차 수리업체(B) - 플랫폼(B) - 고객(C)

중간 도매업자는 B2B2C가 아니다. 소비자에게 직접 판매하는 채널을 보유한 B2B 브랜드도 B2B2C 모델에 속하지 않는다.

제2절 무역거래알선사이트(e-Marketplace)

1. 무역거래알선사이트의 개념

1) 정의

무역거래알선사이트는 전 세계의 바이어에게 회사정보 및 상품정보를 알리거나 웹사이트에 등록된 가입정보를 검색하여 고객을 찾아주는 사이트이다.

2) 기능

무역거래알선사이트는 수출자와 수입자의 정보를 등록, 열람, 검색할 수 있는 기능이 필수적이다. 수출업자와 수입업자 간의 거래를 온라인으로 연결하는 가상 마켓플레이스를 제공한다. 무역거래알선사이트를 이용하면 쉽고 저렴하게 해외 홍보를 진행하고 거래처를 찾을 수 있다. Product Post(상품정보 등록), Selling/Buying Trade Lead View(거래정보 조회), Company Profile Search(기업정보 조회)가 주요 기능으로 제공된다. 관심 품목에 대한 인콰이어리 발송 시스템을 제공한다.

무역거래알선사이트의 수익모델로 유료회원 가입비와 광고비가 있다. 대부분의 무역거래알선사이트는 무료 회원등록을 허용한다. 무료 회원은 바이어에게 연락할 기회가 제한되어 있기 때문에 유료 회원에 가입하면 다양한 기능을 사용할 수 있다. 배너 광고는 주로 사이트의 메인 화면에 게재되는 유료 광고이다. 키워드 검색에 노출되는 광고와 카테고리별 광고도 유료회원에게 유료로 제공된다.

3) 역할

수출입업자는 무역거래알선사이트를 통해 필요한 정보를 쉽게 얻을 수 있다. 무역거래알선사이트는 수입업자에게 수출업자의 제품 및 가격에 대한 정보를 제공함으로써 수입업자의 정보 수집 비용을 낮춘다. 적절한 수출업체와 수입업체를 연결해야 하는 필요성을 충족하기 위해 Matching 작업을 수행한다. 많은 수의 수출입업자가 무역거래알선사이트에 모여 있기 때문에 규모의 경제와 범위의 경제가 발생할 수 있다. 수입업자와 수출업자 사이에 발생하는 정보 비대칭을 줄인다. 무역거래알선사이트에서는 결제, 물류, 전자문서 등의 서비스가 제공되지 않는 경우가 많다.[63]

4) 글로벌 B2B 무역거래알선사이트의 종류

해외 바이어 발굴을 원하는 수출중소기업들은 글로벌 B2B 무역거래알선사이트를 이용하고 있다. 1996년에 국내 최초로 글로벌 무역 B2B

---

63 최하늘, 이호형, 스마트무역의 이해, 계명대학교출판부, 2021.

사이트 ecplaza가 오픈되었다. 현재 국내 B2B 무역거래알선사이트 가입자 1위인 EC21은 1997년에 한국무역협회에서 오픈했으며 2000년에 한국무역협회로부터 분사하였다. 세계 최대 온라인 B2B 거래 플랫폼인 Alibaba는 1999년에 중국에서 시작하였다. 전 세계적으로 수많은 B2B 무역거래알선사이트가 존재하며 국내의 많은 공공기관도 무역거래알선사이트를 구축해 놓았다. 홍콩무역발전국에서 운영하는 무역거래알선사이트 HKTDC는 홍콩 전시회에 참여한 바이어를 연결해 준다.

대한민국에서 무역거래알선사이트의 구축 및 운영은 무역 관계기관과 지방자치단체를 중심으로 활발히 진행되고 있다.[64] KOTRA의 BuyKorea, 중소벤처기업진흥공단의 GobizKOREA, 한국무역협회의 tradeKorea가 대표적이다. 한국농수산식품유통공사 B2B 홍보 무역 거래알선 플랫폼인 K-FoodTrade도 있다.

무역거래알선사이트 또는 플랫폼을 영어로 B2B e-Marketplace라고 부른다. 인터넷을 통해 거래처 선정을 도와주는 것이 주된 기능이다. 무역회사가 자기 회사의 정보 및 상품정보를 이러한 사이트에서 홍보하고 등록된 다른 회사정보를 검색하여 거래처를 발굴하는 것에 활용한다.

다음 표는 여성 기업 종합정보 포털의 주요 글로벌 무역거래알선사이트 정보를 참고하여 주요 B2B 무역거래알선사이트를 요약한 것이다. 사라지거나 성격이 바뀐 사이트가 많이 있다. 산업별, 상품별로 특화된 B2B 무역거래알선사이트는 이보다 훨씬 더 많이 찾아볼 수 있다. 예를 들어

---

64 장명진, 윤광운, "우리나라 무역업체의 인터넷 무역거래알선사이트의 활성화방안", 통상정보연구, 제2권 제2호, 2000, pp. 69-96.

Textile World와 같은 글로벌 섬유 기업에 대한 정보를 제공하는 사이트가 있다.

표3 주요 B2B 무역거래알선사이트

사이트 이름	URL	특징
Alibaba	www.alibaba.com	5천만 이상의 글로벌 가입자를 보유하여 세계에서 가장 큰 온라인 B2B 무역거래알선사이트
EC21	www.ec21.com	한국 최대의 B2B 무역거래알선사이트, 200개 이상 국가의 판매자와 바이어 정보를 보유하고 있음
ecplaza	www.ecplaza.net	영어, 중국어, 일본어, 한국어의 4개국어 사이트 지원, 약 40만 회원을 보유한 B2B 무역거래알선사이트
BuyKorea	www.buykorea.org	B2B 마켓플레이스, 중계무역 거래알선, 수출, 수입, 무역홍보 마케팅, 코트라 제공
GobizKOREA	www.gobizkorea.com	중소벤처기업진흥공단, 중소기업지원, 해외마케팅, 검색엔진최적화, 홈페이지제작, B2B 사이트, 해외홍보
tradeKorea	www.tradekorea.com	한국무역협회의 B2B 무역 웹사이트로 바이어와 공급자를 연결하는 매칭서비스 제공. 온라인 전시회를 통해 새로운 비즈니스 기회를 찾을 수 있음
Dotrade	www.dotrade.co.kr	해외구매 offer 대응, 무역상담, 수출계약 등 글로벌 비즈니스에 필요한 서비스를 원스탑으로 제공하는 기업
globalsources	www.globalsources.com	다양한 종류의 전시회 정보를 활용하며 고급 바이어 정보를 제공함
Tradeindia	www.tradeindia.com	인도 최대의 기업회원을 보유한 B2B 무역거래알선사이트
IndiaMart	www.indiamart.com	인도의 B2B 무역거래알선사이트로 거래실적에 따른 신용등급 등 다양한 서비스 제공

Tradekey	www.tradekey.com	중동지역 최초의 B2B 무역거래알선 사이트, 220개 국가의 기업 정보 보유
China.cn	en.china.cn	B2B 분야에서 유일한 non-commerce 웹사이트, 중국 국가 공인 B2B 사이트
ECVV	www.ecvv.com	5천만 이상의 글로벌 가입자를 보유하였으며 대중국권 수출입 비즈니스 촉진 기구
WAND	www.wand.com	세계 11개 언어로 된 무료등록 B2B 디렉터리 플랫폼
Tradeport	tradeport.org	미국 캘리포니아주 거래알선 정보, 산업 및 시장정보, 전시회 정보
Used Equipment Network	www.usedequip.com	장비 딜러가 판매하는 75,000개 이상의 중고기계 품목 소개

2. 무역거래알선사이트 활용 과정

1) 회원가입 및 상품 등록

무역거래알선사이트 EC21 회원가입 및 무역마케팅을 진행하는 과정은 다음과 같다. ec21.com에 접속하여 Join Free 회원가입을 진행한다. 국가를 선택한 후 Buyer 또는 Seller를 선택한다. 회사명, 이름, 전화번호, 이메일 주소를 입력한 후 ID와 비밀번호를 등록하고 Create My Account 버튼을 클릭하면 등록이 완료된다. EC21에 제품을 등록하려면 Sign In을 클릭하여 로그인하고 My EC21을 클릭한다. Manage Products_Add a New Product 메뉴에서 제품을 추가할 수 있다. 무료회원 단계에서는 최대 15개의 상품을 등록할 수 있다. 그룹 이름은 그룹 목록에서 제품 그룹을 선택하여 등록하는 것이다. 제품명은 영문 60자 이내로 입력한다. 제품명과 제품키워드가 검색에 노출되기 때문에 제품의 특성을 잘 나타내는 단어들로 구성해야 한다.

2) 인콰이어리 확인 및 답신

My EC21로 이동하여 Basic Services 〉 My Inquiries 〉 Inbox 메뉴에서 인콰이어리를 확인한다. 바이어가 보낸 인콰이어리는 일반적으로 관심 품목의 가격, 수량, 배송 및 지불 조건을 물어보며 때로는 카탈로그 또는 샘플을 원한다. 이러한 내용에 대한 인콰이어리를 받았을 경우 신속하게 답변해야 한다. 특정 항목을 지정하지 않고 접근하는 사기성 이메일에 주의해야 한다. 특히 사전에 협의되지 않은 첨부파일이나 링크를 보낸 경우 절대 열어서는 안 된다.

인콰이어리에 답변이 필요한 경우 제품의 설명이나 특성을 과장하지 말고 간결하게 설명해야 한다. 재고 부족으로 선착순 주문이 필요할 때 그 사실을 강조한다. 카탈로그 및 가격표(price list)는 요청할 때만 제공한다. 경우에 따라 경쟁사에서 정보만 도용할 수 있으므로 가격표 전송을 재고해야 한다. 샘플은 즉시 준비되지 않을 경우 별도로 발송한다. 원칙적으로 샘플 비용은 바이어가 부담한다. 샘플만 받고 연락을 끊는 사기가 많으니 조심해야 한다.[65]

3) 바이어 찾기

EC21에 상품을 등록하고 바이어의 문의를 기다리는 방법이 있지만

---

65 최하늘, 이호형, 스마트무역의 이해, 계명대학교출판부, 2021.

계약 성과를 높이기 위해 적극적으로 바이어를 검색해야 한다. 검색창에서 Buying Lead 탭을 선택하여 키워드를 검색한다. Buying Lead는 바이어의 실제 구매 의사를 등록하는 기사이다. 유료 회원인 경우 최근 3일 동안 업데이트된 신규 Buying Lead를 검색할 수 있다. 유료 회원의 경우 Global Buyer Search 페이지의 검색창에 키워드를 검색하면 300만 개 이상의 바이어 정보를 볼 수 있다.

3. 무역거래알선사이트 활용 사례

1) tradeKorea

이집트 바이어로부터 한국무역협회 tradeKorea에 업체를 찾아달라는 요청이 있었다. 에어로졸 방식의 차량용 카뷰레터 클리너 제품을 OEM 방식으로 생산하는 업체를 찾기 위함이었다. tradeKorea 매칭 매니저가 먼저 바이어 정보를 확인했다. 1981년 이집트에서 설립되어 자동차 부품 및 화학제품을 자체 상표로 유통하는 회사임을 확인하였다. 매칭 매니저는 국내 3개 업체를 찾아 소개했고, 드디어 바이어가 S사와 상담을 시작했다. 바이어는 S사에서 샘플을 구매해 테스트 결과 성능에 만족했다. 수량 및 디자인 협의 후 바로 바이어가 정식 주문을 했고, 최근 S사에서 출하를 완료했다. 이후 S사는 tradeKorea 서비스를 이용하여 계속 해외시장 개척을 하고 있다.[66]

---

66 한국무역신문, “무역협회 e-마켓플레이스 ‘트레이드코리아’10년”, 2018.11.2.

2) EC21

A사는 의료장비를 제작하여 캐나다 FDA 및 EC의 승인을 받았다. 일본 바이어에게 안경테를 납품하고 있으며 의료장비 제조 및 수출 20년의 경험을 가지고 여성들을 위한 배란체크기를 개발해 전 세계로 수출하고 있다.

A사는 수출 판로를 모색하던 중 EC21을 알게 되어 프리미엄 회원으로 가입 후 글로벌 바이어 데이터베이스 검색을 통해 거래제안서를 발송하고 거래처를 찾기 시작했다. 꾸준한 상품 등록으로 바이어들의 관심을 유도하였고 Inquiry를 주고받음으로 신뢰를 쌓아갔다. 기존 회사 홈페이지 운영뿐 아니라, EC21에 올린 회사의 제품정보를 업데이트함으로써 상품정보를 생동감 있게 제공하였다.

EC21을 통해 캐나다, 일본, 유럽 바이어로부터 1년 평균 100만 달러 정도의 거래실적을 거두었다. EC21 프리미엄 회원이 접근할 수 있는 글로벌 바이어 데이터베이스 검색을 통한 거래제안서 발송이 효과적이었고 기업인증 마크(Trade Verify)가 바이어의 신뢰를 얻을 수 있었다.

4. 무역거래알선사이트 활성화를 위한 과제

1) e-hub으로 진화

모건스탠리의 연구팀은 무역거래알선사이트가 커뮤니티 사이트에서 카탈로그, 실거래 기능 지원(Exchange)의 단계를 거쳐 궁극적으로 협업서비스인 e-hub으로 진화할 것으로 전망하였다. Kaplan & Sawhney(2000)이 처음 제시한 e-hub은 무역거래알선사이트들이 통합하여 새로운 비즈니스 모델로 전환되는 것을 의미한다.[67] 특정 산업을 위한 수직적 e-hub 또는 특정한 비즈니스 프로세스를 위한 수평적 e-hub이 등장하면 수출자와 수입자 모두 효율적인 거래가 가능하다.[68] 자동화된 업무 처리 기능과 글로벌 SCM 개념이 더해지기 때문이다. 하지만 무역거래알선사이트는 아직 카탈로그와 Exchange의 중간 수준에 머물러 있다.

그러므로 무역거래알선사이트 업계에 핵심 기능인 거래알선의 질적 향상, 무역거래알선사이트 간 연계를 통한 이용자 확대와 무역서비스 사업자와의 협업을 통한 무역 가치사슬 서비스 다양화 노력이 요구된다. 많은 기업이 참여해야만 무역거래알선사이트는 수익을 발생할 수 있고 국제적인 경쟁력을 달성할 수 있다.

2) 무역거래알선사이트의 통합

KOTRA의 BuyKorea, 중소벤처기업진흥공단의 GobizKOREA, 한국무역협회의 tradeKorea가 공공분야 무역거래알선사이트로 운영 중이나 Alibaba나 Amazon B2B에 비하면 글로벌 인지도와 거래 규모가 부족하다. 이에 정부는 공공분야 무역거래알선사이트를 기능적으로 통합하여 「코리아 B2B 플랫폼」으로 육성하고자 한다. 현재 수출기업·해외바이어 모두 무역거래알선사이트별로 개별 상품을 등록해야 하므로 상호간 연계 수준이 낮다. 회원 기업과 등록된 상품 수를 다 합쳐도 민간 무역거래알선사이트인 EC21이나 ECPlaza에 미치지 못한다. 결제·배송 지

---

67 KAPLAN, STEVEN, and MOHANBIR SAWHNEY. "E-Hubs: The New B2B Marketplaces." Harvard Business Review, vol. 78, no. 3, May 2000, p. 97.

68 정석찬, "허브형 e-마켓플레이스 구현에 관한 연구", e-비즈니스연구, 제7권 제1호, pp. 313-333.

원기능도 1만 달러 이하 샘플 거래만 지원 가능하여, 대량·고액의 수출에 한계가 있다. 이는 대부분의 무역거래알선사이트가 가진 한계이다.

각 무역거래알선사이트에 흩어져 있는 수출기업과 해외 바이어를 플랫폼이 공동 활용하면 규모의 경제를 달성할 수 있다. KOTRA는 해외무역관을 활용한 바이어 확보에 강점이 있고 중소벤처기업진흥공단은 수출중소기업을 발굴하여 지원하는 역량을 보유하고 있다. 각 기관의 강점을 기능적으로 하나의 무역거래알선사이트로 공유하고 공동의 수출마케팅을 전개하면 시너지효과를 달성할 수 있다.

정부의 계획에 의하면 먼저 각 무역거래알선사이트의 상품과 거래정보를 고도화한 후 수출거래 전 과정의 온라인 지원기능을 보강한다. 그런 다음 각 무역거래알선사이트의 상품정보 데이터베이스에 네이버·구글 등 검색포털사이트의 통합검색 기능을 탑재하여 해외 바이어 관점에서 '통합 무역거래알선사이트'처럼 이용할 수 있도록 구현한다. 해외 바이어 문의 정보도 연동하면 모든 무역거래알선사이트에서 공동 매칭을 지원할 수 있다. 마지막으로「코리아 B2B 플랫폼」단일 브랜드로 공동 홍보를 추진하고 아마존·알리바바 등 글로벌 B2B 플랫폼에 '코리아 B2B 플랫폼 공동관'을 구축하여 글로벌 협력을 강화한다.[69]

---

69 관계부처 합동, 무역 디지털 전환 대책, 2020.11.

제3절 B2B 인터넷무역마케팅

연구에 의하면 전자무역(온라인) 마케팅 활용이 수출성과에 가장 큰 영향을 미치고 있다. 무역거래알선사이트, 블로그, 트위터, 검색 마케팅 활동을 활발히 전개하고 있는 회사의 수출성과가 높은 것으로 분석되었으므로 중소기업이 무역마케팅 효과를 증진하기 위해서는 효율적인 전자무역(온라인) 마케팅 수단을 적극적으로 이용해야 한다.[70]

1. 검색엔진과 소셜미디어 활용 바이어 발굴

1) 검색엔진 최적화

- 검색과 검색엔진

'검색(Search)'은 검색 서비스를 제공하는 사이트에서 기업이 키워드를 입력하여 필요한 정보를 찾고 결과를 확인하는 과정이다. 검색 사이트에서 필요한 정보를 정확하게 찾기 위해서는 두 가지 조건이 필요하다. 적절한 키워드의 선택과 검색 엔진(Search Engine)의 성능이 필요하다. 검색엔진이 가진 권한은 막강하다.

---

70 김학민, "전자무역 마케팅의 수출 성과에 대한 효과성 분석", 통상정보연구, 13(2), pp. 3-26. 2011.

'검색 엔진'은 검색 사이트에 미리 저장된 색인(Index)을 기반으로 정보를 찾는 데 도움이 되는 정보 검색 시스템 또는 소프트웨어이다. 검색 엔진의 성능은 키워드와 관련된 정보를 빠르고 정확하게 정렬하고 표시하는 능력에 달려 있다. 검색 결과에서 순위가 높은지 여부는 검색 엔진이 사용하는 알고리즘에 따라 다르다.[71]

검색 엔진의 작동 원리는 다음과 같다. 웹 크롤링(Web Crawling) 단계에서 검색 엔진은 인터넷에서 수많은 페이지를 검색하고 저장한다. 웹 크롤링은 웹봇 소프트웨어에 의해 자동으로 주기적으로 수행된다. 웹 크롤링 속도가 아무리 빨라도 인터넷의 모든 정보를 100% 실시간으로 크롤링하는 검색 엔진은 존재할 수 없다. 검색 엔진의 핵심 기술은 검색된 페이지를 특정 키워드와 연계하여 검색 인덱스로 저장하는 것이다. 마지막으로 사용자가 입력한 키워드에 따라 미리 준비된 인덱스 정보 결과를 제공한다. 키워드는 미리 인덱싱되어 있기 때문에 사용자가 키워드를 입력하는 것과 동시에 검색 결과가 나타날 수도 있다.

- Google의 자신감

국내 검색포털의 경우 검색결과를 인위적으로 분류하여 제공하기 때문에 검색결과의 우선순위에 검색사이트의 편집의도가 크게 반영된다. Google은 알고리즘에 따라 검색 우선순위를 부여하고 검색결과 화면의 구성에는 개입하지 않는다. 이는 Google의 자신감이고 Google은 계속해

71 알고리즘(algorithm)은 문제를 해결하기 위한 명령으로 구성된 일련의 순서화된 절차이다(김종훈 외, 컴퓨터 개론, 한빛아카데미, 2013).

서 글로벌 검색 시장을 지배하고 있다.

여전히 강력한 성능으로 무장한 검색엔진이 핵심 경쟁력인 Google은 무역회사가 필수적으로 활용해야 하는 검색사이트이다.

- 검색엔진 최적화 전략

해외시장 개척을 원하는 기업은 검색 시 검색엔진 상단에 자신의 기업이나 제품 정보가 노출되도록 관리해야 한다. 검색엔진 최적화는 쉬운 일이 아니지만 첫 번째 단계는 회사 웹사이트를 대표할 핵심 키워드를 선택하고 검색엔진 웹사이트에 재등록하는 것이다. 이후 웹사이트 제휴나 추천사이트 등록을 통해 웹사이트 이용자를 늘리면 검색 순위도 올라간다. 가장 중요한 것은 전략적 검색 키워드 선택이다. 검색엔진의 관점에서 회사의 제품과 서비스를 분석하고 키워드를 수정한다. 검색엔진 최적화는 일회성이 아니다. 사용자가 찾지 않는 키워드는 과감히 버리고 더 많이 찾는 키워드에 집중해야 한다. 검색엔진 최적화 업체와 계약하여 캠페인을 진행하는 것도 좋은 생각이다.[72]

---

72 최하늘, 이호형, 스마트무역의 이해, 계명대학교출판부, 2021.

2) 소셜미디어 무역마케팅

- 필요성

이제 모든 기업이 마케팅을 위해 소셜미디어를 사용하지만 Business.com에서 발행한 보고서에 따르면 소셜미디어를 사용하는 것이 B2B 기업에 더 전략적이다. Twitter, Facebook, YouTube, Linkedin 및 블로그와 같은 모든 소셜미디어를 사용하여 바이어를 찾을 수 있다. 소셜미디어를 이용한 무역마케팅 효과는 무역업계에서도 두드러진다. 현재 대부분의 무역회사들은 무역마케팅을 위해 비즈니스 전문 SNS Linkedin과 동영상 소셜 미디어 YouTube를 적극 활용하고 있다.

- Linkedin 마케팅

Linkedin은 비즈니스 전문가용 SNS이다. 미국에서 구직 및 구인 관련 SNS로 시작하여 현재 바이어 발굴 및 비즈니스 파트너 찾기에 널리 활용되고 있다. 미국과 유럽에서 Linkedin 계정이 없는 기업인을 찾기가 어렵다. 중소기업이 Linkedin을 통해 수출 실적을 끌어내면서 Linkedin이 해외시장 개척 수단으로 주목받고 있다. Linkedin에서 실시간 소통이 가능하고 상대방 프로필에 대한 신뢰도가 높기 때문이다.

- YouTube 마케팅

YouTube는 세계에서 가장 큰 비디오 소셜미디어일 뿐만 아니라 이제 Google에 필적하는 검색엔진으로 받아들여야 한다. 2021년 기준 YouTube는 약 20억 명 이상의 월간 사용자를 보유하고 있으며 분당 약 400시간 분량의 동영상이 업로드된다. 사용자는 하루 평균 1시간 이상 YouTube를 시청한다. 사용자들이 매일 YouTube에서 영상을 시청하는 시간을 합하면 10억 시간 이상이 나온다. YouTube는 소비자가 자신의 관심사에 대한 정보를 얻기 위해 비디오를 사용하기 때문에 소비자에게 다가갈 수 있는 좋은 검색 엔진 중 하나이다.

3) YouTube와 인플루언서 마케팅

- 성공적인 YouTube 마케팅전략

YouTube에서 비즈니스 채널을 설정할 수 있다. 적절한 '카테고리'를 선택하는 것이 중요하다. 채널/카테고리에 맞는 토픽/컨텐츠를 정의할 때 검색어를 잘 선택하는 것이 필요하다. '채널 예고편' 영상, '채널 배너', '채널 아이콘'은 채널을 방문하는 시청자에게 매력적으로 만들어야 한다. 유튜브 채널을 페이스북, 인스타그램 등 다른 소셜미디어와 유기적으로 연결하는 것이 좋다.

시청자의 시선을 사로잡는 영상은 뚜렷한 주인공과 스토리, 좋은 화질과 음성 품질을 자랑한다. 쉽게 검색할 수 있는 제목과 설명을 설정하는 것도 중요하다. 'How to' 또는 'Review' 제목으로 시작하면 좋다. 동영상을 본 후 채널의 웹사이트를 방문하거나 채널의 다른 동영상도 보도록 유도하는 전략이 필요하다. 동영상 재생이 종료되면 나오는 종료 화면에 4개의 콘텐츠를 추가할 수 있다. 동영상 재생 중 '자세히 알아보기', '앱 다운로드', '지금 구매하기' 등의 링크가 표시되는 '정보 카드' 기능을 사용하는 것도 좋다.

- **인플루언서(influencer) 마케팅 전략**

전자상거래에서 인플루언서[73]의 영향력이 커지고 있다. 기업들은 인플루언서들과 적극적으로 마케팅을 하고 있으니 무역마케팅에도 적극 활용해야 한다. 팔로워 수만 명의 유명 인플루언서에 대해 높은 비용을 지불하지만 팔로워가 500~10,000명 사이인 마이크로 인플루언서라도 해당 분야에 특화되어 있으면 좋은 반응을 얻을 수 있다. 마이크로 인플루언서는 마케팅 비용 대비 좋은 결과를 기대할 수 있다.

중국에서는 왕홍(인플루언서의 중국식 이름)이 다양한 플랫폼에서 라이브 커머스로 직접 판매하면서 새로운 쇼핑 트렌드가 떠오르고 있다. 왕홍과 계약하여 적극 활용하면 보다 쉽고 빠르게 중국 시장에 진출할 수 있다.

2. 인터넷 무역 디렉터리

1) 무역 디렉터리의 정의

디렉터리(directory)는 오퍼나 인콰이어리 정보를 제공하는 무역거래 알선사이트와 달리 전 세계 기업의 주소록이고 정보의 신뢰도가 높다. 가장 오래된 역사를 가진 디렉터리는 전화번호부(telephone directory)이고 업종별 전화번호부는 노란색으로 되어 있었기 때문에 지금도 인터넷에서 yellow page는 웹사이트나 기업 목록을 분야별로 정리해 놓은 서비

73 소셜미디어에서 다수의 팔로워(구독자)를 통해 대중에게 영향을 미치는 사람

스를 뜻한다.

무역 디렉터리는 각 기업의 연락처, 취급품목, 재무상태 등 비즈니스 관련 정보를 국가, 품목, 거래유형별로 정리하여 제공하는 것으로 주로 상공회의소, 협회, 조합 등 회원제 단체에서 회원사를 위한 정보제공 목적으로 서비스 중이다. 그러므로 무역거래알선사이트에서 만나기 힘든 업체에 관한 정보를 수집할 수 있는 장점이 있다.

인터넷의 발달과 함께 디렉터리도 책자나 CD에서 온라인 형태로 전환되었으며 제공되는 정보도 기본 정보 외에 E-mail, 기업의 웹사이트까지 수록하여 더욱 자세한 정보를 제공할 수 있고 일부 디렉터리는 거래알선 기능까지 제공한다.

2) 인터넷 무역 디렉터리

그러나 인터넷에서 제공되는 대부분의 무역 디렉터리는 제조업체 또는 수출업체 정보가 더 많으며 수입업체나 유통업체 정보를 찾기가 힘든 가운데 업데이트가 수시로 이루어지지 않고 유료로 운영되는 디렉터리도 많다.

KOMPASS사에서 운영하는 사이트(www.kompass.com)가 대표적인 유료 무역 디렉터리이다. 전 세계 75개국의 바이어 정보를 제공하며 75개국 KOMPASS 네트워크를 활용한 통합 온·오프라인 수출마케팅 서비스를 제공한다.

ThomasNet은 미국과 캐나다의 공급업체 검색 및 제품 소싱을 위한 온라인 플랫폼이다. 유럽 국가의 기업정보를 찾는 데는 Europages가 도움이 된다. 그리고 산업별 대표 무역 디렉터리가 존재하니 확인해 볼 필요가 있다.

3. 수출바우처 수행기관을 통한 온라인 해외시장 개척

1) 수출바우처 사업

수출바우처 사업이란 수출역량을 키우고자 하는 기업들이 자율적으로 수출지원 서비스를 골라서 활용할 수 있도록 선발 과정을 거쳐 선정된 수출기업에 국가 보조금을 바우처 형태로 지원하는 것이다. 수출바우처를 받은 기업은 수출지원기반활용사업포털(www.exportvoucher.com)에서 수출사업에 필요한 서비스를 자유롭게 선택하여 이용하고 바우처로 결제할 수 있다. 총 13개 분야에 약 7,000여 개의 수출지원서비스가 등록되어 있으며, 온라인 무역마케팅 대행사의 비중이 증가하고 있음을 알 수 있다. 수출바우처를 받지 못한 기업도 해외시장 개척에 도움이 필요할 때 수출바우처 수행기관을 검색하여 서비스 계약을 맺으면 부족한 수출역량을 보완하여 좋은 성과를 얻을 수 있다.

표4 수출마케팅 서비스 메뉴판(예시)

<table>
<tr><th>대분류</th><th>정의</th></tr>
<tr><td>조사/일반</td><td rowspan="2">정보 조사 및 법무·세무·회계를 제외한
수출 관련 일반 컨설팅 지원</td></tr>
<tr><td>컨설팅</td></tr>
<tr><td>통·번역</td><td>수출을 위한 기업의 활동에 필요한
외국어 통·번역 서비스 지원</td></tr>
<tr><td>역량 강화 교육</td><td>수출역량 강화를 위한 교육 제공 및 지원</td></tr>
<tr><td>특허/
지재권/</td><td rowspan="2">특허·지재권 취득, 시험 대행 등 해당 분야 전문 서비스 지원</td></tr>
<tr><td>시험</td></tr>
<tr><td>서류대행/</td><td rowspan="2">수출·무역·현지 진출 관련 필요 서류작성 대행 및 현지 등록,
환보험 서비스 지원</td></tr>
<tr><td>현지 등록/환보험</td></tr>
</table>

홍보/광고	기업/제품/브랜드의 해외마케팅을 위한 홍보 및 광고 지원
브랜드 개발·관리	수출브랜드의 개발과 관리를 위한 마케팅 지원
전시회/ 행사/	전시회/상담회/세미나 등 수출 관련 행사 기획·지원 및 해외영업지원을 통한 수출지원
해외영업 지원	
법무·세무·회계	해외진출을 위한 법무·세무·회계 관련 전문 컨설팅 지원
컨설팅	
디자인 개발	해외 진출에 필요한 외국어 디자인 개발 지원
홍보 동영상	해외 진출에 필요한 외국어 홍보 동영상 개발 지원
해외규격 인증	해외규격인증 취득을 위한 시험·심사·인증 및 인증대행 컨설팅 등 해당 분야 전문 서비스 지원
국제운송	수출자가 부담하는 국제운송비

출처 : 수출지원기반활용 홈페이지

2) 수출브랜드의 개발과 관리를 위한 마케팅 지원 사례

수행기관은 수출기업이 글로벌 브랜드로 도약하기 위한 디지털 전환 컨설팅 전반을 제공하였다. AI, 빅데이터 등 디지털 기술을 활용한 브랜드 디지털 전략 수립부터 기획·상품 경쟁력 강화를 통한 비즈니스 전략 수립까지 토털 솔루션을 제공하였다.

3) 해외마케팅을 위한 홍보 및 광고 지원 사례

수행기관은 수출기업의 홈페이지를 글로벌 검색엔진에서 검색 시 상위 노출하는 검색엔진마케팅을 통해 신규바이어를 발굴하였다. 기업 홈페이지 분석을 통한 마케팅전략의 수립 후 콘텐츠, 키워드 등을 분석하였다. 기업 홈페이지의 오류를 제거해 나가며 홈페이지 내부와 외부 검색 최

적화 작업을 진행하였다. 글로벌 검색엔진, SNS 등록을 통한 마케팅을 진행하면서 정기적으로 관찰하고 검색 결과를 분석하여 수출기업에 보고하였다.

4) 가상 전시 플랫폼 구축 사례

수행기관은 VR과 AR를 활용한 가상 전시 플랫폼을 개발하여 수출기업이 해외에 나가지 않고도 홍보 효과를 극대화할 수 있도록 하였다.

5) 해외 진출에 필요한 외국어 디자인 개발 지원 사례

수행기관은 수출기업의 해외 진출에 필요한 외국어 반응형 홈페이지를 개발하였다. PC·모바일·태블릿 등 다양한 기기에서 볼 수 있도록 홈페이지를 제작하였으며 SNS 계정 연계를 통해 바이어가 쉽게 접근할 수 있으므로 홍보 효과가 높았다. 홈페이지와는 별도로 전자카탈로그를 제작하고 기업 제품 홍보 동영상을 외국어 버전으로 다시 제작하였다.

6) 외국어 홍보 동영상 개발 지원 사례

무역전시회 참가 시 홍보 동영상이 필요하고 유튜브를 비롯한 각종 SNS 채널, 바이럴 마케팅에도 홍보 동영상이 필요하다. 수행기관은 수출기업의 예산 상황에 맞게 매년 다른 외국어 홍보 동영상을 제작하였다. 가장 먼저 이미지만으로 제작되는 간단한 홍보영상을 저렴한 가격으로 제작하였다. 다음 해에는 인터뷰 형식의 제품 사용법 및 후기 홍보영상을 제작하였다. 그 후에는 많은 예산을 투입하여 멀티촬영 및 드론 촬영, 2D 모션그래픽, 3D 그래픽 등 제작기법을 활용한 고품질 영상을 촬영하였다.

7) 글로벌 전자상거래 물류 서비스 사례

수행기관은 미국 아마존 FBA[74] 운송 관련 전문기업이다. 수행기관은 미국 현지에 창고를 운영하며 아마존 FBA 및 월마트, 코스트코 등 대형 유통업체 진출과 쇼피파이와 같은 독립몰 배송까지 미국 전역에 수출기업의 제품을 배송할 수 있는 시스템을 갖추고 있다. 미국 재고 및 입·출고 흐름을 ERP[75]를 통해 실시간 모니터링 가능하다.

8) 글로벌 전자상거래 플랫폼 입점 지원 사례

수행기관은 중국 전자상거래 진출을 원하는 수출기업의 타오바오 계정생성 및 상점개설을 진행하였다. 타오바오와 티몰의 기업 입점을 위하여 중국 현지법인 설립도 추진하였다. 제품 상세페이지의 중국어 번역 및 디자인을 도왔으며 입점 후에도 고객관리, 판매관리, 왕훙 마케팅을 진행하였다. 수행기관의 중국지사를 통해 모든 업무를 처리하였으므로 수출기업에 중국어 가능자가 없어도 상관없었다.

---

74 FBA(Fulfillment By Amazon)를 사용하는 경우 상품은 미국 아마존 주문처리 센터에 보관되며 아마존은 해당 상품을 선택, 포장, 배송 및 고객 서비스한다.

75 ERP(Enterprise Resource Planning, 전사적자원관리)를 통해 기업 내 생산, 물류, 재무, 회계, 영업과 구매, 재고 등 프로세스들을 통합적으로 관리할 수 있다.

토의문제

- 이 책에서 소개한 글로벌 B2B 전자상거래 사례 외에 다른 사례를 찾아서 설명하시오.
- 공급자 중심 모델과 구매자 지향 모델의 추가적인 사례를 찾으시오.
- 글로벌 조달마케터 사업을 통한 해외조달 시장 진출성공 사례를 조사하시오.
- 무역거래알선사이트를 활용하여 수출에 성공한 사례를 찾아서 성공요인에 대해 토론하시오.
- 검색엔진과 소셜미디어 활용 바이어 발굴, 인터넷 무역 디렉터리 외에 효율적인 전자무역(온라인) 마케팅 수단이 있는가?

5장

B2C 국경 간 전자상거래

학습 목표

- 소비자와 가장 밀접한 B2C, C2C, D2C 전자상거래 모델에 대해 이해하고 B2C와 B2B 전자상거래의 공통점과 차이점을 이해한다.
- 글로벌 B2C 전자상거래인 국경 간 전자상거래에 대해 이해하고 국경 간 전자상거래 플랫폼과 정책 현황에 대해 파악할 수 있다.
- 국경 간 전자상거래 플랫폼에 계정을 만들고 입점하여 상품 등록, 판매관리, 대금 정산 등을 진행하는 과정을 이해하고 실습한다.

학습 목차

5장

B2C 국경 간 전자상거래

제1절 B2C 전자상거래의 정의 및 종류

1. B2C 전자상거래

1) 정의

B2C는 기업이 개인 고객에게 직접 제품과 서비스를 판매하는 수단으로 전자상거래를 사용하는 것이다. B2C는 제품(서비스)을 제공하는 기업과 이를 구매하는 소비자 간의 직접적인 거래에 중점을 둔다. 광고, 고객서비스, 판매 등의 활동을 통해 고객 지향적인 전자상거래가 될 수 있다. B2C는 다음과 같은 유형이 있다.

- 직접 판매(온라인 상점)
- 온라인 중개인(제품이나 서비스를 소유하지 않음)

- 온라인 광고
- 커뮤니티(소셜 미디어)
- 수수료 기반(유료 콘텐츠 제공)

2) 종류

B2C는 쇼핑몰 중에서 가장 큰 비중을 차지하는 사업 모델이며 그 종류가 다음과 같이 많고 경계가 허물어지면서 계속 진화하고 있다.[76] 예를 들어 쿠팡의 경우에는 소셜커머스로 시작하여 오픈마켓으로 사업 모델을 전환했지만, 사용자층이나 로켓배송 같은 사용자 경험 측면에서 오픈마켓과 구별된다. 패션 카테고리 전문몰 무신사와 식료품 전문몰 마켓컬리는 제품군을 확대하면서 종합몰로 진화하는 중이다.

전자상거래 시장이 급성장하면서 종합몰은 경쟁이 치열해지며 제품·서비스 간 차별성이 낮아지고 있다. 전문몰은 가격 경쟁 대신 차별화된 콘텐츠로 경쟁하며 성장하고 있다. 온라인, 모바일 쇼핑이 익숙한 10~30대는 종합몰보다 전문몰에 더 관심이 높다. 생방송이 진행되는 동안 판매자와 소비자가 소통하는 라이브커머스도 전자상거래의 신사업으로 주목받고 있다.

표5 B2C 쇼핑몰의 종류

종류	설명	예시
오픈마켓	개인 또는 소규모 업체가 직접 상품을 쇼핑몰에 등록해 판매할 수 있도록 하는 전자상거래 사이트	옥션, G마켓, 11번가, 인터파크

---

76 권혁중, 누구나 따라하는 네이버 스마트스토어 만들기, 디지털북스, 2019, pp. 20-21.

종합몰	대형 오프라인 유통업체이면서 여러 가지 상품을 다양하게 구성하여 판매하는 사이버 쇼핑몰	SSG, GS SHOP, 롯데ON, AK몰, CJ온스타일
전문몰	1~2개 상품군이 전체 거래액의 50% 이상일 정도로 특정 상품군을 전문적으로 판매하는 전자상거래	오늘의집, 에이블리, 지그재그, 무신사, 마켓컬리
자사몰	거대 전자상거래 유통 플랫폼을 거치지 않고 고객을 유입해 직접 판매하는 방식으로 'D2C(Direct to Consumer)'로 불리고 있음	'쇼피파이', '카페24', '엑스투비(X2BEE)' 등 자사몰 제작 및 호스팅 솔루션을 이용하는 경우
소셜 커머스	소셜 네트워크 서비스(SNS)를 통하여 고객을 모집하면서 공동 구매와 파격 할인가로 판매하는 시스템인데 현재는 오픈마켓 성격이 가미됨	쿠팡, 위메프, 티몬
라이크 (Like) 커머스	SNS에서 소비자들의 '좋아요(Like)' 반응이 실제 구매로 이어지는 온라인 유통환경이며 인플루언서 마케팅과 밀접한 개념	인플루언서 상품판매, 와디즈 등 소셜 펀딩을 통한 선주문

2. 글로벌 B2C 전자상거래 동향

1) B2C 전자상거래의 세계화

기업이 인터넷 비즈니스를 글로벌하게 하기 위해서는 정보, 결제, 상품이 국경을 넘어 자유롭게 이동해야 한다. 예를 들어 Google과 같은 포털 비즈니스는 정보를 이동하기만 하면 되기 때문에 쉽게 세계화할 수 있다. 금융 및 여행 서비스의 세계화를 위해서는 정보와 거래 금액이 국가 간에 이동해야 하기 때문에 포털보다 국제화가 어렵다. B2C 전자상거래는 국경을 넘는 상품 이동을 가능하게 하는 인프라와 국가 간 결제 시스템 인프라가 취약하여 국제화하기 어려웠다.

이에 B2B 전자상거래의 국제화가 먼저 진행되었다. 그 이유는 B2B 전자상거래의 참여자 수가 B2C에 비해 적고, 시장 효율성 향상에 따른 경제적 이익이 크기 때문이다. 한국의 전자상거래는 지난 20여 년 동안 거래 프로세스의 디지털화에 중점을 두었지만 지난 10년 동안 글로벌 B2C 전자상거래가 급격히 증가하고 있음에 주목해야 한다. 국가 간 전자상거래가 적극적으로 수용되고 있다. 이제 전자상거래를 통한 수입(직접구매) 규모와 수출(역직구) 규모가 동반하여 크게 증가하고 있다.

2) 알리바바와 아마존

세계 최대의 전자상거래 기업은 중국의 '알리바바'이다. 자회사인 타오바오몰을 통해 매년 11월 11일 광군제 할인행사를 진행하는데 이미 미국의 최대 쇼핑 시즌인 '블랙 프라이데이' 매출액을 넘어섰다. '알리바바'는 1999년에 글로벌 B2B 전자상거래 회사로 창업하여 현재는 B2B, B2C, C2C 등 모든 형태의 전자상거래 사이트를 운영하고 있다. 알리바바의 알리페이 간편 결제 서비스는 텐센트의 위챗페이와 함께 중국의 간편 결제 시장을 양분하고 있다.

아마존닷컴은 미국의 전자상거래 기업으로 세계 최대의 온라인 쇼핑몰인 Amazon.com과 세계 최대의 클라우드 컴퓨팅 서비스인 Amazon Web Services(AWS)로 미국 전자상거래 시장의 절대 강자가 되었다. 아마존닷컴은 1994년 7월 인터넷 서점으로 시작하였고 이베이(eBay)를 능가하는 종합쇼핑몰로 성장하였다. 최첨단 물류센터와 인프라를 미국 전 지역에 갖추고 있고 해외 항공 직배송을 지원한다. 한국에 직접 사업을 시작하지는 않았지만, 한국기업과 공급자들이 아마존에 제품을 판매할 수 있고 한국 소비자들은 아마존에서 직접구매를 편리하게 할 수 있어서 아마존이 글로벌 전자상거래 시장에 미치는 영향이 크다. 도서·음반 전문몰로 시작한 아마존이 모든 제품을 취급하는 종합 B2C 전자상거래 플랫폼으로 성장하였고 이제는 아마존 비즈니스라는 B2B 마켓플레이스 사업까지 확장하였다.

3) 코로나19 시기 글로벌 전자상거래의 급성장[77]

코로나19 시기에 외출이 제한된 소비자들에게 전자상거래는 핵심적인 쇼핑 수단이 되었다. 세계 경기가 침체한 가운데 글로벌 전자상거래 주문량은 급증했다. 전자상거래의 편리성을 맛본 소비자들에게 비대면 소비가 뉴노멀로 자리 잡으면서 전자상거래의 성장세는 더욱 빨라질 것이다.

코로나19 시기에 개인위생 용품, 재택근무를 위한 정보통신제품과 사무용품의 전자상거래 수요가 폭증했고 오프라인 매장 비중이 높던 식료품, 생활용품 시장이 전자상거래로 이동했다. 오프라인 쇼핑을 선호했던 고령층의 전자상거래 쇼핑이 늘어났다. 이에 대응하여 전자상거래 기업들은 콜드체인 물류, 초고속 배송서비스에 투자하고 있다.

소매유통 기업들도 매장 운영이 제한됨에 따라 O2O[78] 유통방식을 도입해 고객의 수요에 대응하고 있다. 온라인 주문 후 매장 픽업이 활성화되었고 드라이브스루, 라이브커머스가 인기를 끌고 있다. 코로나19를 계기로 온라인과 오프라인의 경계가 사라지는 옴니채널 구축이 유통기업 경쟁력 확보의 핵심이 된 것이다.

증강현실, 인공지능(AI), 사물인터넷 등 4차 산업혁명의 주요 기술들

---

77 김현수, 코로나19 이후 글로벌 전자상거래 트렌드, 한국무역협회 TRADE FOCUS, 2020년 21호.

78 온라인과 오프라인을 연결한 마케팅

이 전자상거래에 적극적으로 도입되고 있다. 인공지능(AI)은 고객 문의 대응과 음성 상품 주문에 사용되고 있고, 사물인터넷은 전자물류에 전방위적으로 활용되고 있다. 증강현실은 매장을 방문하기 어려운 고객들에게 제품을 경험할 수 있는 좋은 도구가 되고 있다.

3. B2C 전자상거래와 B2B 전자상거래 비교

1) B2C 전자상거래와 B2B 전자상거래의 공통점

B2B는 회사 바이어를 대상으로 영업하고 B2C는 많은 고객을 직접 상대하는 영업이므로 차이점이 많았지만, 전자상거래 시대가 본격화되면서 마케팅전략과 기법에 공통점이 많아지고 있다. B2C와 B2B의 최종 목표는 이익의 극대화, 고객 만족이므로 같다. 실무적으로도 이메일과 SNS를 마케팅 채널로 자주 이용한다. 마케팅전략은 항상 사람 중심이어야 효과적이다. 모바일 및 옴니채널[79] 경험이 제공되어야 한다. 장기적인 매출 달성을 위해 고객관계관리(CRM)가 필수적이다. 인플루언서와 마케팅 전문가를 찾아 매력적인 콘텐츠를 만들고 그들의 도움을 받는 것이 일반적이다.

2) 구매 결정 프로세스의 차이

B2C 전자상거래에서는 한 사람의 소비자가 구매 결정을 내릴 수 있으므로 구매 결정을 내리는 데 걸리는 시간이 빠르고 프로세스가 단순

---

79 온라인, 오프라인, 모바일 등 어떤 채널을 통해 접근해도 같은 서비스를 제공함

하다. 그러므로 마케팅 캠페인 및 이벤트의 결과를 바로 확인할 수 있다. B2B 전자상거래에서는 의사결정의 프로세스가 길어지고 충동구매가 없다. 상담과 협상 전략이 뒷받침되어야 한다.

3) 거래량의 차이

B2C 전자상거래에서는 최대 주문 수량이 걸리는 경우가 있고 B2B 전자상거래에서는 MOQ(최소 주문 수량)를 요구하는 경우가 많다. B2B 주문은 B2C보다 수량과 금액이 큰 경우가 많으며 배송에 더 큰 시간과 비용이 들어간다.

4) 신용조사의 중요성

B2C보다 B2B 전자상거래에서 거래금액이 더 크기 때문에 무역 사기를 당하지 않기 위해 신용조사가 필요하다. B2C 전자상거래에서도 가끔 사기 사건이 발생하지만, 거래금액이 적기 때문에 비용을 들여서 신용조사를 하지는 않는다.

5) 거래조건의 차이

B2C 전자상거래에서는 가격과 배송정보 정도의 거래조건을 확인하지만, B2B 전자상거래에서는 더 많은 거래조건을 검토해야 한다. 특히 글로벌 B2B 전자상거래는 무역의 영역이기 때문에 물품 인도, 비용 분담, 위험 이전 등 복잡한 거래조건이 등장한다. B2C 전자상거래는 대금결제 방법이 더 쉽고 간편해지는 추세이지만, 글로벌 B2B 전자상거래에서는 전통적 무역 결제방식인 송금, 추심, 신용장 외에 다양한 전자결제 방법이 더해지고 있어서 선택의 폭이 넓다.

4. C2C 전자상거래

C2C(Consumer-to-consumer)는 중개 기관을 거치지 않고 소비자들이 인터넷을 통해 직거래하는 전자상거래 방식이다. 인터넷 경매 또는 중고품 거래의 형태가 많으며 미국의 이베이(eBay)와 한국의 당근마켓이 대표적인 사례이다. 헬로마켓처럼 개인이 개인을 대상으로 새 제품을 판매하는 전자상거래 플랫폼도 있다. 자동차, 부동산, 심지어 '모닝콜' 같은 서비스도 거래된다.

2008년 4조 원이던 국내 중고거래 시장규모는 C2C 전자상거래의 활성화로 2020년 20조 원으로 성장했다. 글로벌 중고거래 시장규모도 2021년 270억 달러에서 2025년 770억 달러로 성장할 것으로 예측된다. 롯데쇼핑은 중고거래 플랫폼인 '중고나라' 지분의 93.9%를 인수하였고 신세계그룹은 중고거래 플랫폼 '번개장터'의 820억 원 규모 투자에 참여했다. 네이버는 한정판 재판매 플랫폼 '크림'을 네이버 자회사인 스노우에서 독립시켰다. 대형 유통기업들은 온·오프라인의 다양한 채널과 C2C 플랫폼과 시너지 효과를 낼 수 있고 친환경 등 ESG[80] 경영 강화를 위해 C2C 전자상거래에 투자하는 것이다.

중국의 알리바바 그룹은 C2C 전자상거래 플랫폼을 운영 중이다. 타오바오(taobao.com)는 중국 국내용으로 운영되고 있고 글로벌 주문이 가능한 곳은 알리 익스프레스(aliexpress.com)이다. 타오바오 판매자는

---

80 기업의 비재무적 요소인 환경(Environment)·사회(Social)·지배구조(Governance)를 뜻하는 말

정가나 경매를 통해 판매할 수 있는데 경매의 비중은 줄어들고 있어서 사실상 오픈마켓으로 볼 수 있다.

당근마켓·번개장터·중고나라 같은 C2C 중고거래 플랫폼은 중고거래 사기 피해를 예방하는 것이 필요하다. 사기 행위에 대한 모니터링을 강화하고 사기 계좌와 사기 유형에 대한 정보를 이용자에게 제공해야 한다. 이용자는 안전결제(에스크로)[81]나 당근페이 같은 자사 결제 이용을 통해 피해를 예방할 수 있다.

5. D2C 전자상거래

전자상거래 플랫폼을 이용하는 판매자들은 수수료가 부담스럽다. 이에 유통 중간 단계를 거치지 않고 자체 플랫폼을 통해 소비자와 직접 거래하는 D2C(Direct to Consumer) 전자상거래가 나타나고 있다. 자체 플랫폼을 활용하면 수수료 부담을 줄일 수 있고 판매자가 직접 고객의 성향과 구매 데이터를 파악할 수 있는 장점이 있다. 쇼피파이, 카페24 같은 웹호스팅·전자상거래 플랫폼 기업에서 기업 또는 개인이 쇼핑몰을 쉽게 구축 및 운영할 수 있는 서비스를 제공하기 때문에 가능한 것이다. 와디즈 같은 크라우드펀딩 플랫폼도 D2C 수요를 잘 파고들었다. 크라우드펀딩을 통해 정식 출시 전에 소비자 수요를 파악할 수 있고 저비용으로

81 구매자와 판매자 간의 신용관계가 불확실한 경우 상거래를 쉽게 하는 제삼자 중개 서비스

홍보 효과를 달성할 수 있다.

대기업도 D2C 전자상거래에 뛰어들었다. 나이키는 이미 2017년에 D2C를 핵심 전략으로 내세워 나이키 공식 온라인스토어에서 직접판매를 하다가 2019년에 아마존 입점 중단을 선언하였는데 오히려 매출과 영업이익이 늘어났다. CJ올리브영은 글로벌 몰을 만들어 전 세계 소비자들이 현지에서 한국 화장품을 온라인으로 살 수 있도록 하였다. 합리적 소비를 중요하게 생각하는 MZ세대(1981~2010년생 Millennial 세대와 Z세대)는 고객과의 소통에 적극적인 D2C 전자상거래에 좋은 반응을 보인다. 전자상거래의 발달로 유통기업들의 힘이 강해져 제조업계의 위기감이 커졌었다. 이제 D2C의 부상으로 제조업체들도 D2C에 주력하고 있다. 제조와 유통의 경계가 사라지고 있으며 유통업체와 D2C 브랜드 간 협업이 활발하게 일어나고 있다.

제2절 국경 간 전자상거래의 이해

1. 국경 간 전자상거래의 개념

1) 개념

온라인 검색 기술의 발달과 페이팔과 같은 국제결제 시스템의 발달로 해외 직접구매 시장이 빠르게 성장하고 있다. 중간 바이어를 거치지 않고 해외소비자에게 직접 수출하는 국경 간 전자상거래(Cross Border

E-Commerce)는 이베이(eBay)에서 CBT(Cross Border Trade)라고도 한다. 국경 간 전자상거래 시장규모는 글로벌 전자상거래의 20% 이상을 차지할 정도이고 2027년까지 연평균 27.4% 성장이 전망된다.

국경 간 전자상거래는 인접국 소비자 직수출과 소비재 수출의 특수성에 따라 B2B(기업간 거래) 무역을 보완하는 혁신적인 수출 방식으로 성장하고 있다. 미국의 온라인 기업은 전자상거래로 캐나다에 자국 시장처럼 진출하고 있다. 중국 전자상거래 시장이 폭발적인 성장세를 보이므로 대한민국 기업은 인접한 중국 시장 공략에 전자상거래를 적극적으로 활용할 필요가 있다. 이에 각국은 개인정보 보호, 소비자 보호, 세금 부과, 물류 개선, 결제 개선 등 국경 간 전자상거래에서 발생하는 다양한 과제를 해결해 나가고 있다.

이베이(eBay)는 2001년 옥션, 2009년 지마켓을 인수하며 한국 시장에 진출했다. 이베이는 2009년부터 국내 시장에서 구매자에서 판매자로, 국내 시장에서 글로벌 시장과의 연계로 점차 영역을 넓혀갔다. 온라인을 통해 한국제품을 직접 수출하는 CBT(Cross Border Trade) 사업이 본격화됐다. 한국 전자상거래의 폭발적인 성장과 이베이의 글로벌 영향력을 연결해 새로운 비즈니스 기회를 창출하기 위함이었다. 2020년 216개국에 판매 가능하므로 큰 시장 잠재력이 있다. 이베이코리아는 이마트에 매각되지만, CBT 사업부는 이마트에 넘기지 않고 이베이재팬으로 이전할 정도로 국경 간 전자상거래 시장을 중요하게 생각하고 있다.

2) 한국의 국경 간 전자상거래 시장 확대

한국의 인터넷 인프라는 세계 최고이다. 전자상거래 시장도 고품질의 제품을 공급할 수 있는 우수한 제조 회사와 함께 빠르게 성장했으며 인터넷 사용자와 전자상거래 인프라가 충분하다. 한국 제품에 대한 해외 소비자들의 관심이 높아지고 있다. 한국 제조업의 경쟁력이 높아짐에 따라 유럽, 미국 등 선진국은 물론 남미, 아프리카, 아시아 등 신흥시장에서도 한국 제품에 대한 인지도가 높아졌다. 한류 열풍으로 인해 한국 문화와 브랜드에 대한 관심도 높아졌다. BTS, 오징어게임, 기생충 등 콘텐츠의 성공으로 한류 열풍은 아시아를 넘어서 유럽, 미국까지 글로벌화되었다.

국경 간 전자상거래는 국내 소비자들이 해외 전자상거래 플랫폼에서 구매하는 해외직구(직접구매) 시장이 먼저 성장했다. 이제는 해외직구보다 역직구(국내 판매자들이 전자상거래 플랫폼에서 직접 해외 소비자들에게 판매함) 시장이 더 큰 가능성이 있다. 한국의 역직구 시장은 2014년 이후 6년 만에 8배 이상 성장했고 2020년을 기준으로 해외직구 시장보다 규모가 더 커졌다. 한국은 전체 전자상거래 시장규모와 비교해 국경 간 전자상거래 비중이 낮은 편에 속한다. 2019년 기준으로 국가 전체 전자상거래 대비 국경 간 전자상거래 비중은 중국 31%, 영국 13%, 한국 7%이다. 하지만 최근 한국의 국경 간 전자상거래 시장의 연평균 증가율은 세계 최고 수준이다.

3) 중국의 국경 간 전자상거래 성장

코로나19 사태 속에서 중국의 국경 간 전자상거래 수출입 총액이 늘어났다. 2020년 기준으로 중국의 국경 간 전자상거래 교역규모는 10조

위안(약 1,900조 원)을 넘어섰으며 여전히 수출 비중이 크지만, 수입 규모도 매년 증가하여 2020년에 2조 7,700억 위안(약 528조 원) 규모로 확대되었다. 중국의 국경 간 전자상거래 통계는 B2B를 포함하고 있으므로 교역규모가 엄청난데 향후 중국 국경 간 전자상거래 중 B2C의 비중이 절반을 넘어갈 것으로 예상하고 수출입품목도 다양화되고 있다.

중국에서 해외직구를 좋아하는 사람들을 '하이타오(海淘)족'이라 지칭한다. '바다'를 뜻하는 '하이(海)'와 '소비'를 뜻하는 '타오(淘)'의 합성어로 그 수는 1억 5,000만 명을 넘어선 것으로 추정된다.[82] 2020년에 중국인이 국경 간 전자상거래를 통해 구매한 상품 규모는 화장품, 영유아용품, 식품, 의류·가방 순이었다. 중국의 국경 간 전자상거래 수입 대상 국가는 일본, 미국, 한국 순이었다.

그리고 중국은 생방송 마케팅이 확산하고 있다. 중국의 라이브커머스 이용자는 6억 명을 돌파하였으며 전체 전자상거래 이용자 중 66.2%가 라이브커머스를 통해 상품을 구매한 경험이 있다고 한다. 중국 라이브커머스를 진행하는 인플루언서들인 왕홍의 영향력은 대단한데 방송 진행 1분 만에 완판되는 사례가 많고 광군제 라이브 방송에서 한국 화장품 1,060억 원 매출액을 달성한 왕홍도 있다.

중국은 국경 간 전자상거래를 활성화하기 위한 정책을 펼쳐나가고 있다. 중국 정부는 2016년부터 〈전자상거래 수입허가 품목 리스트〉를 발표하고 일반 관세 및 개인 우편물에 부과되는 세금보다 낮은 '전자상거

82 산업부통상교섭본부, [통상 기자단] 중국의 크로스보더 전자상거래, RCEP를 활용한 정책이 있다고?

래 종합수입세'를 적용해 해외직구 규제를 완화했다. 2019년부터 개인 해외직구 한도액도 1회 5,000위안, 연간 2만 6,000위안으로 확대했다. 국경 간 전자상거래 플랫폼 사업자에 지원금을 늘리고 있고, '해외직구 통관정책 시범도시'와 '국경 간 전자상거래 종합시험구'를 확대해 가면서 물류서비스, 창고 등 부대시설에 투자하고 있다. 역내포괄적경제동반자협정(RCEP) 체결에 맞추어 RCEP 국가와 교역하는 B2B 전자상거래 화물의 통관과 검사에 편의를 제공하고 있다.

중국 정부의 지원에 힘입어 중국 소비자들의 국경 간 전자상거래 수요가 더욱 늘어날 것이다. 지금은 해외 유명 브랜드 위주로 국경 간 전자상거래가 이루어지지만 앞으로 중소기업 제품까지 기회가 올 것이다. 무역의 절차가 까다로운 식품, 화장품은 오히려 국경 간 전자상거래 플랫폼을 통하는 것이 더 효과적이다.

2. 국경 간 전자상거래 플랫폼 현황

좋은 제품을 생산하는 중소기업은 국경 간 전자상거래 시장에서 잠재적인 판매자이다. 그러나 대부분의 중소기업은 해외 무역전시회, 상담회 등 기존 마케팅 방식에 익숙하고 온라인 수출에 대한 인식이 여전히 낮다. 또한 제조사가 직접 해외 소비자에게 제품을 판매하는 B2C 직거래 방식보다 현지 유통업체를 통한 대규모 B2B 거래를 선호하는 경향이 있다. 따라서 국경 간 전자상거래 플랫폼들은 적극적인 교육을 통해 온라인 판매자를 육성하여 국내 중소기업의 글로벌 시장 진출을 돕고 있다.

국경 간 전자상거래 플랫폼으로는 아마존, 이베이, 쇼피 등이 유명하지만 최근 자사몰을 구축하고 SNS를 국경 간 전자상거래 마케팅 채널로 활용하는 예도 늘어나고 있다. 전자상거래 플랫폼은 내부 정책을 따라야 하고 판매자 간 과도한 경쟁이 단점이다. D2C(Direct to Customer) 마케팅 역량을 보유한 기업은 국경 간 전자상거래 플랫폼을 거치지 않는 현상에도 주목할 필요가 있다.

1) 이베이(eBay) CBT

이베이코리아 CBT(Cross Border Trade) 사업부는 2009년 국내 처음으로 국경 간 전자상거래를 시작하여 국내 소상공인과 중소기업이 이베이 글로벌 플랫폼에서 상품을 수출할 수 있도록 지원하고 있다. 수출을 희망하는 판매자 영입에서 교육, 해외 배송, 시스템 지원까지 전자상거래 방식의 해외 진출에 필요한 모든 것을 도와준다.

2) 아마존 글로벌셀링 코리아

국내 중소기업이나 소규모 신생기업은 아마존이 제공하는 글로벌 판매 프로그램 및 B2B(기업 간 전자상거래) 매칭 서비스를 활용하여 해외 진출에 필요한 초기 비용을 줄이고 해외 현지 반응을 신속하게 알아볼 수 있다. 해외 판로개척의 새로운 방안으로 활용할 수 있는 것이다. 아마존 글로벌셀링 코리아는 2015년 한국 전담 조직을 구축한 후 세미나와 입점 설명회를 열며 국내 판매자 유입을 독려하고 있다. 크라우드펀딩 플랫폼 와디즈나 중소기업유통센터와 입점 설명회를 공동 개최하고 중소기업벤처부, KOTRA 등과 연계 사업도 확대하고 있다.

3) 타오바오 입점

중국 소비자들은 한국 제품에 대한 신뢰가 높으므로 중국 전자상거래 시장은 한국의 수출업체에 기회의 시장이다. 알리바바 그룹이 2003년부터 운영 중인 오픈마켓 타오바오(Taobao)는 중화권 소비자들이 많이 이용하고 있고 중국 최대 전자상거래 플랫폼으로 자리를 잡았다. 2021년 타오바오(티몰 포함)의 광군제 총매출액은 5,403억 위안(약 103조 원)을 기록했는데 LG생활건강만 광군제에서 3,700억 원의 매출을 달성했다.

중국에는 징둥, 샤오홍슈, 도우인, 콰이쇼우 등 전자상거래 플랫폼의 도전이 거세지만 한국 업체들은 중국 전자상거래 매출 1위인 타오바오 입점을 먼저 하고 있다. 타오바오 내에 있는 티몰(Tmall)은 유명 브랜드의 대형 업체들이 입점할 수 있다. 타오바오의 특징은 판매수수료가 무료이며 모든 결제는 자체 결제 시스템 알리페이를 통해 이루어진다. 타오바오는 반드시 상점(쇼핑몰)을 개설해야 상품을 판매할 수 있다. 판매대금을 정산받기 위해서는 중국 현지 은행의 계좌가 필요하므로 반드시 중국에 방문해서 은행 계좌를 만들어 알리페이 계정에 연동해야 한다. 개인 계정으로 가입할 수도 있으나 기업 계정은 중국 현지 법인사업자만 신청할 수 있다.

4) 쿠팡 글로벌풀필먼트서비스(CGF)

쿠팡은 중국 시장을 대상으로 3PL(Third Party Logistics) 사업에 진출했다. Coupang Global Fulfilment(쿠팡 글로벌 풀필먼트) 줄여서 CGF 서비스인데 아마존의 3PL 자회사인 'FBA(Fulfillment By Amazon)'와 비슷한 모델이다. 이러한 3PL 확장을 통해 쿠팡은 국경 간 전자상거래 사업에도 진출할 수 있다. 중국 판매자는 쿠팡을 통해 한국에 상품을 판매할 수 있고 한국 소비자는 쿠팡에서 중국 상품 직구를 할 수 있게 된다. 쿠팡을 통해 중국에서 한국 이용자에게 상품이 배송되는 기간은 3 영업일 이내가 소요된다.

5) 쇼피 코리아

전자상거래로 한국 제품을 가장 많이 구매하는 해외시장은 중국 다음으로 동남아시아이다. 동남아시아 인터넷 보급과 모바일 사용자가 증가하며 전자상거래 시장이 커지고 있는데 라자다(LAZADA), 쇼피(Shopee), 큐텐(Qoo10) 등이 주요 전자상거래 플랫폼이다. 동남아 주요 전자상거래 업체들은 카페24 등 국내 자사몰 플랫폼과 긴밀하게 협력하고 있다.

쇼피코리아는 한국 법인을 설립하여 국내 판매자들이 동남아 전자상거래 시장에 성공적으로 진출할 수 있도록 다양한 지원 프로그램을 운영하고 있다. 쇼피에 입점을 신청하는 국내 판매자 중 80%는 수출 경험이 없고 40%는 온라인 판매 경력이 전혀 없다. 그만큼 외국어나 기술적 어려움 없이 소상공인들이 쉽게 국경 간 전자상거래 시장에 들어갈 수 있는 시대가 열린 것이다.

3. 국경 간 전자상거래 관련 정책

미국의 전자상거래 육성정책은 국경 간 전자상거래 활성화에 이바지하고 있다. 미국은 2016년부터 전자상거래 면세 한도를 1인당 하루 200달러에서 800달러로 상향하였다. 연간 36억 달러의 관세를 소비자들에게 돌려주는 셈이다.

한국에는 국경 간 전자상거래를 총괄하는 법이 없다. 전자무역 촉진에 관한 법률은 무역 문서와 무역절차를 디지털화하는 데 초점을 맞춘 법률이므로 국경 간 전자상거래에 그대로 적용할 수 없다.

한국의 국경 간 전자상거래의 경쟁력을 높이려면 운송, 보관, 통관, 반품 등 일련의 물류 시스템을 고도화해야 한다. 국내 물류 시스템 업그레이드를 위한 정책적 시사점은 글로벌 선도 전자상거래 기업들의 물류 활용도와 접근방식을 이해함으로써 도출할 수 있다.[83] 관세청은 전자상거래통관과를 설치하여 전자상거래를 통한 수출 성장동력을 지원하고 있다. 관세청은 전자상거래 통관플랫폼의 개발, 전자상거래 물품의 반품과 세금환급 절차의 간소화, 전자상거래 통관물류센터의 건립 등 다양한 지원사업을 추진 중이다.

한국은 국경 간 전자상거래 판매자의 수가 적다. 국경 간 전자상거래 전담 인력이 없는 회사는 물론이고 국경 간 전자상거래를 경험하지 못한 회사도 많다. 국경 간 전자상거래 플랫폼도 대형 마켓플레이스만 생각하고 현지 로컬 플랫폼, 신규 플랫폼을 찾지 않고 있다.

---

83 박지원, "우리나라의 국경 간 전자상거래 현황과 시사점 - 글로벌 전자상거래 기업을 중심으로", KIET 산업경제, 2019.

제3절 국경 간 전자상거래 플랫폼 실습

1. 아마존(Amazon.com)

1) 특징

아마존에는 소규모 신생기업과 Fortune 500대 기업, B2B와 B2C, 브랜드 소유자와 재판매자들 모두 판매자로 활동하고 있다. 아마존 판매자가 되면 전 세계 약 3억 명 이상의 고객과 1억 5천만 이상의 아마존 프라임[84] 회원들에게 판매할 수 있다.

2) 판매 시작 전

- 계정 플랜 선택

아마존은 일반 또는 프로페셔널 두 가지 계정 플랜 중에서 선택할 수 있다. 일반 계정의 경우 판매된 품목당 수수료는 99센트이고 프로페셔널 계정의 경우 판매된 품목 수와 관계없이 월 $39.99를 지불한다. 매월 40개 이상의 품목을 판매하는 경우 프로페셔널 계정 옵션이 적합하다.

---

84 빠른 배송과 동영상, 음악 스트리밍 서비스를 이용할 수 있는 유료회원 서비스

- 판매 전략 수립

재판매업체는 이미 존재하는 인기 상품을 찾아 아마존을 통해 판매한다. 브랜드 소유주는 자체 상품(또는 개인 상표가 등록된 상품)을 제조 및 판매한다. 자체 상표를 운영하는 판매자는 일반적인 아마존 배열 구성과 완전히 다른 모양의 온라인 스토어를 구축할 수 있다. 아마존 내에 판매자의 브랜드를 등록하는 브랜드 등록(Registry) 절차를 거쳐야 한다. 동시에 미국 상표 출원 및 등록하는 것이 안전하다.

- 계정 가입

기존 아마존 고객 계정을 통해 판매를 시작하거나 새로운 비즈니스 이메일로 아마존 판매자 계정을 생성할 수 있다. 준비해야 하는 정보가 많다. 해외 결제가 가능한 신용카드, 여권, 세금 정보, 전화번호, 은행 계좌번호와 은행 송금 번호 등을 입력해야 한다. 프로페셔널 계정일 경우 사업자등록증이 필요하다.

3) 상품 등록

- 상품 카테고리

제품, 카테고리 및 브랜드에 따라 아마존에서 판매할 수 있는 제품이 다르므로 확인해야 한다. 일부 카테고리의 판매는 모든 판매자에게 제공되며, 일부는 프로페셔널 판매자 계정이 필요하고, 일부는 판매 승인이 필요하며, 일부는 제삼자 판매자가 판매할 수 없는 제품을 포함한다. 아마존 홈페이지에서 확인할 수 있다.

- 상품 등록

아마존에서 상품 판매를 시작하려면 판매자 센트럴에 상품 리스트를 생성해야 한다. 상품 식별자, 제품 ID, 상품 상세정보 (가격, 상태 등), 상품 설명 (타이틀, 브랜드, 카테고리, 이미지 등), 키워드 등이 포함된다. 꼼꼼한 아마존의 승인 절차를 거쳐 제품을 아마존에 등록할 수 있다. 다른 판매자가 이미 같은 상품을 판매하는 경우 아마존은 모든 데이터를 결합하여 단일 상품 상세페이지를 형성한다.

4) 고객 유치 및 관리

- FBA(Fulfillment by Amazon)

FBA를 이용하게 되면 아마존 주문처리 센터에 상품이 보관된다. 입고된 상품에 대해 아마존이 모든 선별, 포장, 배송 및 고객 서비스를 직접 진행한다. FBA 등록 상품은 무료 아마존 프라임 2일 배송 및 무료 일반 배송을 비롯한 다양한 혜택을 받는다. 아마존 판매자 계정이 이미 있는 경우 계정에 FBA 서비스를 추가한 후 FBA를 이용할 상품 리스트를 작성하여 아마존 주문처리 센터로 상품을 배송만 하면 된다.

- 상품 광고, 상품 리뷰 관리

아마존 내에서 검색 결과 및 상세페이지에 광고를 게재하여 상품이 눈에 띄도록 하고, 브랜드 인지도를 높일 수 있다. 초기 입점 기업에는 키워드 광고를 하는 것이 좋다. 딜이나 쿠폰을 사용해 구매를 유도하는 방법도 가능하다.

- **비즈니스 확장**

Amazon Global Selling을 사용하면 북미, 유럽 및 아시아 전역의 온라인 상점에서 제품을 리스팅하고 판매할 수 있다.

5) 수수료 지급 및 판매 수익 정산

아마존은 수수료를 신용카드로 청구한다. 프로페셔널 계정의 경우 매월 39.99달러의 고정 비용이 발생하며 제품 판매수수료(매출액의 약 7~15%)를 비롯해 FBA 서비스 비용, 광고비 등이 발생할 수 있다. 판매자의 판매 수익은 등록한 은행 계좌에 입금하는데 해외 가상계좌를 등록해야 한다. 미국 아마존이라면 판매대금이 미국 달러로 정산되어 미국 은행으로 수령되어야 하기 때문이다. 페이오니아(Payoneer)에 가입하면 가상계좌가 생성되어 아마존을 비롯한 전 세계 전자상거래 플랫폼의 수익을 정산받아서 한국으로 송금할 수 있다.

2. 쇼피(Shopee)

1) 특징

쇼피는 동남아시아 6개국(싱가포르, 태국, 인도네시아, 필리핀, 말레이시아, 베트남) 및 대만의 최대 전자상거래 플랫폼으로 현지 소비자 특성에 최적화된 모바일 기반 서비스를 통해 성장했다. 브라질, 멕시코 시장에도 진출하였다. 쇼피코리아는 한국 판매자들의 해외 온라인 수출을 지원하기 위해 원스톱(One-Stop) 솔루션을 제공하고 있다. 쇼피코리아를 통해 싱가포르 쇼피에 입점하여 10개 이상의 제품을 등록하면 말레이시아, 베트남 또는 필리핀에 자동 등록된다. 판매자가 카페24와 같은 국내 전자상거래 플랫폼을 사용 중이면 ERP 솔루션을 통해 상품관리, 재고관리, 주문관리 등의 기능이 쇼피와 연동된다.

2) 입점 준비

사업자등록증을 준비하여 입점 신청을 하는데 첫 입점은 싱가포르만 가능하다. 싱가포르 입점 완료 후 '원스톱 4개국 진출 패키지'에 의해 말레이시아, 필리핀, 베트남 총 4개의 마켓을 운영할 수 있다. 입점 신청을 하면 쇼피코리아 담당자 검토 후, 입점 신청할 때 기재한 이메일로 '판매자 정보 제출 양식'을 발송한다. 해당 양식에 판매자 상세정보를 기재하고 제출해야 비로소 입점 신청이 완료된다. 쇼피코리아가 발송한 안내 메일을 받은 후 쇼피 판매자 계정인 셀러샵을 직접 생성하면 된다.

3) 판매 준비

계정 생성 완료 후 결제 및 물류 설정을 진행한다. Payoneer 계정을 연결하여 제품 판매 대금을 받을 수 있다. 해외 배송을 위한 물류 프로세스 및 배송비 설정 방법을 숙지한 후 판매할 상품을 리스팅한다. 쇼피는 국내 물류센터인 김포집하지에 상품을 보내면 해외 현지 물류센터를 통해 고객에게 배송되는 프로세스이다. 상품의 상세설명은 영어로 작성해야 한다.

4) 판매 시작 및 마켓 확장

10개 이상의 상품 등록을 마친 판매자에게 쇼피코리아에서 말레이시아, 필리핀, 베트남 샵 생성부터 상품 등록까지 일괄 진행한다.

5) 마케팅

- 쇼피에서 광고를 설정하려면, 광고 크레딧을 충전(Top Up)해야 한다. 쇼피 판매자 센터 또는 쇼피 앱에서 수동 충전 또는 자동 충전 방식을 선택할 수 있다.
- 디스커버리 광고(Discovery Ads)를 통해 우리 제품과 비슷하거나 대체품에 관심이 있는 특정 고객들을 대상으로 광고를 집행할 수 있다.
- 범프(Bump) 기능은 제품 검색순위를 일시적으로 향상하게 시켜 조회 수와 판매량을 증대시킬 수 있는 기능이다. 카테고리 검색 결과에서 Latest(최신) 탭 상단에 위치할 수 있게 된다.
- 고객들에게 제공할 수 있는 할인 쿠폰인 '바우처(Vouchers)'를 샵 전체 상품 또는 특정 제품에 대해 설정한다.
- 애드온 딜(Add-on Deal, 추가 품목 할인)을 통해 특정 제품에 대해 고객들의 관심을 유도하고, 더 많은 제품을 장바구니에 담도록 할 수 있다.
- 그 외에도 번들딜, 팔로우 늘리기, Top Picks 등 다양한 마케팅 툴이 있다.

6) 판매대금 정산

쇼피 안전 거래를 통해 구매 완료가 될 때까지 판매대금을 에스크로로 보호한다. 글로벌 결제 솔루션인 페이오니아(Payoneer)를 통해 한국 판매자를 위한 대금 정산 서비스를 제공한다. 싱가포르 마켓은 구매 확정일 기준 매주 정산해주고, 싱가포르를 제외한 모든 마켓은 구매 확정일 기준 월 2회 정산한다.

3. 타오바오(Taobao)

1) 특징

중국의 타오바오는 판매수수료 무료 정책을 시행하고 있다. 타오바오에서 이루어지는 모든 결제는 알리페이를 통해 진행된다. 사용자들은 이메일 또는 핸드폰 번호를 통해 알리페이 결제 서비스를 이용할 수 있다. 타오바오는 상품을 중심으로 운영되지 않고 상점(쇼핑몰) 형태로 운영된다. 상점을 등록하려면 연회비와 입점비가 필요하다. 상점을 등록하면 홈페이지와 비슷한 개인 쇼핑몰이 제공된다. 소비자가 안심할 수 있도록 상점이 최소 1천 위안을 내고 소비자 보장보험에 가입해야 한다. 판매 실적에 따라 각 상점에 신용등급이 부여되는 특징이 있다. 타오바오는 원래 C2C 전자상거래에서 시작했으므로 이베이처럼 경매와 가격 흥정도 가능하다. 단골이거나 대량 바이어가 가격 흥정을 요청할 수 있다. 흥정은 알리왕왕이라는 타오바오 내 채팅을 통해서 이루어진다.

2) 입점을 위한 준비

타오바오 판매대금을 받기 위해서는 중국 현지 은행의 계좌가 필요하므로 반드시 중국에 입국하여 은행 계좌를 개설해야 한다. 그러므로 여권과 중국 입국 비자가 필요하고 중국 핸드폰 유심칩도 필요하다. 통장 개설 비용과 상점개설 비용을 위해 현금 1,500위안이 필요하다. 상점개설 후 소비자 보장보험에도 가입해야 한다.

3) 입점 절차

여권, 사업자번호, 중국 유심칩을 준비하고 중국어에 능통하지 않다면 현지 가이드나 현지인과 함께 중국 현지 은행에 방문하여 통장을 개설한다. 알리페이에 가입할 때 은행에서 발급받은 서류상 이름과 여권번호를 정확하게 기재해야 한다. 띄어쓰기도 조심해야 한다. 중국 현지 은행 계좌 개설 후 인터넷뱅킹을 신청하고 유니온페이[85] 카드도 신청해야 알리페이 계정과 계좌를 연동할 수 있다. 개인 계정으로 가입할 수도 있으나 기업 계정은 중국 현지 법인사업자만 신청할 수 있다. 타오바오 측의 서류심사 후 상점개설 약관에 동의한다. 상점이 개설되면 상품을 등록할 수 있다.

4. 이베이(eBay) CBT

1) 특징

이베이(eBay)는 전 세계 216개국 네트워크를 갖춘 동시에 진입장벽이

---

85 2002년 중국 88개 은행이 공동 출자해 설립한 중국 국영 전용 신용카드 회사. '은련카드'라고도 한다.

낮은 오픈마켓으로 해외사업을 시작하기 좋은 플랫폼이다. 미국 시장의 비중이 가장 크지만 호주, 영국, 러시아, 캐나다, 독일, 이스라엘에서도 시장점유율이 높다. 이베이는 신용카드와 이메일 주소만으로 판매할 수 있고 전 세계 1억 8천 명 바이어가 활동하는 오픈마켓이다. 카테고리가 다양하고 틈새시장이 많아 우리와 반대되는 계절수요가 있는 시장을 상대로 재고 처분이 가능하다. 제조사의 경우 직접 해외시장에 진출해서 브랜드를 알리는 것보다 이베이를 통해 낮은 비용으로 전 세계를 대상으로 홍보할 수 있다. 바이어들의 반응 테스트를 위해 이베이를 활용하는 것도 가능하다.

2) 신규판매자 계정생성

회원가입 시 등록할 이메일 주소를 선정한다. 이베이에서는 Gmail을 권장하지만, 회사 내부 메일 계정도 가능하다. 회원가입 시 입력하는 이름(또는 사업자명), 주소, 연락처는 이베이에서 신원확인 과정을 거친다.

www.ebay.com 접속 후 register를 클릭한다. 개인 또는 회사 계정 타입을 선택하는데 이베이 계정 타입과 Payoneer 계정 타입이 일치해야 한다. 이베이에서 판매대금을 정산받기 위해서는 반드시 Payoneer에도 가입해야 한다. 이베이 계정과 Payoneer 계정을 연동(Sync)시킨 후 국제결제가 가능한 백업용 신용카드 정보를 입력하면 개인회원 가입신청이 완료된다. 이베이에서 정보 입력이 완료되면 Payoneer에서 서류 요청 메일이 도착하는데 요청한 서류를 제출한 다음에 비로소 이베이 판매자로 활동할 수 있다.

기업회원으로 가입하는 경우 이베이 ID와 사업자 상호가 달라도 무관하다. 하지만 영어로 된 사업자명은 이후 입력할 은행 계좌 정보와 같게 작성해야 한다. 사업 법인의 종류는 개인사업자와 법인사업자 중에서 선택할 수 있는데 개인사업자는 주민등록증이나 여권 정보를 입력해도 되지만 법인사업자의 경우 반드시 사업자 등록번호 10자리를 입력해야 한다. Payoneer 가입할 때도 법인사업자의 경우 반드시 비즈니스 계정으로 가입해야 한다. 나머지 절차는 개인 계정 가입과 같다.

3) 상품 리스팅

이베이에서 제공하는 판매내용, 시장조사, 상세검색을 활용하면 이미 판매되고 있는 상품에 대한 정보를 얻을 수 있다. 이베이는 경매 또는 고정가 중에서 가격을 선택할 수 있다. 상품 이미지와 상품 세부 정보 및 상품 설명글을 작성한 다음에 상품을 등록하는데 카테고리를 잘 설정해야 한다. 상품 설명글에는 상품의 사양, 그리고 판매정책 중 결제, 배송, 고객 서비스에 대한 내용이 들어간다. 배송서비스와 배송비용을 설정할 때 이베이코리아 eGS, 우체국, 특송(FedEx, DHL, UPS) 중에서 2개를 선택할 수 있다.

4) 판매관리

상품정보는 수정할 수 있으며 상품을 종료하거나 재등록도 가능하다. 바이어 메시지에 응대해야 하는데 구매 전에는 상품정보, 사용 방법, 배송, 할인, 즉시 구매 등의 문의가 들어온다. 구매 후에는 배송정보, 주소 변경 등 개별 요청이 있고 상품 미수령, 상품 불일치 등 문제 발생 때 재배송 또는 환불 등 적절한 조치를 영어로 해야 한다.

판매된 건의 결제를 확인한 후 상품을 포장하고 배송을 시작한다. 주문취소와 환불요청에 대응하는 것도 중요하다. 판매 완료된 건의 판매

수수료를 확인하고 이베이에서 Payout 하면 페이오니아에 일단 수신된다. 원할 때 한국 통장으로 인출 신청하면 1~2영업일 내에 입금된다.

토의문제

- 글로벌 C2C 전자상거래 사례와 D2C 전자상거래에 뛰어든 글로벌 기업의 사례를 추가로 조사하시오.
- 자신의 국경 간 전자상거래 경험을 얘기하고 국경 간 전자상거래에서 발생하는 문제점에 대해 토의하시오.
- 이 책에 소개되지 않은 국경 간 전자상거래 플랫폼에 대해 추가로 조사하시오.
- 한국의 국경 간 전자상거래의 경쟁력 제고를 위해서 어떤 정책이 필요한지 토의하시오.
- 국경 간 전자상거래 플랫폼을 하나 선택한 다음 입점과 판매관리 과정에 대해 세부적인 학습을 한다.

6장

4차 산업혁명과 전자무역

학습 목표

- 4차 산업혁명이 무역에 미치는 영향과 무역업의 대응방안, 새로운 국제무역질서를 이해한다.
- 무역절차별 4차 산업혁명 적용 가능성을 이해한다.
- 4차 산업혁명 기술별 전자무역 구현 사례에 대해 이해한다.

학습 목차

6장

4차 산업혁명과 전자무역

제1절 4차 산업혁명과 무역

1. 4차 산업혁명의 정의

1) 정의

2016년 세계경제포럼(World Economic Forum, WEF)에서 WEF 의장인 클라우스 슈바프(Klaus Schwab)에 의해 주창된 용어인 4차 산업혁명은 IoT(사물인터넷), 인공지능(AI), 드론, 로봇 기술, 자율주행차, 가상현실(VR) 등의 기술이 주도하는 차세대 산업혁명이다. 4차 산업혁명은 정보통신기술의 융합으로 유발되는 산업혁명이다. 이 산업혁명의 핵심은 인공지능(AI), 빅데이터 분석, 로봇공학, IoT(사물인터넷), 3D 인쇄, 나노기술, 무인 운송 수단(무인 항공기, 무인 자동차)과 같은 7대 분야에서 적

용되는 새로운 기술혁신이다.[86]

4차 산업혁명은 생물학적, 물리적, 디지털적 세계를 빅데이터에 근거해서 통합시키고 이를 통해 경제와 산업 전 분야에 영향을 미치는 것이다. 4차 산업혁명에는 최신 제조기술, 산업 플랫폼, 프로세스가 결합하여 있다.[87] 4차 산업혁명의 기술들은 대규모 기계 간 통신인 IoT(사물인터넷)을 통해 자동화되고 개선된 시스템을 제공할 뿐만 아니라 인간의 개입이 최소화된 상태에서 분석하고 진단할 수 있는 인공지능(AI) 시스템을 제공한다.[88]

2) 다른 산업혁명과 차이점

4차 산업혁명의 다른 동의어는 인더스트리 4.0, 산업 인터넷, 연결 기업, 스마트 제조, 스마트공장, 제조 4.0, 제조를 위한 IoT(사물인터넷) 등이 있다.[89] 4차 산업혁명은 초연결, 탈중앙화·분권, 개방·공유를 통해 맞춤화된 지능화 세계로 진화한다.[90] 이러한 지능화 세계를 만들기 위해 인공지능(AI), 빅데이터, 블록체인 등의 기술들이 활용된다. 현실 세계의 모든 내용을 먼저 가상세계로 연결한 다음, 가상세계에서 인공지능(AI)·빅

---

86 Schwab, Klaus., "The Fourth Industrial Revolution: what it means, how to respond", World Economic Forum, 2016.

87 Marr, Bernard., "Why Everyone Must Get Ready For The 4th Industrial Revolution", Forbes, Retrieved 14 February 2018.

88 Mike, Moore., "What is Industry 4.0? Everything you need to know", TechRadar, Retrieved 27 May 2020.

89 Sniderman, Brenna & Mahto, Monika & Cotteleer, Mark J., "Industry 4.0 and manufacturing ecosystems Exploring the world of connected enterprises" Deloitte, Retrieved 25 June 2019.

90 강명구, 아무도 알려주지 않는 4차 산업혁명 이야기, 키출판사, 2018.

데이터 분석을 통해 예측하고 이를 현실 세계에 다시 적용하면 된다.[91]

표6 산업혁명 발전 단계별 특징

단계	1차 산업혁명	2차 산업혁명	3차 산업혁명	4차 산업혁명
시기	18세기	19~20세기 초	20세기 후반	2010년 이후
핵심 기술	증기기관 기반	전기에너지 기반	컴퓨터와 인터넷 기반	가상 물리시스템 기반 (IoT, 인공지능, 빅데이터)
혁신 부문	기계화 혁신	대량생산 혁신	지식정보 혁신	초연결·초지능 혁신
생산 통제 주체	사람	사람	사람	기계 스스로
결과	증기기관 발명으로 기계를 이용한 공장 생산체계 시작	컨베이어벨트를 이용한 작업 표준화와 분업의 시작, 대량생산 체제 진입	전자기술과 IT를 통한 제조업 자동화 확산, 글로벌 정보통신 기업 부상	사물·공간·사람을 초연결·초지능화 하여 산업구조 및 사회 시스템 혁신, 유연하고 효율적인 생산시스템

출처 : 이병문, 정희진, 박광서(2017), 4차 산업혁명이 무역에 미칠 영향과 이에 대비한 수출촉진전략, 무역학회지, 42(3), p. 4.

4차 산업혁명은 초연결(hyper connectivity)과 초지능(super intelligence)을 특징으로 하므로 1~3차 산업혁명과 비교하여 경제와 사회에 끼칠 영향이 더 클 것으로 전문가들은 예측한다. 1차 산업혁명은 증기기관과 기계화, 2차 산업혁명은 전기를 이용한 대량생산, 3차 산업혁명

91 이민화, 대한민국의 4차 산업혁명, 창조경제연구회, 2017.

은 전산화된 정보화와 자동화 생산시스템이 주도했다. 4차 산업혁명은 제품·서비스의 개선에 그치지 않고 혁신적인 제품·서비스를 등장시킬 것이다. 4차 산업혁명은 경제·사회적 패러다임의 변화를 불러와서 세계 경제의 흐름에 큰 영향을 미칠 것이며 무역환경에도 큰 변화가 있을 것이다.

2. 4차 산업혁명이 무역에 미치는 영향

유광현·방성철(2012)의 연구에서는 스마트 기술과 융합된 무역환경을 총칭하는 용어로 스마트무역을 제시하였는데 지금의 4차 산업혁명 시대의 무역을 예측한 것이다. 스마트기기와 더불어 다양한 서비스를 제공 가능한 첨단 기술이 기존 전자무역에서의 무역거래 방식과 전자무역 인프라 IT, 무역업무 수행방식과 융합되고 지능화되면서 새로운 영역으로 진화하여 전반적인 무역환경이 효율적으로 변화된 미래의 무역환경이 스마트무역이다.[92] 스마트무역이 비로소 4차 산업혁명 시대에 실현되고 있다.

1) 기업에 미치는 영향

4차 산업혁명은 생산방식의 고도화를 넘어 기업의 제품기획과 연구개발은 물론 유통 및 물류, SCM(공급망관리), 고객관리 등 기업의 모든 경영활동에 영향을 주고 있다.[93] 기업은 4차 산업혁명을 통해 생산방식 변화

---

92 유광현, 방성철, "스마트무역 도입과 활성화 방안에 관한 연구", 「국제상학」, 제27권 제3호, 한국국제상학회, 2012, pp. 189-207.
93 한국무역협회, 무역업계의 4차 산업혁명 대응 현황 조사, 2017.

와 업무효율 향상을 넘어 비즈니스 모델의 디지털 전환을 통한 가치 창출을 원하고 있다.

스마트공장과 제조 서비스 플랫폼은 기업은 물론이고 개인에게도 창업의 기회로 작용할 것이다. 소비자 중심의 시장이 생겨나고 글로벌 전자상거래무역이 확대되면서 4차 산업혁명 시대의 기업은 전 세계 소비자를 대상으로 개별 맞춤화된 생산 및 판매를 늘릴 수 있다.

4차 산업혁명에 대한 무역 기업의 적극적 대응이 필요한 시점이다. 그러나 한국무역협회의 조사 결과 국내 무역 기업들은 4차 산업혁명에 대한 준비가 부족한 것으로 나타났다. 필요성을 느끼지만 대응하지 못하고 있는 기업들은 4차 산업혁명에 대한 정보가 부족하고 직원들이 제대로 이해하지 못하다고 이유를 들었다. 그러므로 무역 기업들에도 4차 산업혁명에 대한 정보 제공 및 직원 교육이 필요하다.

무역 기업들은 4차 산업혁명으로 인해 마케팅과 제품개발에 영향을 받을 것으로 생각하고 있다. 국내기업들은 4차 산업혁명 기술 중 빅데이터에 가장 관심이 있고 인공지능(AI)과 지능형 로봇 기술에도 이목이 쏠려 있다.[94]

4차 산업혁명으로 인한 생산기술의 변화와 네트워크 거래방식의 확산으로 전 세계 생산자와 소비자 간의 거리와 감정의 격차가 줄어들 것이다. 소비자 구매패턴은 아이디어, 네트워크, 민첩성, 감정 등을 중요시하는 추세이므로 상품 수명주기가 점차 빨라질 것이고 이는 중소기업의 수출환경에 유리하게 작용한다.[95] 중소기업은 개방형 제조플랫폼을 통해 수

---

94 한국무역협회, 무역업계의 4차 산업혁명 대응 현황 조사, 2017.
95 조빛나·김건우(2016), "세계 무역구조 변화와 한국무역", 「Trade Brief」, No. 30, 국제무역연구원(KITA IIT).

요의 변화에 빨리 반응하고 소품종 소량생산이 가능해지므로 대기업이 누리던 규모의 경제가 점차 쇠퇴할 것이기 때문이다. 4차 산업혁명은 제조설비를 갖추지 못한 중소기업과 개인에게도 기회로 작용할 것이다.

2) 소비자에 미치는 영향

전통적으로 무역은 기업 간 거래를 통해 해외 소비자에게 판매되는 구조였지만, 이제는 전자상거래의 발달로 해외 소비자의 직접구매가 가능하다. 그리고 무역의 대상도 유형재 중심의 거래에서 서비스 및 콘텐츠까지 거래 품목이 확대되었다. 전자상거래무역에서 정보의 실시간 공유 및 전달이 활발하게 일어나고 있으며, 클라우드 컴퓨팅과 빅데이터 분석 등이 이러한 변화의 핵심 기술이다.[96]

3) 무역 대상의 변화

유형재 중심의 무역거래에서 서비스 및 콘텐츠까지 무역거래 품목이 확대되는 가운데 IoT(사물인터넷) 기술을 접목한 스마트제품 시장도 확대되었다. 스마트제품은 사물들이 IoT(사물인터넷) 기술로 연결되어 데이터를 생성·수집·공유하며 새로운 서비스를 만들어 나가는 제품으로 정의된다.[97] 스마트제품이 무역거래 대상이 되기 위해서는 혁신성과 함께 실용적 가치 제공이 가능해야 한다.

---

96 이병문, 정희진, 박광서(2017), 4차 산업혁명이 무역에 미칠 영향과 이에 대비한 수출촉진전략, 무역학회지, 42(3), pp. 1-24.

97 김보경(2016), "해외 IoT기술 접목 스마트 제품의 성공전략", 「Trade Brief」, Vol. 8, 국제무역연구원(KITA IIT).

4) 세계 무역 시장의 변화

4차 산업혁명으로 소비자 중심의 시장이 만들어지고 전자상거래는 그 비중이 높아지면서 대량 공급시스템에서 전 세계 소비자를 대상으로 맞춤화된 생산과 판매를 하는 형태로 무역 시장의 변화가 올 것이다. 신흥 개발도상국의 도시화와 중산층 형성에 따라 세계 GDP에서 신흥 개발도상국의 비중은 2015년 39%였던 것이 2030년에 63%로 확대될 전망이며 인도, ASEAN, 중국의 성장으로 세계 경제의 중심이 아시아로 이동하고 있다.[98]

지난 30년간 무역은 국제 분업의 확대로 중간재 중심으로 성장했으나 최근 중간재 비중이 줄어들고 소비재 비중이 늘어나는 추세이다.[99] 4차 산업혁명을 통한 생산 혁신과 신흥 개발도상국 소비 계층의 확대, 글로벌 전자상거래의 확산은 국제무역에서 소비재 비중의 확대를 가속할 것이다.

그러므로 목표 시장을 설정할 때 나라별 구분보다는 소비자 프로필 중심의 시장진출 전략을 세워야 한다. 소비자가 원하는 상품을 유연하게 공급할 수 있는 생산거점도 확보해야 한다. 4차 산업혁명 시대를 맞이하여 오히려 '넥스트쇼링(Next-Shoring, 제품 판매지와 가까운 곳에서 생산)' 전략이 주목받고 있다.

---

98 국제무역연구원(2016), "선진화된 구조로 세계경제와 조화되는 한국무역: 무역 가치창출을 위한 Value7+ 전략", 국제무역연구원(KITA IIT).

99 조빛나·김건우(2016), "세계 무역구조 변화와 한국 무역", 「Trade Brief」, No. 30, 국제무역연구원(KITA IIT).

5) 무역 형태와 무역 방식의 변화

4차 산업혁명으로 인해 제조업의 개념은 변화되고 있다. 제조업은 '생산 그 자체'였지만 4차 산업혁명 시대의 제품은 스마트화되어 서비스를 계속 받을 수 있는 새로운 가치가 창출된다. 따라서 서비스화된 제품, 콘텐츠와 결합한 제품, 네트워크를 통해 연결된 제품이 주목받을 것이다. 이러한 제품은 유지관리와 컨설팅 등 구매 이후의 과정도 가치사슬에 포함되어야 한다. 지금까지 제품을 팔기만 하면 되었던 수출 중심의 무역구조에서 새로운 부가가치를 창출하는 활동이 더해진 무역구조로 변화되는 것이 필요하다. 유형무역과 무형무역이 결합한 복합무역이 되는 것이다.[100]

4차 산업혁명 속에서 글로벌 플랫폼 비즈니스의 경쟁이 치열할 것이다. 개인의 아이디어와 개성이 즉각적으로 반영되어 생산과 유통까지 원스톱으로 연결하는 플랫폼 비즈니스가 많아질 것이다. 플랫폼에 의해 거래비용이 낮아지고 글로벌 가상 시장에 대한 즉각적인 접근이 가능하므로 경제적 국경 개념이 약화한다.[101]

6) 국제무역 환경에 미치는 영향

4차 산업혁명의 발전은 국가별, 산업별로 차이가 있으므로 기술발전수준, 기술 특성, 기술격차 등 다양한 요인에 의해 국제무역에 영향을 미칠 것이다. 4차 산업혁명 시대가 오면 상품과 서비스의 결합이 가속화되므로 무역의 디지털화, 서비스화 변화와 요구를 반영하는 새로운 패러다

---

100 이병문, 정희진, 박광서(2017), 4차 산업혁명이 무역에 미칠 영향과 이에 대비한 수출촉진전략, 무역학회지, 42(3), pp. 1-24.

101 국제무역연구원(2016), "선진화된 구조로 세계경제와 조화되는 한국무역: 무역 가치창출을 위한 Value7+ 전략", 국제무역연구원(KITA IIT).

임의 통상협정이 요구될 것이다.

KIEP(대외경제정책연구원)에서는 스마트공장으로 인해 제조업 입지와 기술 비교우위 변화가 생산시설 국내 이전을 유발할 수 있고 IoT(사물인터넷), 빅데이터 분석, 인공지능(AI) 등에 의해 세계 경제는 변화를 겪게 되며 디지털 혁신은 다양한 요인에 따라 국제무역에 영향을 미칠 것으로 예측하였다.[102] 또한 IoT(사물인터넷)를 통해 폭넓게 수집된 경영정보의 빅데이터 분석과 인공지능(AI)을 통해 생산과 소비가 최적화되어 세계 경제의 변화가 크므로 디지털 혁신에 병행하여 무역 규범을 정비해야 한다.[103]

3. 4차 산업혁명 시대 무역의 새로운 과제

1) 4차 산업혁명 시대에 예상되는 무역의 문제

4차 산업혁명 시대에 통상협상에서 선진국들은 소프트웨어와 데이터와 관련된 보다 강화된 법적 보호를 요구할 것이다.[104] 4차 산업혁명의 발전은 국가 및 산업별로 차별화가 일어나고 있으므로 국가 간 경쟁과 기업 간 경쟁을 분리해서 대응할 필요가 있다.[105] 이 문제는 제10장 '디지털 무역'에서 다루고자 한다.

---

102 KIEP 이수영 외, "리쇼어링의 결정요인과 정책 효과성 연구", KIEP 연구보고서, 2018, pp. 1-206.

103 KIEP 최낙균 외, "디지털 혁신의 국제비교와 시나리오별 무역 영향 분석", KIEP 연구보고서, 2018, pp. 1-233.

104 이한영, 차성민, "소프트웨어의 국제거래에 관한 법적 검토", 「과학기술법연구」, 제24권 제2호, 한남대학교 과학기술법연구원, 2018, pp. 81-111.

105 김신, "인터넷과 4차 산업혁명 시대의 보호무역", 「인터넷비즈니스 연구」, 제20권 제1호,

2) 무역업계의 효과적인 4차 산업혁명 대응을 위한 정책

4차 산업혁명에 효과적인 대응을 할 수 있기 위해 무역업계가 먼저 필요로 하는 정책적 지원은 국제무역연구원의 조사에 의하면 다음과 같다.[106] 무역업계에서는 4차 산업혁명 관련 정보, 직원 교육, 연구·개발 자금 지원, 세제지원 등을 원한다. 정보 제공 및 직원 교육 수요는 44.8%, 연구·개발 자금 및 세금 지원 수요는 30.9%이다. 전문인력 수급여건 개선 13.4%, 규제 완화(10.8%) 요구도 있다.

3) 수출 촉진 전략과 법규의 변화

이병문 외(2017)의 연구에서는 4차 산업혁명이 무역에 미칠 수 있는 영향을 고찰한 후 4차 산업혁명 시대의 수출 촉진 전략을 제시하였다.[107] 수출기업의 제조공정 스마트화를 통하여 고객 맞춤형 제품생산력 확보가 필요하다. 고객 데이터의 수집·저장·공유가 중요하고 빅데이터 분석을 활용해야 한다. 4차 산업혁명 시대 무역 개념의 변화와 확장은 법·제도에 반영되어야 한다. 4차 산업혁명 시대에 새로 나타나는 무역의 주체가 무역 관련 법에 제한되거나 사각지대로 관련 법규의 정비가 이루어져야 한다. 전자상거래무역에 특화된 법이 필요하다.

한국인터넷비즈니스학회, 2019, pp. 9-30.

106 한국무역협회, 무역업계의 4차 산업혁명 대응 현황 조사, 2017.

107 이병문, 정희진, 박광서(2017), 4차 산업혁명이 무역에 미칠 영향과 이에 대비한 수출촉진전략, 무역학회지, 42(3), pp. 1-24.

4) 4차 산업혁명 시대의 무역인력 양성

중소기업은 4차 산업혁명 시대에 부응하여 수출 전문인력을 확보하고 전자무역을 활용하여 수출 확대 전략을 구사해야 한다.[108] 그러므로 4차 산업혁명에 대비하여 중소·중견기업의 글로벌역량이 강화되도록 무역실무 지식과 함께 과학기술 역량을 갖춘 인재가 대학에서 공급되어야 한다.

무역 전공자에게도 소프트웨어 교육이 이루어져야 한다. 무역 전공자도 IT에 친숙함과 익숙함을 가지도록 하는 교육환경이 조성되어야 한다. 4차 산업혁명 시대에 무역 현장에서 요구하는 인재를 양성할 수 있게 무역실무 교육과정 개발과 적용을 위한 개편이 필요하다.[109] 융합된 교과목을 바탕으로 학습하고 훈련된 인재가 4차 산업혁명 시대를 선도할 무역인력이 되는 것이므로 기본적으로 현장실습 중심의 산학협력을 진행하면서 4학년 교과과정에 캡스톤디자인, 액션러닝, PBL(프로젝트 기반 수업), 팀티칭 등의 교수법을 활용하여 융복합 무역인력을 길러내야 한다.[110] 조원길(2019)의 연구에서는 전공체계 중심의 무역학 교과과정을 학생의 학습 선택권을 강화할 수 있는 교과과정으로 개편하고 문제기반 학습이나 메이커 교육과 같은 교수법을 도입하는 방안을 제안하였다.

---

108 송계의, "인더스트리 4.0시대에서 전자무역을 활용한 중소기업 수출 확대 방안", 「무역상무연구」, 제78권, 한국무역상무학회, 2018, pp. 53-72.

109 박세훈, "4차 산업혁명시대 무역업체 수요를 반영한 무역실무 교육과정 개발과 적용에 관한 연구", 「무역상무연구」, 제84권, 한국무역상무학회, 2019, pp. 275-291.

110 조원길, "4차 산업혁명시대 무역인력양성 방향과 전략에 관한 연구", 「무역학회지」, 제44권 제4호, 한국무역학회, 2019, pp. 67-85.

제2절 4차 산업혁명 기술별 전자무역

다보스포럼에서 4차 산업혁명 논의 중 언급된 주요 기술은 인공지능(AI), 로봇공학, 3D프린팅, IoT(사물인터넷), 빅데이터 등이 있다.

1. 인공지능(AI)과 무역

1) 인공지능(AI)의 등장

2016년에 인공지능(AI) 알파고가 이세돌 9단과의 대국에서 승리하면서 사람들은 인공지능(AI)의 시대가 다가오고 있음을 실감하게 되었다. 영화 '터미네이터'에 나오는 '스카이넷'처럼 스스로 학습하고 생각하는 인공지능(AI)은 시기상조라고 하지만 머신러닝에 의해 특정 영역의 문제를 해결하는 약한 인공지능(AI)은 상용화되고 있다.

2) 무역 분야의 인공지능(AI) 적용

무역 분야에서도 인공지능(AI)이 무역업무와 대금결제를 직접 처리하는 시대가 다가오고 있다. 인공지능(AI)이 거래처를 찾아내고 무역 사기를 차단할 수 있게 되면 무역의 새로운 패러다임을 만들어나갈 수 있을 것이다. 인공지능(AI)을 활용하면 커뮤니케이션, 물류비용 절감, 수요예측 등을 통해 무역업무 효율성이 높아질 것으로 업계에서 예상한다.

회사 홈페이지에 바이어 상담용 인공지능(AI) 챗봇(채팅로봇 프로그램)을 열어둔다면 바이어와의 시차로 인해 생겼던 어려움을 줄일 수 있다.

KTNET(한국무역정보통신)은 전자무역 이용자들을 위한 인공지능(AI) 트레이드 챗봇인 '티봇'을 출시했다. 티봇은 전화상담실에서 처리하던 단순 질의응답들을 인공지능(AI)으로 자동화한 것이다. 티봇은 전자무역 서비스에 관한 질의응답 유형을 머신러닝을 활용하여 학습 후 이용자의 질문에 즉시 답변한다. KTNET 고객들은 무역, 물류, 공인인증, 요금·청약, 구매 확인 등 KTNET 업무에 관한 궁금증을 간편하게 해소할 수 있다. 학습 데이터와 음성인식 데이터가 티봇에 축적되면 업무처리 고도화도 가능해진다.

외국어 의사소통도 인공지능(AI) 통·번역기의 도움을 받을 수 있다. 구글, 네이버의 실시간 통·번역을 비롯하여 다양한 인공지능(AI) 통·번역 솔루션이 출시되고 그 성능이 향상되고 있다. 제품 특성, 최소구매 수량 등 기본적인 답변은 인공지능(AI) 통·번역에 맡길 수 있다.

인공지능(AI)은 무역 협상 파트너의 경제 궤적을 분석하여 협상 전략을 수립하는 데 도움을 줄 수 있다. 인공지능(AI)은 수요량 예측에 중요한 역할을 할 수 있고 물류비용 절감에도 활용된다. 이미 대규모 전자상거래 기업들은 인공지능(AI)으로 최대 18개월 수요를 예측한다. 인공지능(AI)을 활용하여 납기, 제조, 창고관리 등을 관리하면 글로벌 가치사슬을 최적화할 수 있다.

KOTRA에서는 중소·중견기업을 위해 수출 동향 보고서를 인공지능(AI)을 활용하여 자동으로 작성해 준다. '로봇 저널리즘'을 탑재한 인공지능(AI)이 수출통계 분석과 수출액 변화를 자동으로 탐지할 수 있다. 자연어로 된 보고서 작성까지 인공지능(AI)이 처리한다. A기업에서도 인공지능(AI) 기반 수출입 분석통계 플랫폼을 출시했다. 수출입통관 데이터를 분석하여 맞춤형 통계, 무역 동향 예측과 자동분석 보고서를 제공한다. 이상 거래징후 탐지에도 인공지능(AI)을 활용한다.

'바운티팜(bountifarm)'은 인공지능(AI)을 기반으로 무역 거래부터 중개까지 지원하는 플랫폼이다. 바운티팜은 구매자와 판매자가 인공지능(AI) 브로커와 채팅하여 쉽고 안전하며 동기화된 방식으로 연결하고 거래할 수 있는 플랫폼이다. 백그라운드에서 바운티팜의 인공지능(AI)은 가격, 날씨/수확, 전 세계 수요를 포함하여 익명화된 데이터셋[111]을 통해 지속적으로 학습하여 거래 참가자에게 통찰력과 조언을 제공한다.

2. 3D프린팅, 로봇과 무역

1) 3D프린팅의 가능성

2018년부터 시작된 미국과 중국의 무역전쟁이 계속되면 글로벌 공급망에서 중국 의존도가 높은 미국 기업들에 어려움이 생긴다. 미국은 글로벌 공급망의 효율성만을 강조하다가 중국에 대한 생산 의존도가 심해져 미국 경제와 안보에 위협을 받고 있다고 판단하였다. 미국은 안정적인 제품 공급을 위해 대량생산 위주의 중국에 대한 의존도를 줄이고 3D프린팅 기술을 사용한 제조업 혁신을 고려하고 있다. 3D프린팅 기술은 프로토타이핑[112]에서 대량생산으로 발전하고 있다. 3D 프린터가 인건비와 비용을 절감하고 품질까지 보장할 수 있다면 많은 기업이 중국 같은 저임금 국

---

111 특정한 작업을 위해서 데이터를 관련성 있게 모아놓은 것
112 제품을 개발할 때 사전에 먼저 시범적으로 만들어 보는 제품

가에 둔 생산기지를 본국으로 옮기는 생산시설 회귀(Reshoring) 현상이 일어날 것이다.

2) 3D프린팅의 한계

하지만 여전히 3D 프린터는 소량생산에 적합하고 경량화가 요구되는 부품에 주로 적용되고 있다. 대량생산과 금속 부품 생산에 어려움이 많다. 오히려 산업용 로봇을 이용해 공장 자동화를 하는 것이 글로벌 공급망 변화에 더 큰 영향을 미치고 있다. 예를 들어 바느질 로봇은 운동화를 만드는 노동자들을 대체할 수 있다. 이에 따라 의류, 신발 등 노동집약적 산업이 저임금 국가에 있겠다는 상식이 깨지고 선진국 국내 혹은 가까운 국가에서 로봇을 이용해 자동화하고 있다. 앞으로 산업용 로봇에 인공지능(AI), IoT(사물인터넷), 3D프린팅 등이 더 효과적으로 적용되면 저임금 위주로 발전한 공급망이 고부가가치 기술과 지식 중심으로 재편될 것이다.

3. IoT(사물인터넷)와 무역·물류

1) IoT(사물인터넷)의 정의

IoT는 사물인터넷(Internet of Things)의 약어이다. 사물 대부분이 인터넷으로 연결돼 서로 정보를 주고받게 되는 세상이 열렸다. IoT(사물인터넷)가 여는 세상은 인터넷과 다르다. 인터넷에 연결된 스마트폰이나 PC들이 정보를 주고받으려면 사람이 조작해야 한다. 하지만 IoT(사물인터넷) 시대가 열리면 사람의 도움 없이도 네트워크에 연결된 기기들이 서로 알아서 정보를 주고받을 수 있다.

2) 무역·물류에 IoT(사물인터넷) 도입

사물인터넷(IoT), 인공지능(AI), 빅데이터 등 4차 산업혁명 기술을 무역 물류 물동량의 90% 이상을 차지하는 컨테이너에 접목한 스마트 컨테이너가 등장하고 있다. 그러므로 스마트 해상물류 체계에 스마트 컨테이너가 필요하다. 그동안 컨테이너 화물의 정보를 담은 탈부착식 IoT(사물인터넷) 장비를 업계에서 이용했지만 여러 문제점이 있었다. 스마트 컨테이너는 IoT(사물인터넷) 장비를 내장하여 컨테이너의 위치, 온도, 상태를 송수신하고 컨테이너 상황에 실시간 대응할 수 있게 하는 것이다.

AEO(국제무역안전규제) 제도에도 IoT(사물인터넷) 기술이 적용될 수 있다. 세계관세기구(WCO)에서 도입하고 2008년 한국이 가입한 AEO(Authorized Economic Operator)는 수출 기업이 세관에서 일정 기준을 충족할 경우 통관절차를 간소화하는 제도이다. 중소기업들은 국제무역 안전규제에 선제 대응을 하기 힘든 부분이 있는데 IoT(사물인터넷) 기반의 AEO 자동화 플랫폼이 도입되면 저비용으로 빠른 AEO 인증 취득이 가능해진다.

4. 블록체인 기술의 전자무역 적용[113]

1) 블록체인 기술의 정의

블록체인 기술은 데이터를 블록(block)에 저장하고 사슬(chain) 형태로 연결하는 분산형 데이터 저장소를 구현하는 동시에 수많은 컴퓨터에 실시간으로 복제하여 보관하는 기술이다. 블록체인을 공공 거래 장부라고도 부를 수 있다. 거래 기록을 보관하는 중앙집중형 서버가 존재하지 않는다. 거래에 참여하는 모든 사용자에게 실시간으로 거래내용이 보내진다. 그러므로 거래가 발생할 때마다 거래참여자 모두가 정보를 공유하고 정보를 대조하므로 블록체인에 참여하는 51% 이상이 동시에 장부를 조작하지 않는 이상 데이터 위조나 변조를 원칙적으로 할 수 없는 구조이다.

2) 블록체인의 전자무역 적용

무역거래에 블록체인 기술을 활용하면 스마트 계약 등 무역업무의 효율성을 높일 수 있으며, 안전하고 신속한 수출입통관이 가능하게 되고, 물류 과정의 투명성을 높일 수 있으며, 대금결제의 신속성과 효율성을 확보할 수 있다.[114] 블록체인 기술이 금융·무역 분야에 적용되면 도입 효과가 클 것으로 예상하지만 법적·제도적, 기술적 한계가 있다.[115]

---

113 블록체인이 적용되는 전자무역의 미래에 관해서는 제7장에서 자세히 다룬다.

114 김철호, "A Study on the Application of Blockchain Technology in International Trade Settlement", 「국제상학」, 제34권 제2호, 한국국제상학회, 2019, pp. 103-120.

115 임영광, "금융과 무역 분야의 블록체인 도입 관련 연구동향 분석", 「Asian Trade Risk Management(ATRM)」, 제4권 제1호, 성균관대학교 무역연구, 2019, pp. 1-26.

김철호(2018)의 연구에 의하면 무역거래에 블록체인 기술을 도입하기 위한 과제로 첫째, 블록체인 관련 생태계 조성, 블록체인 도입 성공사례 발굴 후 지원할 필요가 있고, 둘째, 블록체인 상호운용성을 위한 국제표준화, 블록체인 시스템 보안 등 정보보호 표준화도 필요하며, 셋째, 국내외 법규범의 정비가 필요하며, 넷째, 무역거래 전반에 걸쳐 적용될 수 있도록 이해관계자들의 참여는 물론 무역계약 표준화 및 무역거래 관련 법·제도 보완이 요구된다.[116]

최근 IBM과 해운회사인 Maersk가 협업하여 Tradelens라는 블록체인 플랫폼을 만들어 운영하고 있으며, 여기에 은행들이 참여하면 국제무역에서 블록체인 기술은 조기에 정착할 수 있을 것이다.[117] 최학열(2018)은 글로벌 전자상거래 물류 지능화 모델을 블록체인 기반으로 구축하기 위한 전략으로 프라이빗 블록체인인 하이퍼레저 패브릭 기반의 아키텍처, 중소 수출화주·물류업체를 위한 클라우드 서비스, 딥러닝을 활용한 개인통관 신고 Cross-Check, 민원인 연계를 위한 Open API 제공 등을 제안하였다.[118] 유광현(2020)은 국제운송 분야에서 블록체인 도입 필요성, 사례, 활성화 저해 요인을 분석하였고, 블록체인에 적극적인 참여를 유도할 수 있도록 기반 조성방안과 개선방안을 제시하였다.[119]

---

116 김철호, "무역거래에서 블록체인기술의 활용을 위한 해결과제", 「무역통상학회지」, 제8권 제6호, 한국무역통상학회, 2018, pp. 71-89.

117 송화섭, "분석적 계층 프로세스(AHP)를 활용한 무역업 블록체인의 성공요인 분석", 국민대학교 비즈니스IT전문대학원 학위논문, 2019.

118 최학열, "블록체인 기반 글로벌 전자상거래 물류 지능화 모델 구축 사례 연구", 한국경영정보학회 2018년 경영정보관련 추계학술대회, 2018, pp. 31-35.

119 유광현, "국제운송에서의 블록체인 기술 활용을 위한 개선방안", 통상정보연구, 제22권 제1호, 한국통상정보학회, 2020, pp. 49-72.

5. 빅데이터와 무역[120]

1) 빅데이터의 정의

빅데이터는 데이터의 양이나 규모가 매우 크고 많아서 기존의 데이터 관리 방법으로 데이터의 수집·저장·분석이 어려운 비정형 및 정형 데이터를 뜻한다. 기업들은 빅데이터 플랫폼으로 빅데이터를 수집, 저장, 처리, 관리할 수 있다. 정보의 홍수 속에서 이제 빅데이터는 새로운 '원유'라는 평가를 받고 있다. 4차 산업혁명 시대에 기업에 가장 중요한 자산은 데이터이며 이를 관리하고 가치를 창출하는 것이 필요하다.

2) 빅데이터와 전자무역

이철웅(2014)은 전자무역 시스템 분석을 통해 빅데이터 분석 모델과 결합 가능한 방안을 제시하였으며 빅데이터를 활용한 모든 무역 프로세스가 단일화된 전자무역 시스템 모델을 구축하였다.[121] 국내에는 은행, 관세청, 한국무역협회 등 기관 중심의 무역 빅데이터 활용사례가 있고, DHL과 Import Genius 등 외국 기업들의 무역 빅데이터 활용사례에서는 무역통계의 고도화, 무역금융 사기의 예방, 접근이 어려웠던 유통업체·바이어·거래량 등 정보를 파악할 때 빅데이터를 활용하고 있다.[122] KOTRA(대한무역투자진흥공사)는 빅데이터 플랫폼을 구축하여 데이터 중심 무역진흥기관으로 변화할 계획을 수립하였다.

---

120 전자무역에서 빅데이터의 활용에 관해서는 제8장에서 자세히 다룬다.

121 이철웅, "글로벌 온라인 비즈니스를 위한 빅데이터 활용에 대한 연구: 전자 무역을 중심으로", 한성대학교 대학원 학위논문, 2014.

122 이호형, "전자무역 분야 빅데이터 활용 사례연구", 「정보화연구」, 제15권 제2호, 한국엔터프라이즈아키텍처학회, 2018, pp. 179-186.

제3절 무역절차별 4차 산업혁명 적용

1. 무역계약에서 블록체인 스마트 계약 적용

1) 스마트 계약의 이해

스마트 계약(Smart contract)은 블록체인 기술을 기반으로 계약 조건을 코딩하고, 프로그래밍이 된 조건에 들어맞으면 자동으로 계약 내용이 이행되는 계약 방식이다. 계약이 체결된 후 계약이 이행되기까지 수많은 문서가 필요했던 기존 계약 방식은 스마트 계약으로 혁신되고 있다.

일종의 '자동화 계약' 시스템인 스마트 계약을 통해 사람들은 주식, 부동산 등 다양한 거래를 할 수 있고 제삼자 없는 당사자 간 거래가 가능하다. 블록체인 기술이 각종 비즈니스에 확장되는 것은 스마트 계약을 통해 가능해졌다.

2) 스마트 계약의 활용사례

증권업계가 발 빠르게 움직이고 있는데 증권 거래에 스마트 계약을 도입하면 자동화된 거래가 가능하다. 나스닥의 경우 전문 투자자를 위한 장외시장 거래에 스마트 계약을 적용했다. 의료정보 블록체인에 스마트 계약을 도입하는 아이디어도 있다. 의료진이 원하는 의료 데이터를 플랫폼에서 검색해 구매를 의뢰하면 스마트 계약을 통해 데이터 소유자가 자기 의료 데이터를 판매하는 것이다.

3) 무역 스마트 계약 사례

무역업계에서도 스마트 계약이 주목받고 있다. 글로벌 무역 분야는 수출업자, 수입업자, 유통업자, 소매업자, 선사 등 관련된 참여자가 많아 특히 프로세스가 복잡하다. 거래비용이 증가하고, 무역 프로세스 참여자 간의 정보가 실시간으로 공유되기 어렵다. 해상운송을 위해 많은 기관에서 승인이 필요하고, 수많은 커뮤니케이션 과정이 필요하며, 무역서류 처리 비용도 증가한다.

이 과정을 스마트 계약으로 처리하면 무역절차, 무역대금 결제 등의 계약이행이 스마트 계약에 따라 자동으로 진행되고, 글로벌 공급망에서 물류 정보도 실시간으로 확인할 수 있다. 글로벌 컨테이너 물류 분야 1위 기업인 덴마크의 'Maersk Line'은 스마트 계약 기반의 물류 시스템 도입에 적극적이다. 2018년에 IBM과 합작회사를 설립해서 시스템 상용화에 앞장섰다. 또한, 스위스 해운사 'MSC'와 프랑스 해운사 'CMA CGM'이 함께 스마트 계약 기반 물류 시스템을 추진하고 있다.

4) 무역 스마트 계약 활성화 과제

무역거래에서 블록체인의 등장은 무역서류의 보안성 강화, 무역절차의 간소화·자동화, 물품 및 정보의 가시성·추적성 제공, 무역계약의 스마트화 등 획기적인 무역거래 절차 변화를 가져올 것으로 기대된다.[123] 무역거래에서 블록체인 기반 스마트 계약을 적용하기 위해 많은 과제가 존재

---

123 임천혁, "블록체인 기술을 활용한 국제무역 활성화 방안에 관한 연구", 「무역상무연구」, 제85권, 한국무역상무학회, 2020, pp. 49-71.

하는데, 가상화폐 규제, 스마트 계약의 법적 효력, 거래생태계 마련 등이 있다.[124]

비트코인 거래소와 중개업자 등을 연계하여 무역거래 형태와 규모를 확장할 가능성이 있고 블록체인을 활용하여 스마트 계약을 한다면 무역 프로세스의 변화도 예상되므로 이에 대비한 무역거래 법규 및 행위를 다룰 수 있는 연구가 필요하다.[125] 스마트 계약과 블록체인 때문에 국제분쟁이 발생하였을 때 국제적인 통일법 제정 등 해결 방법은 없으므로 계약당사자 간 사전합의가 없다면 국제사법 규정으로 해결해야 한다.[126] 무역거래에서 스마트 계약 때 중재와 같은 ADR 체제를 스마트 계약의 블록체인 분산원장에 기록할 수 있다.[127] 블록체인과 관련된 법규상의 미비점 등이 보완되면 스마트 계약에 의한 무역이 활성화될 것으로 예상한다.[128]

---

124 이기영, 김철호, "A Study on the Application of Smart Chain based on Block Chain to International Commerce Transaction", 「국제상학」, 제33권 제4호, 한국국제상학회, 2018, pp. 45-63.

125 김재성, 임성철, "국제 무역거래에서 블록체인의 활용 가능성에 관한 연구", 「무역상무연구」, 제75권, 2017, pp. 37-158.

126 한종규, "블록체인 기술을 기반으로 한 스마트계약의 법적 쟁점 연구 - 국제사법 쟁점을 중심으로", 「상사법연구」, 제37권 제3호, 한국상사법학회, 2018, pp. 421-463.

127 조현숙, "무역거래에서 스마트계약의 법적 고찰", 「통상정보연구」, 제21권 제3호, 한국통상정보학회, 2019, pp. 111-128.

128 유광현, 김종권, "블록체인 근거 기술에 의한 무역활성화와 촉진 가능성에 대한 고찰", 「무역상무연구」, 제85권, 한국무역상무학회, 2020, pp. 27-47.

2. 관세·통관 분야의 4차 산업혁명 적용

1) 관세청의 Smart 관세행정 추진

관세청은 관세행정에 4차 산업혁명 기술을 적용하는 데 적극적이다. 전자상거래의 큰 확대로 무역 규모가 급격히 늘어나고 통관절차를 악용하는 불법 행위도 늘어나고 있다. 하지만 지금의 세관 담당 인력과 기존 대응방식만으로는 한계가 있다. 빅데이터, 인공지능(AI), 블록체인 기술에 기반을 둔 스마트 통관체제를 구축하면 4차 산업혁명 시대에 걸맞은 관세행정이 실현될 수 있다.[129]

관세청의 새로운 정보화 비전인 '데이터로 소통하는 Smart 관세행정'은 '유연성, 활용성, 기술주도, 전문성, 안전성, 효율성' 6대 핵심 가치를 기반으로 하여 '도움을 주는, 데이터 기반, 신기술 적용, 대국민 중심'의 4대 추진 전략을 통해 실현되고 있다.[130] 관세행정을 접목한 ICT 신기술 및 업무영역은 첫째, 빅데이터 분석을 통한 데이터 기반의 과학적 관세행정 구현, 둘째, 인공지능(AI)을 통한 문제 분석·해결 및 의사결정 지원, 셋째, 블록체인 기술을 활용한 통관체계 혁신, 국가 간 자료교환 고도화 등이다.[131]

---

129 이명구, 이은재, "4차 산업혁명기술을 적용한 관세행정 개선방안에 관한 연구", 「관세학회지」, 제19권 제1호, 한국관세학회, 2018, pp. 3-24.

130 최영환, "4차 산업혁명 대응을 위한 관세행정 중장기 정보화전략계획", 한국관세학회 학술대회, 2018, pp. 115-134.

131 김종렬, "4차 산업혁명 신기술의 관세행정 접목 현황", 한국관세학회 학술대회, 2018, pp. 135-141.

2) 관세행정에 빅데이터 분석[132]

관세청은 '빅데이터추진단'을 출범하여 지능형 관세 국경 안전관리 강화를 선언했다. 빅데이터추진단은 특정 사업분야별 태스크포스로 추진하고 있는 빅데이터, 인공지능(AI) 등 4차 산업혁명 관련 기술과제를 관세청에서 통합 총괄하는 역할을 맡는다.

관세청은 인공지능(AI) 기술을 활용해 전자통관시스템인 유니패스(UNI-PASS) 수출입 관련 데이터를 한 곳에서 통합·가공·분석할 수 있는 'BIG AI' 모델을 개발했다. 현재 수입통관 절차에서 사실상 전량검사는 불가능하므로 통계나 정보 분석을 통해 지정된 우범화물과 무작위로 선정된 일부 화물만 검사한다. 그러나 빅데이터 분석으로 수출입자의 과거 전력이나 화물의 성격상 범죄 가능성 등을 미리 분석해 놓으면 우범화물 선별의 정확도를 크게 높일 수 있다. BIG AI는 위험화물 선별, 우범여행자 모니터링 등 개별정보 분석을 통합해 수출입과 관련된 위험요인의 징후를 감지하고 신속한 대응에 필요한 정보를 분석한다.

3) 관세행정에 인공지능(AI) 활용[133]

통관검사에 인공지능(AI)을 활용하면 더욱 정확하고 빠르게 X레이 판독이 가능해진다. 전자상거래 수출입 검사에는 인공지능(AI)이 필수적이다. 인공지능(AI)의 딥러닝에 기반한 X레이 판독기술은 불법·유해 물품 반입 차단에 효과적이다. 전자통관심사와 인공지능(AI) 엑스레이 등에 적

---

132 한국무역신문, "관세청, 4차산업과 만나다… 통관에 AI접목", 2020.07.14.
133 한국일보, "4차산업혁명 기술 접목 나선 관세청", 2018.04.19.

용하였던 빅데이터와 인공지능(AI) 기술은 이제 모든 업무로 확대한다.

수출기업 제출 서류를 인공지능(AI)으로 분류·인식해 FTA 업무를 빠르게 처리할 수 있는 원산지증명서 인공지능(AI) 인식 활용 기능, 해외직구 통관 질문에 실시간으로 답변하는 인공지능(AI) 상담 챗봇, 인공지능(AI) 학습으로 HS 코드 분류 추천 등을 포함해 많은 기능이 개발되고 있다.

4) 통관·물류 혁신에 블록체인 기술 접목

이명구(2019)의 연구에서는 블록체인 기술의 관세행정 적용을 위한 표준 프레임워크 수립, 민·관 블록체인 관세행정을 위한 자문위원회 설치, 데이터 표준통합, 법·제도적 정비 등을 제안하였다.[134]

관세청은 블록체인 기반의 '전자상거래 물품 개인 통관 시스템'을 개발하였다. 기술성 검증을 마친 후 통관 서비스에 실제 적용할 수 있는 시스템을 개발하였다. 운송업체나 전자상거래업체는 관련 업무가 자동화되어 업무량이 줄어들고, 통관에 걸리는 시간도 반나절 이상 줄어든다. 통관 과정이 투명해짐에 따라 세관은 허위신고·저가신고 등으로 인한 문제를 줄일 수 있다. 해외에서 주문한 화물의 위치정보를 일반 이용자도 실시간으로 조회할 수 있다.

관세청은 이 서비스를 수출통관 물류 서비스와 FTA 원산지증명서 교환시스템에도 적용한다. 수출신고에 필요한 첨부서류들이 블록체인에

---

134 이명구, "블록체인 기반 관세행정 플랫폼 구축을 위한 개선방안 연구", 「e-비즈니스연구」, 제20권 제3호, 국제e-비즈니스학회, 2019, pp. 107-121.

저장되면 모든 관련자에게 공유되므로 위·변조가 불가능하다. 정보의 신뢰성과 정확성이 확보되면 밀수나 무역금융 사기가 불가능해진다.

5) 입체적 종합감시체제 구축

관세청은 IoT(사물인터넷) 기반 관세행정 플랫폼을 구축하였다. 전자통관시스템을 기반으로 빅데이터, 클라우드, 인공지능(AI) 통관심사·검사, 물류 공급망 블록체인 등을 IoT(사물인터넷)로 연결한 관세행정 통합시스템을 구축하여 시너지 효과를 극대화할 수 있다.

관세 국경관리 강화를 위해 지능형 CCTV(폐쇄회로 텔레비전)와 드론(무인 비행체) 등을 활용한 입체적 종합감시체제를 구축하였다. 경비정으로 넓은 관세 국경을 감시하는 체제였지만 지능형 CCTV와 드론을 융합하여 적은 인원 투입으로도 국경감시가 수월해졌다. 안전한 관세 국경관리를 위해서는 인공지능(AI)으로 수출입 관련 위험 정보를 예측하고, 예측된 정보를 다른 정부 기관과 공유하는 데이터 협력도 확대한다.

3. 국제물류 분야의 4차 산업혁명 적용

1) 물류 4.0 시대

4차 산업혁명에 맞춰 인공지능(AI)과 로봇을 중심으로 한 물류 4.0이 물류산업의 중심으로 자리를 잡고 있다. 원가절감에 치중했던 과거의 물류 서비스와 달리 고객에게 핵심 경쟁력을 제공하기 위한 전략적 도구로 물류가 주목받는 시대에 진입했다.

물류산업에서 전통적으로 성과를 측정하는 주된 지표는 비용이다. 기업이 물류 서비스를 선택할 때 제일 먼저 고려하는 요인이 비용이다. 소비자는 물류 서비스의 품질을 선호한다. 소비자에게는 주문한 제품이 안전하고 빠르게 도착하는 것이 중요하다. 차세대 물류에서 고민할 것은 비용을 낮추며 동시에 고객에게 제공되는 물류 서비스의 품질을 향상하는 것이다. 인건비는 물류비에서 큰 부분을 차지한다. 그러므로 로봇 기술은 물류 업계에서 일찍부터 활용된 것이다. 인공지능(AI)이 로봇에 이식되면 물류 작업의 효율성과 생산성이 높아질 것이다. 표준화된 환경에서 IoT(사물인터넷)로 자료를 수집할 수 있고 인공지능(AI)을 장착한 로봇의 투입이 물류 4.0시대에 물류 업계가 추구하는 방향이 될 것이다.

2) 국제물류 분야의 4차 산업혁명

4차 산업혁명 신기술들이 적용되어 물류산업의 시간과 비용이 절감되고, 기술집약적, 자본 집약적 산업으로 변화하고 있으므로 물류 환경의 디지털화, 기술경쟁력 확보, 신기술 인력양성이 이루어져야 한다.[135] 변대호(2019)의 연구에서는 4차 산업혁명으로 물류 환경이 스마트 물류로 전환되고 있으므로 국내외 물류 분야 사례를 통해 스마트 물류의 키워드를 도출 후 빅데이터 트렌드 분석하여 우선순위를 도출하였다.[136] 컨설팅과 ICT 기능이 결합한 4자 물류 기능은 4차 산업혁명의 촉매가 될 수 있다.[137]

---

135 신현주, "4차 산업혁명 기반 물류기술의 활용 동향에 대한 연구", 「e-비즈니스연구」, 제21권 제2호, 국제e-비즈니스학회, 2020, pp. 17-27.

136 변대호, "한미간 스마트 물류를 대표하는 키워드 트렌드 비교연구", 「e-비즈니스연구」, 제20권 제3호, 국제e-비즈니스학회, 2019, pp. 3-20.

137 손승표, "FTA를 활용한 서비스무역 경쟁력 제고방안 연구 - 물류산업을 중심으로",

4차 산업혁명이 확산하며 해상 물류 분야에도 혁신이 일어나 자율운항 선박의 개발이 확산하고 있으므로 우리나라도 이에 부합하는 법제도, 정책, 사회적 합의, 기술 등에 대한 논의가 필요하다.[138] 물류 선진국들이 항만 자동화와 함께 디지털화·스마트화를 본격적으로 추진하는 것에 반해 우리나라 항만물류는 취약하므로 4차 산업혁명 기술 수준을 높이는 방안이 필요하다.[139] 이를 위해 국가적인 중장기 정책 추진이 중요하며 IoT(사물인터넷)와 빅데이터 기술을 먼저 도입 후 블록체인 시스템을 구축하면 항만 운영관리에 소통과 비용 절감의 효과가 있을 것이다.[140]

3) 블록체인 물류 플랫폼

글로벌 물류기업들은 각 나라의 제조업체, 공급업체, 운송업체와 거래하고 있으므로 블록체인을 물류 플랫폼으로 도입하기 위해 조직적으로 연대하고 있다. 물류는 계약에서부터 운송, 보관, 통관을 거쳐 최종 소비자에게 제품이 전달되기까지 복잡한 단계를 거쳐야 한다. 블록체인으로 물류를 관리하면 효율적으로 화물을 추적할 수 있다. BiTA(블록체인운송연합, Blockchain in Transport Alliance)는 다임러(Daimler), 페덱스(FedEX), UPS, 파날피나(Panalpina) 등 글로벌 운송회사부터 마이크로소프트(Microsoft), SAP, 구글(Google) 등 글로벌 정보통신 기업들도 참

「통상정보연구」, 제18권 제2호, 한국통상정보학회, 2016, pp. 151-167.

138 이재영, "자율운항선박의 개발동향 및 쟁점분석을 통한 정책적 제언", 「해운물류연구」, 제102권, 한국해운물류학회, 2019, pp. 73-91.

139 이언경, 이수영, "4차 산업혁명시대 국내 스마트항만 수준 측정과 비교분석", 「해운물류연구」, 제103권, 한국해운물류학회, 2019, pp. 323-348.

140 김학소, "The Countermeasure of Korean Port Logistics Industry in the Era of 4th Industry Revolution", 「국제상학」, 제33권 제4호, 한국국제상학회, 2018, pp. 239-254.

여하는 거대 연맹으로 성장했다.

세계 최대의 해운 그룹 머스크(Maersk)는 IBM과 함께 해상 화물의 이동 정보를 공유할 수 있는 블록체인 기반 물류 플랫폼인 TradeLens를 만들었다. 식료품을 취급하는 대형 유통기업인 월마트, 네슬레, 까르푸 등도 IBM의 블록체인 플랫폼으로 상품 이력을 추적하고 있다. 원산지 정보는 기본이고 생산공장 및 가공 관련 정보, 운송 상태 등 생산자에서 소매점에 이르는 모든 과정을 블록체인에서 실시간으로 기록하고 소비자와 공유할 수 있다.

독일에 본사를 둔 세계적인 종합물류기업 DHL은 블록체인을 다음과 같이 전망했다. 자산관리, 스마트 거래, 투명성, 보안 등 다양한 영역에서 블록체인이 공급망을 혁신할 것이다. 생명과학 및 제약 분야에서 만연하는 위조품을 퇴치하는 데 블록체인이 큰 역할을 할 수 있을 것이다. DHL은 실제로 코로나19 진단키트와 백신 운송에 블록체인 기술을 도입해 안전성을 높였다. 또한, DHL은 공급망 전체에서 의약품을 추적할 수 있도록 블록체인 시스템을 구축 중이다.

토의문제

- 4차 산업혁명이 무역에 미칠 영향에 대해 실현 가능성의 측면에서 반박하시오.
- 스마트공장의 확대가 무역에 미칠 영향에 대해 추가로 조사하여 설명하시오.
- 인공지능(AI)이 거래처를 찾고 무역 사기를 차단할 수 있는 아이디어를 가지고 토론하시오.
- 스마트 계약이 무역거래에 어떻게 적용될 수 있는지 구체적 방법을 조사하고 설명하시오.
- 무역업무에 4차 산업혁명이 적용되는 사례를 추가로 조사하시오.

7장

블록체인과 전자무역

학습 목표

- 블록체인의 작동 원리와 종류, 솔루션에 대해 이해한 후 블록체인을 활용할 수 있는 분야를 파악할 수 있다.
- 블록체인을 통한 스마트 계약의 작동 원리와 장단점에 대해 이해한 후 스마트 계약을 적용한 사례를 파악할 수 있다.
- 블록체인의 작동 원리와 종류, 솔루션에 대해 이해한 후 블록체인을 활용할 수 있는 전자무역 분야를 파악할 수 있다.

학습 목차

7장 블록체인과 전자무역

제1절 블록체인의 이해

1. 블록체인이란 무엇인가?

1) 정의와 탄생 배경

블록체인은 거래 내역을 공개 장부에 투명하게 기록하고 이를 복사해 수많은 컴퓨터에 저장하는 기술이다. 거래 참여자의 컴퓨터는 실시간으로 거래 기록을 확인하여 해킹을 방지할 수 있다. 데이터가 블록(block)에 저장되고 체인(chain) 형태로 연결되기 때문에 블록체인이라고 한다.

블록체인은 중앙집중형 서버에 기록을 보관하지 않고 거래참여자 모두에게 거래내용을 보내준다. 모든 거래참여자가 거래할 때마다 정보를 공유하고 대조하므로 51% 이상의 거래참여자를 매수하지 않는 이상 데이터 위조나 변조를 원칙적으로 할 수 없다.

사토시 나카모토(정체를 알 수 없음)가 2008년에 블록체인 기술을 고안했다. 블록체인 기술을 적용한 세계 최초의 암호화폐인 비트코인은 2009년에 사토시 나카모토가 개발했다. 비트코인 이후 수많은 블록체인 기반 암호화폐가 등장했다. 암호화폐는 블록체인 기술로 암호화되어 분산 발행되는 전자정보로, 특정 네트워크에서 화폐로 사용할 수 있는 일종의 가상화폐이다. 암호화폐는 유통 수단이나 지불 수단으로서 기능하는 화폐가 될 수 있을지 논란이 많으며 암호화폐와 관련한 범죄가 발생해서 문제가 되고 있다. 그러므로 암호화폐와 블록체인 기술은 다른 범주로 이해해야 하며 블록체인 기술의 장점과 폭넓은 활용 가능성에 대해 우리는 주목해야 한다.

2) 분산원장(distributed ledger)

분산원장은 디지털 데이터의 복제, 공유, 동기화에 대한 합의 기술이다. 공유원장 또는 분산원장 기술로 불리기도 한다. 데이터들은 분산원장을 통해 지리적으로 여러 국가, 여러 기관, 여러 사이트에 분산될 수 있다. 분산원장은 블록체인 기술의 핵심이다. 그러나 분산원장 기술은 저장장치를 동시에 수평적으로 연결한다는 점에서 블록체인 기술과 다르다. 블록체인은 그런 분산원장을 구현하기 위한 하나의 데이터 구조일 뿐이다. 모든 블록체인은 분산원장이지만 모든 분산원장이 블록체인은 아니다.

분산원장의 장점은 중앙집중형 방식보다 높은 보안성, 효율성, 시스템 안정성, 투명성이다. 기존 시스템은 인증과 데이터 거래 증명을 위한 중간 매개체 또는 인증기관이 필요했다. 그러나 분산원장은 사용자가 거래내역을 직접 공유할 수 있는 시스템이라는 특징이 있다. 이러한 특성으로 인해 중앙 집중식 시스템을 관리하는 데 드는 비용이 절감되고 거래정보가 분산 저장되므로 해킹 및 위조 위험도 낮아진다. 비용 절감 대책과 운영 위험을 줄이기 위한 목적으로 은행들이 분산원장 기술에 많은 투자를 하고 있다.

그림1 분산원장과 블록체인 비교

3) 장단점

블록체인 기술의 탄생은 다양한 산업에 많은 이점을 가져왔고 신뢰할 수 없는 환경에서 향상된 보안을 제공한다. 블록체인 데이터는 수많은 장치에 저장되기 때문에 악의적인 공격에 대비할 수 있다. 일부 사용자가 오프라인 상태가 되어도 전체 네트워크의 작동과 보안에 영향을 미치지 않는다. 블록체인에 등록된 데이터는 삭제나 변경이 매우 어려우므로 사기 행위가 방지된다. 블록체인 시스템은 중개자와 제삼자를 제외하므로 전체 거래비용과 수수료를 줄일 수 있다.

그러나 분산된 특성에는 몇 가지 단점도 있다. 전통적인 중앙 집중식 데이터베이스와 비교하여 블록체인은 효율이 제한되며 더 많은 저장용량이 필요하다. 전체의 필요 때문에 블록체인에 등록된 데이터를 삭제하거나 변경하려고 해도 처리하기가 어렵다. 각 사용자에게 블록체인에 접근할 개인 키를 주는데 개인 키를 잊어버리면 해결할 방법이 없다. 비트코인 같은 가상화폐 채굴에 많은 에너지를 소비하는 것은 사회 문제가 되고 있다. 블록체인 원장은 시간이 흐를수록 용량이 커진다. 사용자가 늘어나면 각자 엄청난 저장 공간이 필요할 수 있다.

2. 블록체인의 종류

블록체인은 퍼블릭(public) 또는 프라이빗(private) 블록체인으로 나눌 수 있다. 두 가지의 차이를 알면 기업들이 왜 기존의 비트코인 또는 이더리움을 사용하지 않고, 독자적인 블록체인을 개발하여 사용하려 하는지 이해할 수 있다.

1) 퍼블릭 블록체인(public blockchain)

누구나 참여할 수 있는 퍼블릭 블록체인은 개방형 블록체인, 공공 블록체인, 무허가형 블록체인(permissionless blockchain)이다. 어떤 중앙 조직의 승인 없이도 누구든지 인터넷에 연결된 스마트폰, 노트북, PC, 서버컴퓨터, 채굴기 등 다양한 기기로 접속하여 블록체인 네트워크에 참여할 수 있다.[141]

141 이동은, "블록체인 기술의 활용이 국제무역거래에 미치는 영향에 관한 연구", 성균관대학교 일반대학원 박사학위 논문, 2021.

비트코인, 이더리움, 비트코인캐시, 이오스, 모네로 같은 암호화폐(가상통화)가 대표적이다. 블록체인 원장의 기록을 생성하고 관리하기 위해 비용이 필요하다. 퍼블릭 블록체인 참여자들은 컴퓨터 작업에 따른 비용을 보상받을 수 있다. 새로운 블록이 생성(또는 채굴)될 때마다 발행되는 암호화폐를 받는다. 암호화폐는 거래되는 경우가 많다. 퍼블릭 블록체인에서 암호화폐를 지급하지 않거나 암호화폐의 가치가 사라지면 블록체인 네트워크 참여자들이 받을 경제적 보상이 없어서 블록체인 네트워크가 붕괴할 가능성이 생긴다.

거래가 많아지면 속도가 느려지는 단점이 있다. 비트코인의 경우 한 블록의 크기가 1MB로 고정되어 있으므로 10분에 최대 2,000건의 거래만 기록할 수 있다. 10분 사이에 2,000건을 초과하는 거래가 발생할 경우, 해당 거래내용이 1MB 블록 안에 기록되지 못할 수도 있다.

익명으로 거래할 수 있어서 편리하지만, 범죄에 악용될 수 있다. 블록체인 안에서는 거래 당사자의 계약 사실만 기록된다. 정당한 거래인지 또는 해킹으로 조작된 거래인지 외부적으로는 검증할 방법이 없다. 부당한 거래가 적발되어도 해당 거래를 취소할 방법도 없다. 그래서 해커와 범죄조직이 블록체인 암호화폐를 불법 자금을 세탁하는 데 악용하고 있다.

블록체인 기술을 개발하기 위한 적절한 도구(tool)가 부족하다. 이더리움은 스마트 계약을 구현하기 위한 개발 과정에서 기술적 제약을 인정했다. 블록체인 개발자들이 원하는 기능을 구현할 수 있는 표준 프레임워크가 퍼블릭 블록체인에도 필요하다. 하지만 리눅스재단(Linux Foundation)의 하이퍼레저(Hyperledger) 등은 초보적인 단계에 불과하여 사실상 개발이 중단되었다.

2) 프라이빗 블록체인(private blockchain)

미리 정해진 개인이나 조직만 참여할 수 있는 폐쇄형 블록체인 네트워크인 프라이빗 블록체인은 기업 또는 기관이 운영한다. 허가형, 사적, 폐쇄형, 기업형 블록체인 또는 엔터프라이즈(enterprise) 블록체인이라고 한다. 기본적으로 모든 장부에 대한 열람이 가능하지만, 구성원에 따라 특정 자료는 기록 및 수정을 할 권한을 지정할 수 있다. 공공기관에서 활용하기에 적합하다.

표7 블록체인 유형별 주요 특징

구분	퍼블릭 블록체인	프라이빗 블록체인
속도	느림(7~20 TPS)	빠름(1000 TPS 이상)
권한	모든 참여자가 읽기, 쓰기, 합의 등 권한 보유	구성원에 따라 사용 가능한 권한 지정 가능
사례	비트코인(가상통화), 이더리움(가상통화/스마트 계약)	코다(금융), 하이퍼레저(범용)

출처 : 신뢰할 수 있는 4차 산업혁명을 구현하는 「블록체인 기술 발전전략」, 과학기술정보통신부, 2018.

프라이빗 블록체인은 신뢰할 수 있는 제한된 참가자끼리의 거래를 승인한다. 그러므로 거래 알고리즘이 퍼블릭 블록체인에 비해 간단하다. 블록체인 네트워크에 참여하는 데 보상이 필요 없다. 정보의 외부 유출을 원하지 않고 처리 속도를 중요하게 여기는 기업을 중심으로 프라이빗 블록체인이 개발되고 있다. 고도의 보안이 필요한 정부에서도 주로 프라이빗 블록체인 도입을 추진하고 있다.

프라이빗 블록체인에서도 암호화폐를 발행할 수는 있다. 하지만 외부의 암호화폐 거래소에 유통하기 어려우므로 블록체인 내부 정산 및 해당 블록체인 서비스 이용에 암호화폐를 제한적으로 사용할 수 있다. 국제 송금을 위한 ripple은 프라이빗 블록체인이지만 암호화폐를 발행한 사례에 해당한다.

하이퍼레저 패브릭(Hyperledger Fabric), R3(블록체인 컨소시엄)의 분산원장 코다(Corda) 등이 프라이빗 블록체인의 좋은 사례이다. LG CNS의 기업용 블록체인 모나체인(Monachain)도 해당된다.

프라이빗 블록체인은 저렴하고 빠른 거래처리 속도가 장점이다. 프라이빗 블록체인은 소프트웨어 업데이트가 가능하다. 기업이나 금융기관은 자신들의 블록체인을 개발하여 독자적인 프라이빗 블록체인을 구축하려고 한다. 프라이빗 블록체인은 권한을 허가해 주는 중앙이 필요하므로, 이 중앙의 투명성과 신뢰도에 따라 블록체인 네트워크의 성격 자체가 바뀔 수 있다. 그래서 프라이빗 블록체인은 진정한 블록체인이 아니라는 주장도 있다.

3. 블록체인 솔루션

기업들이 블록체인을 활용하기 위해 다양한 시도를 하면서 퍼블릭 블록체인의 단점을 발견하였다. 그래서 프라이빗 블록체인 또는 하이브리드 블록체인 방식을 비즈니스에 적용하려고 한다. 대표적인 블록체인 솔루션은 하이퍼레저(Hyperledger)와 엔터프라이즈 이더리움(Enterprise Ethereum)이 있다.

1) 하이퍼레저(Hyperledger)

하이퍼레저는 스마트 계약을 구현할 수 있는 블록체인 프로젝트이다. 리눅스재단(Linux Foundation)이 시작하여 세계 유명 기업들이 공동으로 참여하고 있다. 패브릭(Fabric)은 하이퍼레저 프로젝트 중 가장 호환성이 높게 진행 중인 스마트 계약 프로젝트로 IBM이 주도하고 있다.

하이퍼레저는 프라이빗 블록체인 기술의 표준으로 자리를 잡았다. 기업 비즈니스를 구현하기에 적합한 블록체인 플랫폼이며, 여러 산업에 범용적으로 도입할 수 있는 기술 표준을 제시하는 블록체인 플랫폼이다.

2) 엔터프라이즈 이더리움(Enterprise Ethereum)

이더리움(Ethereum)은 퍼블릭 블록체인 플랫폼이면서 암호화폐이다. 비트코인을 1세대 블록체인으로 간주하고 이더리움을 2세대 블록체인이라고 한다. 비트코인은 화폐의 기능에 집중하지만, 이더리움은 블록체인을 기반으로 다양한 분야에 접목할 수 있게 확장성을 제공한다. 거래나 결제는 기본이고 계약서, SNS, 이메일, 전자투표 등 애플리케이션을 투명하게 운영할 수 있다. 엔터프라이즈 이더리움은 이러한 이더리움 블록체인 플랫폼을 기업환경에서 사용하는 것을 목표로 한다. EEA(Enterprised Ethereum Alliance)라는 조직을 구성하여 이더리움 기반의 블록체인 기술을 함께 개발하고 있다. 마이크로소프트, 인텔, 삼성SDS, SK텔레콤 등 세계적 대기업들이 EEA에 많이 가입하여 기업들을 위한 블록체인을 설계하고 있다.

3) R3의 분산원장 코다(Corda)

R3는 국제 금융 서비스 개발 스타트업에서 80개 이상의 은행이 참여

하고 있는 세계 최대의 블록체인 컨소시엄으로 발전하였다. 코다(Corda)는 R3가 만든 분산원장 기술이다. 코다 자체는 블록체인보다 더 큰 개념인 분산원장 기술이다. 코다는 블록체인의 장점을 대부분 적용할 수 있다. 코다는 금융산업에 최적화된 분산원장 기술로 이해할 수 있다. 국제은행 통신표준인 스위프트(SWIFT)에서 코다 플랫폼을 통해 GPI(Global Payments Innovation)를 구현할 정도로 무역금융 업계가 코다 플랫폼을 널리 채택하고 있다.

4) 넥스레저(Nexledger)

삼성SDS의 자체 블록체인 플랫폼이다. 넥스레저는 블록체인의 장점인 인증과 보안성을 강화하는 동시에 스마트 계약, 실시간 대량 거래처리, 관리 모니터링 등을 구현했다. 넥스레저를 기반으로 국내 물류 관련 기업과 기관이 참여하는 '해운물류 블록체인 컨소시엄'이 시범 운영 중이다. 넥스레저는 퍼블릭 블록체인과 프라이빗 블록체인의 중간 형태로 컨소시엄 블록체인(Consortium Blockchain)이다. 이더리움처럼 퍼블릭 블록체인임에도 거래 시스템을 구축할 수 있는 모델을 재구성하였다.

4. 블록체인의 활용 분야

블록체인에 저장할 수 있는 정보가 다양하므로 블록체인을 활용하는 있는 분야도 확장되고 있다. 블록체인은 암호화폐에 주로 사용되었지만, 전자결제, 디지털 인증 등 신뢰성이 요구되는 모든 분야에서 활용 가능하다. 화물 추적 시스템, 원산지에서 유통까지의 프로세스 추적, 예술 작품의 감정, 차량 공유, 의료 기록의 관리 및 공유, 전자 시민권 발급, 전자 투표, 부동산 등기부, 위조 화폐 방지, P2P[142] 대출 등이 사용 사례가 될 수 있다.

1) 문서관리

블록체인 기술을 활용하면 정부, 기업, 의료기관, 교육기관 등에서 발급하는 문서를 안전하게 위변조 없이 관리할 수 있다. 정부에서 발급하는 주민등록증, 운전면허증, 가족관계증명서, 여권, 출생증명서, 인감증명서, 등기부 등본 등이 있다. 기업에서 발급하는 각종 계약서, 재직증명서, 경력증명서, 급여명세서와 교육기관에서 발급하는 재학증명서, 졸업증명서, 성적증명서 등이 있다. 의료기관에서 발급하는 의약품처방전, 진료영수증, 진료기록, 진단서 등 각종 서류를 블록체인에서 안전하게 관리할 수 있다.

행정안전부와 경찰청은 모바일 운전면허증을 도입했고 병무청은 e-병무지갑을, 부산광역시는 모바일 시민증 서비스를 시작하였다.

2) 의료정보관리

블록체인 기술을 활용하면 개인 의료정보를 통합 관리할 수 있다. 암호화된 개인 의료정보를 블록체인에 저장해 두면 블록체인에 가입한 병원, 약국, 의료정보 필요 기관에서도 공동 활용할 수 있다.

메디블록은 별개의 의료기관에 분산되어 있던 환자의 의료기록들을

---

142 인터넷에서 개인과 개인이 직접 연결되어 파일을 공유하는 것(두산백과)

블록체인을 통해 접근할 수 있는 통합 의료정보 시스템을 구축하고 있다. 하지만 아직 의료 데이터를 블록체인 기술에 연결하는 것이 법적으로 불가능하고 의료기록은 저장용량이 크므로 블록체인의 전체 저장용량에 부담을 줄 수 있다.

3) 저작권관리

블록체인 기술을 활용하면 영화, 동영상, 음악, 미술, 사진, 프로그램 소스, 웹툰, 전자책 등 다양한 콘텐츠에 대한 저작권을 보호하고 관리할 수 있다. 저작권을 이용하는 정보를 블록체인에 기록하면 기존의 콘텐츠 유통망을 거치지 않고 블록체인 안에서 저작물 관리와 투명한 수익분배를 보장받을 수 있다.

코닥의 '코닥원(KodakOne)'은 디지털 이미지를 중심으로 저작권자의 동의 없이 사용된 이미지에 대해 저작권자의 권리와 저작권료를 회수한다. 자신의 사진이나 작품을 코닥원 블록체인에 저장하면 허가 없이 사용하거나 판매하는 것이 거의 불가능해진다. 거래, 통합 관리 등의 포털 서비스가 가능하도록 구축되었으며, 사용자가 지속적으로 증가하고 있다.

4) 소셜미디어 관리

블록체인 기술을 활용하면 소셜미디어 플랫폼을 만들고 관리하는 것도 가능하다. 대부분 소셜미디어 플랫폼에 콘텐츠를 올려도 금전적 대가를 받을 수 없다. 하지만 콘텐츠 제작자가 암호화폐로 대가를 받을 수 있는 블록체인 기반의 소셜미디어가 있다.

스팀잇은 블록체인 기반 블로그 및 소셜미디어 서비스를 제공하는 웹사이트이자, 소셜 네트워크 서비스이다. 암호화폐 중 하나인 STEEM을 기반으로 운영되는 블록체인 SNS이다. 콘텐츠 제작자는 콘텐츠에 대한 upvoted(좋아요)의 합계인 Steem Power에 비례하여 STEEM 암호화폐를 보상으로 받는다. STEEM 코인은 암호화폐 거래소를 통해 교환할 수 있다.

5) 게임 아이템 관리

블록체인 기술을 활용하면 게임 아이템 거래가 가능하다. 인터넷·모바일 게임 과정에서 사용자가 얻은 게임 아이템을 블록체인 기반으로 관리·거래하면 게임에서 얻은 아이템을 다른 게임으로 옮길 수 있고, 게임 아이템 거래와 관련된 분쟁과 사기 사건을 방지할 수 있다.

한빛소프트는 2018년 5,000만 달러 투자를 모아 브릴라이트(Bryllite) 코인이라는 게임 아이템 거래용 암호화폐를 출시(ICO)했다. 하지만 게임업체들과 실질적인 계약을 못 하여 실제 서비스를 개시할 수 없었다.

6) 전자투표

블록체인 기술을 활용하면 누구나 신뢰할 수 있는 전자투표관리 시스템을 운영할 수 있다. 미국 우체국을 관장하는 USPS(미국 우정청)는 블록체인 기술을 이용해 보안을 강화한 투표 방식으로 특허를 받았다. 2014년 창당한 스페인의 포데모스는 정당 내 의사결정 시스템에 '아고라 보팅'이라는 블록체인 투표시스템을 도입했다. 미국에서는 블록체인을 이용한 투표로 2018년 웨스트버지니아주 부재자 투표와 유타주의 대통령 선거인단을 선출하기도 했다.

하지만 블록체인 투표 도입 시 고려해야 할 사항이 있다. 투표소에 나오는 것이 아니므로 사적인 공간에서 투표가 진행될 경우 제삼자가 영향력을 행사할 가능성이 있다. 정보 취약계층의 경우 참여하기 어려울 수 있다. 블록체인 내의 데이터는 추적이 가능하므로 비밀선거를 침해할 가능성이 있다. 그러므로 국가 단위의 선거에 적용하는 것은 시기상조이다.

7) 신원확인(Decentralized Identifiers)

블록체인 기술을 활용하여 개인 신원을 확인할 수 있다. 분산 아이디(DID) 또는 탈중앙화 신원확인이라고 한다. 블록체인에 기록된 개인 신원 데이터는 위변조할 수 없으므로 전 세계적인 범위에서 적용할 수 있는 신원확인 시스템에 사용할 수 있다. 이러한 DID 신원확인 시스템은 문서관리, 의료정보관리, 저작권관리, 소셜미디어 관리, 스마트 계약, 게임 아이템 관리, 전자투표 등 블록체인에서 다양한 서비스를 구현하는 데 필요한 공통 기반 기술이다. COOV(코로나 19 전자예방접종증명서)는 세계 최초 개발된 퍼블릭 블록체인 인프라 블록체인 기반으로 자체 암호화폐 없이 운영되는 DID 서비스이다.

제2절 블록체인을 통한 스마트 무역계약

1. 스마트 계약의 이해

1) 개요

스마트 계약(Smart contract)은 온라인으로 계약을 체결한 후 각 계약 단계에 대한 계약 조건을 지정한다. 해당 조건이 맞으면 거래 참여자의 자동 정산이 이루어지고 거래가 신속하게 이루어질 수 있다. 거래내역이 포함된 블록은 거래 당사자의 컴퓨터에 배포되어 저장된다. 수시로 업데이트되기 때문에 거래 내용에 대한 해킹이나 위변조가 거의 불가능하고 투명한 거래 정보 공유가 가능하다. 스마트 계약 기능을 구현하는 블록체인 기술은 '미래에 일어나는 일'을 미리 기록할 수 있다.

스마트 계약의 개념은 1996년 컴퓨터 과학자 Nick Szabo에 의해 처음 제안되었지만 실제로 구현되지는 못했다. 그는 스마트 계약을 "계약의 필수 요소가 코드를 통해 자체적으로 실행될 수 있도록 하는 컴퓨터화된 트랜잭션 약속"으로 정의했다. 그는 스마트 계약은 자동판매기와 같다고 말했다. 2013년 프로그래머 비탈리크 부테린(Vitalik Buterin)이 스마트 계약을 적용한 블록체인 플랫폼인 이더리움(Ethereum) 개발에 착수해 2015년 서비스를 시작했다.

무역 거래의 신뢰성을 높이기 위해서는 인증 기관이나 중개자의 개입이 필요하지만 블록체인의 분산원장과 스마트 계약 기능은 기관의 개입이 필요하지 않다. 은행 간 송금에 블록체인을 사용하면 송금 수수료도 크게 줄일 수 있다.

2) 스마트 계약 플랫폼의 장점

블록체인 기반 스마트 계약은 다음과 같은 장점이 있다. 자동 거래이므로 정확하다. 네트워크를 통해 자동으로 실행된다. 빠른 속도와 실시간 업데이트가 가능하다. 중개자의 필요성이 줄어들기 때문에 비용이 절감된다.

이더리움은 스마트 계약 기능을 지원하므로 비트코인보다 사용성과 확장성이 높다. DeFi(탈중앙화 금융)는 블록체인 이더리움의 스마트 계약에 의해 실행되는 암호화폐 금융 서비스이므로 금융기관을 거치지 않고 DeFi에서 금융 서비스를 이용할 수 있다.

2. 스마트 계약 작동 원리

1) 이더리움(Ethereum)

이더리움(Ethereum)은 스마트 계약 기능을 구현하기 위한 블록체인 기반 분산 컴퓨팅 플랫폼이다. '비트코인 2.0'이라고도 불리는 이더리움이 제공하는 이더(Ether)는 암호화폐의 일종으로 거래되고 있다. '이더리움'은 플랫폼이고, '이더'는 암호화폐이다. 이더리움 이전의 퍼블릭 블록체인 기술은 암호화폐 이외의 영역에서 사용하기 어려웠다.

이더리움은 솔리디티(Solidity) 등의 확장용 언어를 이용해 스마트 계약서를 작성하여 여러 분야에 접목할 수 있다. 블록체인 기술은 이더리움을 계기로 다양한 비즈니스 분야로 확장되었다. Solidity는 Ethereum과 같은 블록체인 플랫폼에서 스마트 계약을 생성할 수 있도록 Ethereum 핵심 기여자가 개발했다. 솔리디티를 통해 다양한 앱을 구현할 수 있지만 블록체인의 특성상 스마트 계약이 블록체인에 업로드되면 수정할 수 없고 누구나 확인할 수 있으므로 신중하게 작성해야 한다.

이더리움 블록체인에서 이루어지는 작업에 대해 코인을 보내는 사람은 가스(gas)라는 수수료를 내야 한다. 채굴을 통해 얻을 수 있는 가스 가격은 일종의 급행 수수료이다. 가스를 더 많이 내면 먼저 거래를 수행할 수 있다. 스마트 계약의 코드가 복잡하고 저장 공간을 더 많이 사용할수록 가스 가격이 올라간다.

2) 작동 원리

스마트 계약은 블록체인의 코드에 작성된 명령문에 따라 작동된다. 미리 입력된 조건이 충족되고 확인이 완료되면 계약을 실행한다. 서로 합의된 거래가 완료되고 나면 블록체인에 업데이트된다. 스마트 계약에 들어간 계약 프로세스는 수정하기 어렵다. 계약 내용이나 보안에 문제가 생겼을 경우 원하는 방향으로 고치기 어렵다. 그러므로 블록체인의 계약 규칙을 정하는 단계에서 거래 참가자들 간의 합의가 중요하고, 개발 단계에서 주의를 기울일 필요가 있다.

3. 스마트 계약 사례

1) NFT 거래

디지털 작품은 블록체인 기술이 적용된 NFT(Non-Fungible Token)로 거래될 수 있다. NFT는 디지털 인증서이자 예술 작품 거래 수단이다. NFT는 절대 복제할 수 없는 거래 가능한 블록체인 파일이므로 희소성이 보장된다.

NFT가 포함된 디지털 저작물은 원본으로 인식되어 가격이 상승한다. NFT를 활용한 새로운 콘텐츠 시장은 더욱 성장할 것으로 예상된다. 아티스트가 NFT 작품을 직접 퍼블리싱하면 갤러리 등 기존 유통채널에 지불하는 수수료를 줄이고 판매채널을 넓히기 때문이다. 예전에는 작품이 팔리면 더 이상 원작자에게 돌아가는 이윤이 없었다. 블록체인에서 지원하는 스마트 계약 기능을 사용하여 NFT 작품이 거래될 때마다 수익을 아티스트에게 분배할 수 있다.

2) 금융

- 보험금 청구에 스마트 계약 활용

글로벌 보험사 '악사(AXA)'가 블록체인 스마트 계약 기반 비행기 연착보험 '피지(Fizzy)'를 출시했다. 비행기가 2시간 이상 연착되면 보상받는 보험이다. 기존에는 비행기가 연착된 사실을 증빙할 수 있는 증거를 가입자가 제시해야 하고 심사 후 보험금이 지급됐다. 하지만 스마트 계약으로 비행기의 연착 정보가 자동으로 보험사로 전달되며 이용자의 제시가 없어도 자동으로 보험금이 청구된다. 생명보험, 실손보험 등에 스마트 계약이 적용되면 고객이 병원에서 서류를 발급받아 보험사에 제출할 필요가 없다. 보험금 지급 대상 질병에 관한 정보가 병원에서 보험사로 바로 전달되어 보험금 지급 신청이 끝난다.

- 은행

삼성SDS는 은행연합회의 블록체인 공동 인증서비스 뱅크사인(BankSign)을 2018년 출시했다. 뱅크사인은 한국의 16개 은행이 전부 각각 서버를 관리하며 블록체인 네트워크를 운용하는 프로젝트이다. 만약 고객이 한 은행에서 뱅크사인 공동 인증서를 발급받으면 3년 동안 다른 은행에서도 간단한 인증만으로 모바일 뱅킹 서비스를 편리하게 이용할 수 있다. 2022년 현재 뱅크사인은 뱅크아이디로 이름을 변경했고 은행 로그인 용도로만 사용되고 있어서 기존의 공인인증서를 대체하지 못하고 있지만 장기적으로는 다른 금융 서비스로 확장될 것이다.

- 증권

증권업계도 스마트 계약을 도입해 증권 거래의 자동화를 이뤄나가고 있다. 나스닥(미국의 벤처기업 중심 증권거래소)의 경우 전문 투자자용 장외시장 거래 즉 OTC에 블록체인 스마트 계약을 적용했다.

3) 공유경제

- 부동산 임대 서비스에 스마트 계약 적용

독일의 신생기업 '슬락잇(slock.it)'이 부동산 임대 서비스에 블록체인 스마트 계약을 적용했다. 임대인이 설정한 부동산 거래조건이 충족되면 임차인에게 스마트키가 발급되는 구조이다. 예를 들어 임대인이 부동산 계약 조건으로 보증금 1천만 원, 월세 50만 원을 등록했고 임차인이 이를 입금하면 임차인의 스마트폰으로 출입 비밀번호가 발급된다. 월세를 계속 내면 계약이 유지되어 비밀번호를 계속 이용할 수 있고, 월세를 내지 않으면 비밀번호가 회수되고 보증금은 환급된다. 모든 과정이 부동산 중개인을 건너뛰고 블록체인 스마트 계약으로 가능한 것이다. 슬락잇은 "잠긴 것은 모두 열 수 있다"라는 모토로 부동산은 물론 자동차, 자전거 등 개인 자산까지 스마트 계약 렌탈 서비스를 제공한다.

- 미국 GM과 승차 공유기업 리프트

미국 자동차회사 GM과 승차 공유 서비스 기업 리프트(Lyft)는 IoT(사물인터넷) 기반으로 차량을 등록한 후 블록체인 스마트 계약을 통해 차량의 소유권 관리 추적을 자동화하고 있다.

4) 물류유통

- 그레인체인(GrainChain)

온두라스 농업용 블록체인 플랫폼인 GrainChain은 자체 스마트 계약 시스템으로 커피 원두의 생산, 유통, 수출 및 거래 프로세스를 관리한다. 커피 원두 공급자 및 농장에 대한 거래 정산 및 제품 추적 기능을 지원한다

- 블록체인 농산물 이력 관리 플랫폼 블로서리

한국 기업 이지팜(EZFARM)이 개발한 블록체인 플랫폼 블로서리(BLOCERY)는 위조가 불가능한 농산물 이력관리 플랫폼이다. 블로서리의 농산물 예약구매 서비스 샵블리(shopbly)에서는 스마트 계약을 통해

생산 단계에서 농산물을 사전 구매할 수 있다. 생산자는 계약 및 판매에 대한 위험을 줄일 수 있고 소비자는 예약구매를 통해 신뢰할 수 있는 농산물을 저렴한 가격에 구매할 수 있다.

- IBM 푸드트러스트(Food Trust)

미국 IBM은 블록체인 기반의 '식품 원산지 조회 서비스'인 'Food Trust'를 운영하고 있다. 식품 원산지 조회 서비스를 운영하면서 오염된 식품이 발견되었을 경우, 예전에는 생산 농장을 확인하는 데 6일 이상 걸려서 모든 식품을 폐기할 수밖에 없었는데, 블록체인 기술을 적용하니 2.2초로 단축되었다.

- 삼성SDS 해운물류 블록체인 컨소시엄

삼성SDS는 해운물류 블록체인 컨소시엄을 구성해 기술 검증을 진행한 후 시범사업을 진행 중이다. 선박을 이용해 화물을 다른 나라로 보내는 일은 복잡하므로 상대방을 속이는 부당행위가 일어났을 때 이를 걸러내기가 쉽지 않은 구조이다. 이에 따라 해운물류 기업들은 다른 기업들보다 먼저 블록체인에 관심을 끌게 되었다. 200개 이상 문서가 수작업으로 오갔던 기존 업무였는데, 블록체인을 도입하면서 문서를 한꺼번에 공유할 수 있게 되었다. 5~6일씩 걸리던 기존 작업이 실시간으로 해결되므로 많은 낭비가 사라졌다고 한다.

5) 건강관리

중국 '32teeth'의 스마트 전동 칫솔은 정기적으로 이를 닦도록 하도록 앱으로 알람을 전송한다. 칫솔이 움직이는 범위와 방향을 계산해 양치

질 방법까지 함께 알려준다. 앱으로 전달된 알람대로 이를 닦고 나면 이용자는 암호화폐를 받는다. 스마트 계약에 등록된 대로 이용자가 행동하면 성과보수를 받을 수 있는 구조이다. 운동, 식습관 관리에도 스마트 계약이 적용된다면 즐겁게 건강을 유지하는 한 방법이 될 수 있다.

4. 스마트 무역 계약

1) we.trade 사례

실시간 무역계약 체결은 2018년 7월 유럽 주요 은행들이 공동 개발한 we.trade 블록체인 무역금융 플랫폼을 통해 구현되었다. we.trade 플랫폼에서는 실제로 유럽 4개 은행과 10개 기업이 오픈 계좌 거래를 체결했다. 블록체인을 활용하여 SWIFT를 거치지 않고 개별 기업들의 금융 거래가 체결될 수 있었다.

2) Batavia 사례

Batavia는 IBM, Bank of Montreal(BMO), 카이사(Caixa) 은행, Commerz Bank, 에어스테(Erste) 그룹 및 UBS(스위스 금융그룹)로 구성된 컨소시엄이다. 2018년 4월 Batavia는 모든 참여자의 거래를 추적하고 관찰할 수 있는 오픈 계약시스템을 만들었다.[143]

---

143 한국조세재정연구원, 블록체인 기술을 이용한 무역원활화 방안에 관한 연구, 관세연구 18-05, 2018.

Batavia는 IBM의 블록체인 플랫폼을 이용한다. 구매자와 공급자 그리고 금융기관이 Batavia 블록체인에서 연결되고 자금 조달이 가능하다. 소규모 시험 작동인 파일럿 테스트 결과 Batavia 블록체인 이용자들은 이행 여부를 실시간으로 확인할 수 있었다. 최대 7일까지 소요되었던 무역계약과 대금결제는 Batavia 스마트계약 기능을 활용하여 1시간 이내로 단축할 수 있다.

제3절 전자무역 분야의 블록체인 활용

무역 거래 환경은 블록체인 기술의 적용이 필요하다. 무역 거래 계약은 수출입회사와 다수의 무역유관기관, 물류회사, 보험사, 금융기관 등 거래 주체들이 개입된다. 이 과정에서 무역서류들이 많이 발생하게 되는데 이는 거래 주체들 간에 완전한 신뢰가 형성되지 않기 때문이다. 무역 거래 진행에서 다수의 거래 주체들 간에 생성된 무역정보가 실시간으로 공유되기 어려운 측면도 있다. 전자무역이 발달해도 이러한 문제를 근본적으로 해결하기 어렵다.

최근 국제무역 분야에서 블록체인을 활용한 사례가 늘어나고 있다. 무역금융에 관여하는 은행들과 기업들이 블록체인 기술도입을 추진하고 있다. 국제물류와 운송 분야에서도 블록체인 기술을 도입하는 사례를 볼 수 있다. 관세청을 포함한 국가 무역유관기관들도 블록체인 기술을 도입하고 있다. 세계경제포럼(WEF)은 블록체인을 접목해 무역 거래절차를 간소화할 경우 약 1조 1,000억 달러의 새로운 무역량이 촉발될 것으로 전망하였다.

1. 블록체인 기반의 무역금융 네트워크

블록체인 도입은 무역거래에서도 활발하다. 무역거래는 계약이 체결된 후 여러 복잡한 절차를 거쳐야 하므로 현재의 무역거래 과정에서는 각종 서류를 준비하는 데 많은 시간과 비용이 소요된다. 특히 L/C(신용장)는 은행의 보증을 받아 무역거래를 지원하는 제도이지만 담보가 없는 신규 법인은 신용장 개설이 어렵다. 국제 무역거래에 필수적인 환전 수수료, 은행 수수료, SWIFT 수수료 등도 부담이 된다. 블록체인 기술을 통한 스마트 계약은 이러한 문제를 해결할 수 있다. 무역금융은 안전한 결제시스템이 필요하며 이를 구현하는 데 R3의 Corda가 널리 사용되고 있다.

1) 블록체인 기술을 활용한 송금수수료 문제 해결

무역거래에서 중개기관을 거치지 않고 송금함으로써 송금 수수료를 최소화할 수 있다. 환전 수수료도 발생하지 않는다. 수입자가 블록체인 스마트 계약에 의해 무역 대금을 입금한 후 국제물류 참여 당사자들이 입금내역을 승인할 때 자동송금되도록 방식을 적용하면 결제 위험을 차단할 수 있다. 신용장(L/C)을 개설하지 않고도 효율적이고 신속한 거래가 가능하게 된다.

2) 블록체인 무역금융의 사례

주요 금융기관이 함께 구축한 블록체인 무역금융 네트워크 'CONTOUR'가 신용장 거래 시범운영을 통해 R3 Corda 플랫폼에서 블록체인 신용장(L/C) 발행에 성공했다. 블록체인 무역금융 사업을 펼치고 있는 HSBC가 자체 블록체인 기반 무역금융 플랫폼 볼트론(Voltron)을 개발했다. 볼트론을 통해 HSBC는 신용장 프로세스를 디지털화하는 데 성공했다. HSBC는 홍콩 금융관리국이 지원하는 'eTradeConnect'와 'we.trade'에도 참여하고 있다. we.trade는 주요 유럽 시장에서 송금결제 기반 무역 거래를 위한 블록체인을 제공하기 위해 설립된 합작 투자 회사이다. 블록체인 기반 무역금융을 통해 선적서류 제시 및 검토 시간이 24시간 이내로 단축됐다.

2. 블록체인 기반의 통관

1) 대한민국 관세청의 통관 물류 혁신

관세청은 인공지능(AI)과 블록체인 기술을 관세행정에 적용하고 있다. 빅데이터 기반의 위험관리, 인공지능(AI) 세관검사, IoT(사물인터넷) 관세행정 플랫폼 구축, CCTV와 드론을 활용한 종합 모니터링 시스템 외에도 '스마트세관'이 진행되고 있다.

관세청은 삼성SDS 및 물류 관련 업체들과 '해운물류 블록체인 컨소시엄'을 구성해 수출신고 및 적하목록 제출 과정에서 블록체인 기술활용이 가능함을 확인했다. 수출통관 첨부파일을 삼성SDS의 블록체인 플랫폼 '넥스레저'로 구축된 블록체인 네트워크에서 공유하면 정보의 신뢰성과 정확성이 확보된다. 서류 제출 과정이 생략되고 데이터 재입력이 필요 없어 수출 통관 및 물류 절차의 혁신이 가능하다. 블록체인을 통해 원산지 증명서 데이터 교환(e-C/O) 서비스도 가능하다.

2) 미국 세관의 수입 검증에 블록체인 활용

미국 세관도 통관업무에 블록체인 기술 활용을 추진 중이다. 미국 관세국경보호청(CBP)이 원자재 수입과정에서 블록체인을 활용하는 블록체인 보안시스템을 개발하고 있다. 공급망 전체의 원산지 추적 및 확인은 복잡하고 어려운 과정이지만 블록체인은 수입/수출 과정의 모든 당사자에게 수입 상품에 대한 실시간 정보를 제공할 수 있다. 미국 관세국경보호청(CBP)이 블록체인 기술을 사용하는 데 성공하면 미국 국토안보부 산하 다른 기관에서도 이 기술을 업무에 사용할 것이다. 미국 이민국(USCIS)은 블록체인 기술을 적용하여 이민, 시민권, 허가 등과 관련된 문제를 예방할 수 있다. 미국 교통안전청(TSA)은 블록체인 기술을 적용하여 출입국 심사대에서 승객의 신원을 확인할 때 보안을 강화하면서 자동화할 수 있다.

3) WCF의 Mercury II

WCO(세계관세기구)와 ICC(국제상업회의소)의 WCF(국제상의연맹)는 1961년에 ATA Carnet(까르네)[144] 시스템을 도입하였고 그 후에 개발된 ATA 까르네의 디지털 솔루션이 Mercury이다. WCF는 Mercury의 보

144 협약 가입국 간에 전시회 물품 등 특정 물품에 대해 일시적으로 통관을 간소화하고 관세를 면제시켜 주는 제도

안을 강화하기 위하여 블록체인 애플리케이션과 호환을 할 수 있는지 개념증명을 시작하였고 실시간 이동 추적 시스템인 MercuryⅡ의 시범 버전을 출시하였다. MercuryⅡ를 통하여 까르네를 신청 후 발급받은 까르네를 내려받아 스마트폰에 설치된 스마트 지갑에 저장하거나 대리인의 스마트폰에 공유할 수 있다. 까르네의 소지자 또는 대리인이 국경을 통과할 때 스마트 지갑 QR코드가 생성되고, QR코드를 세관공무원에게 제시하면 까르네 혜택을 받을 수 있다.

4) IADB(미주개발은행)의 CADENA

WCO는 새로운 물류 보안 규정 및 시스템으로 AEO(Authorized Economic Operator)를 도입하였다. AEO 제도를 채택한 국가들은 세관에서 AEO 기준을 충족한 기업에 대해서 통관절차 등을 간소화시켜 준다. 자국에서 인정한 AEO 업체를 상대국에서도 상호인정하고 합의된 세관절차 특혜를 제공한다. 한국은 2008년 AEO를 도입하였으며 '수출입안전관리 우수업체'라는 명칭으로도 부른다.

AEO 공인정보를 전자메일을 통하여 전달하는 것은 보안 문제가 생길 수 있다. 멕시코, 코스타리카, 페루 관세청은 IADB(미주개발은행) 및 Microsoft와 함께 블록체인 기술 기반의 'CADENA' 플랫폼을 개발했다. CADENA는 AEO 인증 정보를 공유하기 위한 디지털화되고 자동화된 메커니즘을 세관 당국에 제공한다. CADENA는 위험관리 시스템과 같은 세관 시스템과도 통합될 수 있다.

3. 블록체인 기반 원산지관리

FTA 원산지 관리에 블록체인 기술을 적용하면 FTA 원산지 관리 리스크를 해결하고 원산지 관리 오류를 방지할 수 있다. 수출제조업체가 공급자로부터 원산지증명서를 수집하는 데 약 1개월이 소요되지만 약 30%의 오류가 포함되어 있어 활용이 어렵다. 원산지 확인 오류를 바로잡지 못하고 그대로 사용하는 경우, 사후 원산지 검증 단계에서 불이익을 받을 위험성이 높다.

1) FTA 원산지확인서 통합관리서비스

블록체인의 분산원장 기술을 활용한 FTA 원산지확인 통합관리 서비스(www.ftaco.net)는 정확한 원산지 확인 유통을 보장한다. 원산지 확인 오류는 자동으로 확인되며, 오류 발생 시 해당 업체에 실시간으로 원산지 위험 이슈를 알려 신속하게 오류를 수정할 수 있다. 인공지능(AI) 머신러닝을 FTA 원산지 관리에 적용하면 원산지 관리 문제가 어디에서 발생하는지 찾아내고 해결책까지 제시할 수 있다.

2) 식품 유통 이력 관리에 블록체인 활용

식품 유통 산업은 원산지관리와 신선도 유지가 중요하므로 블록체인이 유용하게 활용될 수 있다. 블록체인 기술은 해킹과 위변조가 불가능한 데이터 저장 기술이다. 상품의 원산지와 유통과정을 투명하게 유지하고 관리할 수 있다. 식품 생산과 유통에 참여한 주체는 물론이고 소비자들도 식품 정보를 블록체인에서 확인할 수 있으므로 식품에 대한 신뢰 문제가 해소된다.

블록체인에 등록된 데이터를 기반으로 유통경로를 시스템에서 신속하게 확인하여 대응할 수 있다. 삼진어묵은 어묵 원료수입 관련 원산지 정보를 블록체인을 통해 구현하였다. 제품 포장지의 QR코드를 스캔만 하면 어묵의 제조 및 유통과정을 실시간으로 소비자들이 확인할 수 있도록 시스템을 구축했다. 수산물유통가공업체인 '청산바다'는 활전복의 양식 및 생산관리에서부터 수출 관련 유통 전 과정의 이력 정보를 블록체인에 등록하여 수출 확대로까지 이어졌다. 기타 수산물 유통업체들도 굴과 전복 양식 등의 이력을 관리하는 데 블록체인 기술을 도입하기 시작했다.

식품의 이력 관리를 위한 블록체인 기술도입은 해외에서도 활발하다. 세계적인 스위스 본사 식품업체인 '네슬레'는 IBM '푸드트러스트'를 활용해 커피 원두의 생산에서 유통까지 모든 이력을 블록체인에 기록하고 있다. 월마트, 까르푸 등 식품 관련 글로벌 유통업체들도 '푸드트러스트' 네트워크에 참여하고 있다.

월마트는 블록체인 기술을 2016년부터 이용하여 중국산 돼지고기 유통과 멕시코산 망고 원산지추적을 관리하고 있다. 중국에서 돼지가 출생하자마자 블록체인에 등록한다. 기존 시스템에서 약 6일 이상 소요되었던 망고 원산지추적이 블록체인 기술도입 후 2.2초 만에 원산지추적이 가능해졌다.

네덜란드의 대형 슈퍼마켓인 알버트하인은 음료 회사 레프레스코사와 협력하여 네덜란드까지 오는 브라질산 오렌지의 모든 정보를 QR코드에 담았다. 소비자는 QR코드를 스캔하여 블록체인에서 오렌지의 생산 시기, 당도, 제조공정, 유통 이력 등을 단 5초 이내에 확인할 수 있다.

4. 무역보험의 블록체인

무역보험 분야에서 블록체인 기술이 주목받는 이유는 무역금융 제도를 악용하는 사기와 조작 등의 나쁜 사례가 자주 발생하였기 때문이다. 실제 무역금융 사기로 경제적 손실을 본 다국적 은행과 보험사들은 적극적으로 블록체인 기술을 도입하여 무역금융 사기 방지에 나서고 있다. 무역보험에 블록체인을 적용하면 시스템 간 연계를 통하여 신뢰성과 효율성을 높일 수 있고, 스마트 계약으로 거래시간을 획기적으로 단축할 수 있다.

보험회사로서는 선적예약 시점과 적하 방법 그리고 화물의 무게에 따른 다양한 방식의 보험료 결정이 쉬워지고, 특정 조건에 맞추어 보험계약을 체결할 수 있다.[145] 무역보험에 블록체인 기술을 적용하기 위해서는 금융기관 전산시스템의 표준화를 블록체인을 통해 달성하여 사용자 중심의 서비스를 제공해야 한다.[146]

1) Insurwave의 해상보험 플랫폼

글로벌 회계법인 EY와 사이버 보안업체 Guardtime은 2018년 7월 공동으로 블록체인 기반 해상보험 플랫폼 Insurwave를 선보였다. 세계 최대의 블록체인 컨소시엄 R3와 세계 최대의 해운 그룹 머스크(Maersk)

---

145 김정균·김보경·이유진, 「블록체인이 산업과 국제무역에 미치는 영향 및 시사점」, 『TRADE FOCUS』, 2018년 제14호, 한국무역협회, 2018. 4.

146 한국조세재정연구원, 블록체인 기술을 이용한 무역원활화 방안에 관한 연구, 관세연구 18-05, 2018.

가 협력하였다. 선박 보험에 특화된 Insurwave는 고객, 중개인, 보험회사 등 모든 해상보험 참여자를 블록체인 분산원장으로 연결한다. 해상보험을 판매하는 보험회사는 서류 전달부터 계약까지 고객과 수차례 합의하고 서명이 필요하였다. Insurwave를 통하면 초 단위로 보험료 합의 및 정산을 할 수 있으며 시간 단위로 청구 보험금 지급이 가능하다. 이를 통해 보험중개인은 고객에 집중해 더 많은 서비스를 제공할 수 있다.

2) 도쿄해상과 NTT 데이터 사례

일본 보험회사 도쿄해상과 IT업체 NTT 데이터는 해상 화물 보험금의 지급 과정을 블록체인에서 처리할 수 있는지 개념증명을 시행하였다. 개념증명은 새로운 기술을 도입하기 전에 성능과 기능을 검증하는 것이다.

해상 화물 보험금의 기존 신청 절차는 전부 수기로 서류를 작성하며 이루어졌기 때문에 진행 속도가 더뎠다. 해상 화물 보험증권은 국제적으로 유통되므로 복잡한 서류 작업과 긴 전달 시간 그리고 분실 위험에 노출되어 있다. 해상 화물 보험금 지급의 블록체인 개념검증 결과 1개월 이상 소요되던 보험금 처리 절차가 1주일 내로 단축되었다. 인건비와 서류 전달 비용 절감 효과는 확연하였다. 모든 보험계약 참가자 간에 피해신고뿐만 아니라 화물손상 사진과 보험금 청구에 필요한 서류를 신속하게 배포하고 확인할 수 있었다.

5. 글로벌 물류 분야의 블록체인 플랫폼

블록체인은 유통·물류 분야의 공급망 관리(Supply Chain Management, SCM)에 상용화될 시 효과가 극대화된다. 원재료나 생산 방식, 원산지 등과 같은 정보를 누구나 클릭 한 번으로 투명하게 알 수 있다면 시간 단축을 불러올 수 있다. 기업으로서 복잡한 유통 프로세스에 대한 객관적인 정보를 소비자와 공유함으로써 제품의 신뢰성을 높일 수 있다. 유통 및 물류 산업은 여러 이해관계자가 거미줄처럼 연결되어 있고, 서류 기반 시스템으로 승인을 위해 여러 경로를 거쳐야 하므로 정보 오류, 분실, 사기의 위험이 크다. 블록체인을 사용하여 블록체인 공급망에 거래 데이터 및 문서를 기록함으로써 당사자 간의 주문 및 수정 사항을 추적할 수 있으며 스마트 계약을 통한 즉각적인 상품 결제가 가능하므로 유통의 효율성을 촉진할 수 있다.

1) 트레이드렌즈(TradeLens)

세계 최대 해운 선사 '머스크(Maersk)'는 아프리카 케냐에서 네덜란드의 로테르담까지 꽃을 냉장 운송하기 위해서 약 200건의 통신과 30명의 사람·조직을 거쳐야 함을 발견했다. 머스크는 이러한 절차를 없애고 무역의 효율성과 투명성을 높이기 위해 글로벌 정보통신기업 IBM과 블록체인 기술을 사용한 합작 플랫폼 트레이드렌즈(TradeLens)를 출범했다. TradeLens에 세계 2위 선사 CMA CGM과 세계 4위 선사 MSC가 합류했다. 세계 물동량 50% 이상의 해운 계약, 운임분석, 화물추적 등 해운 비즈니스 과정이 블록체인 기반 온라인 플랫폼인 Tradelens에서 수행될 수 있는 것이다.

트레이드렌즈는 '글로벌 무역 표준 플랫폼'을 표방하며 문서를 디지털화하고 거래의 흐름을 단순화하는 글로벌 변조 방지 시스템을 사용했다. 시스템은 잠재적으로 연간 수백만 건의 운송 전 과정을 추적할 수 있으며, 특정 무역 경로에서 세관 및 당국과 통합할 수 있다.

2) 스마트 콜드체인 플랫폼

코로나 팬데믹으로 인한 전염병 상황에서 블록체인은 유통에 큰 효과를 발휘했다. 대표적인 예가 콜드체인 백신 운송이다. 과학기술정보통신부는 2021년 5월 블록체인 시범사업 협약결과 물류유통 분야에서 바이오의약품(백신)을 항상 적정온도에 맞춰 운송하는 '스마트 콜드체인 플랫폼' 적용 사업을 시행했다. 프로젝트에 참여한 한진과 BPN 솔루션은 블록체인을 통해 백신 유통 및 물류 정보와 공급, 입고, 유통, 재고 현황을 실시간으로 추적, 통제, 분석해 백신 품질을 확보했다.

3) 개방형 플랫폼 GSBN

개방형 플랫폼 GSBN(Global Shipping Business Network)에도 글로벌 선사들이 합류하고 있다. CMA CGM, COSCO SHIPPING Lines, Evergreen Marine, OOCL 및 Yang Ming의 5개 대형 컨테이너 화주가 컨소시엄에 합류했다. 컨소시엄의 목적은 공급망에서 디지털 혁신을 시작하고 운송업체, 터미널 운영자, 세관 당국, 화주 및 물류 서비스 제공업체를 연결하는 것이다.

글로벌 선사들은 여러 개의 블록체인 플랫폼에 중복 가입하고 있다. 그러므로 선사 및 화주의 시간과 비용을 대폭 절감시킬 수 있는 블록체인 플랫폼이 어떻게 상용화될지 주목해야 한다.

4) SK C&C의 블록체인 물류 서비스

SK그룹의 IT서비스 기업인 SK C&C는 물류 데이터를 화주·내륙 운송사·선사 등 물류와 관계된 모든 개인 간(P2P) 네트워크로 물류 정보를 공유하고 관리하는 블록체인 기반 물류 서비스를 개발하였다. 이 서비스는 IoT(사물인터넷) 기술과 체인제트(ChainZ) 블록체인 기술을 연계하여 컨테이너 화물의 위치정보와 컨테이너의 온도·습도를 관리할 수 있다. IoT(사물인터넷) 기술을 이용하면 컨테이너의 위치 및 상태 정보가 자동으로 수집되고 블록체인을 통해 모든 물류 관계자에게 실시간으로 공유된다.

5) 블록체인 기반의 수입화물 반·출입 및 내륙운송

과학기술정보통신부와 해양수산부는 한국인터넷진흥원(KISA)과 함께 블록체인 항만물류 기술 활용을 위해 '블록체인 기반의 수입화물 반·출입 및 내륙운송'을 추진한다. 수입화물이 입항하면 선박회사, 운송사, 포워더, 수입화주 간 서류와 화물 이동이 시작된다. 운송정보를 이메일 또는 팩스로 처리하므로 정보 누락이나 오류가 자주 발생하는데 블록체인으로 운송과 화물 흐름을 추적하여 공유하면 물류 주체 간 정보 불일치가 방지된다.

이러한 서비스가 자리 잡기 위해서는 정부 주도의 블록체인 개발보다는 민간의 자율성과 필요성이 우선되어야 한다. 국내 무역 블록체인에 그치는 것이 아니라 글로벌 무역 블록체인 인프라에 연결되어야 한다. 수입화물 내륙운송 블록체인 외에도 실수요에 기반을 둔 무역·물류 분야 블록체인 플랫폼이 글로벌 경쟁력을 갖추어야 한다.

토의문제

- 정부의 수출지원 인프라에 블록체인 등 4차 산업혁명 기술이 활용되어 수출 지원방식이 혁신될 방안에 대해 논하시오.
- 프라이빗 블록체인 또는 하이브리드 블록체인 방식을 비즈니스에 적용한 블록체인 솔루션 사례를 찾으시오.
- 이 책에서 소개하지 않은 블록체인의 활용 분야를 찾아 논하시오.
- NFT를 활용한 새로운 콘텐츠 시장에 대하여 전망하고 토의하시오.
- 블록체인 기반의 무역금융 네트워크가 과연 성공할 수 있을지 기존의 무역금융을 대체할 수 있을지 토의하시오.

8장

빅데이터와 전자무역

Electronic Trade in the Age of Digital Transformation

학습 목표

- 빅데이터의 개념, 중요성, 특징, 유형에 대해 이해할 수 있다.
- 전자무역 분야에 빅데이터가 활용되는 사례들을 파악한다.
- KOTRA가 제공하는 무역·투자 빅데이터 플랫폼에 대해 이해한 후 가상 수출품목을 정하여 무역투자통계, 품목별 유망시장, 국가별 시장정보 검색을 실습한다.

학습 목차

제1절 빅데이터의 이해
제2절 전자무역 분야의 빅데이터 활용
제3절 무역 빅데이터 플랫폼
토의문제

8장

빅데이터와 전자무역

제1절 빅데이터의 이해

1. 빅데이터의 개념과 중요성

1) 등장 배경

빅데이터는 스마트폰을 비롯한 다양한 디지털 기기의 등장과 함께 Web 2.0 철학이 담긴 페이스북, 트위터 등 인터넷 서비스의 함께 등장한 4차 산업혁명의 새로운 기술이다. 4차 산업혁명의 핵심 기술로 주목받고 있는 인공지능(AI), 사물인터넷(IoT), 로봇 기술은 빅데이터와 밀접한 관련이 있어 빅데이터의 중요성이 높아지고 있다.

빅데이터는 대용량 데이터 처리 능력과 초고속 대용량 저장장치의 발달로 대용량 데이터를 처리할 수 있는 환경이 되면서 주목받고 있다. 하지만 빅데이터가 주목받고 있는 것은 데이터의 양이 증가했기 때문만은 아니다. 개인의 일상생활에 필수적인 스마트폰, 태블릿 등 다양한 디지털 기기를 통해 사용자가 생성하는 다양한 형태의 데이터, 웹 2.0 기반 인터넷 서비스를 통해 생성되는 사용자 간의 통신 데이터, IoT(사물인터넷) 등 물리적 공간을 통해 생성된 데이터가 분석에 활용되기 시작하면서 빅데이터 기술이 주목받았다.

지금까지 회사의 운영과정에서 발생하는 실시간 거래 데이터를 비롯한 다양한 내부 회사 데이터가 회사의 데이터베이스에 저장되어 분석되었다. 이러한 데이터는 미리 정해진 프레임워크에 따라 저장 및 관리되기 때문에 구조화된 데이터라고 볼 수 있다. 한편, 각종 인터넷 서비스나 SNS 등을 통해 생성되는 데이터는 형식이나 프레임이 고정되어 있지 않기 때문에 비정형 데이터라고 할 수 있다. 오늘날 많은 기업의 전략 수립과 정부 및 공공기관의 정책 수립에 비정형 데이터가 활용되고 있으며, 이러한 분석에서 빅데이터 기술이 중요한 위치를 차지하고 있다.

데이터의 양이 폭발적으로 증가하고 있으며 2020년부터 제타바이트 시대가 본격화되고 있다.[147] 특히 SNS와 스마트폰을 중심으로 한 모바일 환경이 본격화되면서 언제 어디서나 인터넷에 접속해 상호작용이 가능하다. 그래서 이 과정에서 생성되는 엄청난 양의 데이터(페이스북에 올린 글, 댓글, 공유한 사진, 트위터에 트윗 등)가 폭발적으로 증가했음을 알 수 있다.

Wikipedia에 따르면 전 세계 빅데이터 시장은 2026년 846억 달러를

---

147 한국정보화진흥원, "新가치창출 엔진, 빅데이터의 새로운 가능성과 대응 전략", IT & Future Strategy, 2011.

넘어설 것으로 예상하며, 2025년에는 연간 100제타바이트의 데이터 통신량이 발생할 것으로 예상한다. 앞서 언급한 바와 같이 데이터의 양뿐만 아니라 새로운 인터넷 서비스의 출현으로 생성되는 데이터의 다양성도 증가하고 있다.

2) 개념

빅데이터는 데이터의 양이나 규모가 매우 방대하여 기존의 데이터 관리 방식으로는 자료를 수집, 저장, 분석하기 어려운 비정형 및 정형 데이터를 말하며, 이러한 데이터에서 가치를 찾아 분석하는 기술을 말한다. 빅데이터에 대한 정의는 다양하다.

예를 들어 글로벌 경영컨설팅 기업인 McKinsey & Company는 빅데이터를 일반 데이터베이스 소프트웨어가 수집, 저장, 분석할 수 있는 범위를 벗어난 대규모 데이터라고 정의했다. 한국의 삼성경제연구소는 빅데이터는 기존의 관리·분석 시스템으로는 처리할 수 없는 엄청난 양의 데이터이며, 빅데이터 관련 기술과 도구로는 자료수집, 저장, 분석, 검색, 공유, 그리고 시각화 등을 포함한다고 정의했다. 미국 정보통신 시장 분석업체인 IDC(International Data Corporation)의 정의에 따르면 빅데이터 기술은 다양한 데이터로 구성된 대용량 데이터에서 저장, 검색, 검색 등을 통해 경제적으로 가치 있는 콘텐츠를 추출하도록 설계된 차세대 기술과 아키텍처로 정의할 수 있다. 미국의 정보통신 시장조사 및 컨설팅 회사인 가트너(Gartner)는 빅데이터를 더 나은 의사결정과 시사점을 위해 사용되는 비용 대비 효율적이고 혁신적이며 대용량의 고속의 다양한 정보 자산으로 정의했다.

다양한 개념 중에서 흔히 거론되는 것은 빅데이터는 기존 데이터베이스 관리 능력을 뛰어넘는 대용량 데이터라는 것이다. 별도의 분석 능력과 기술적 인프라가 필요하다. 또한, 이러한 관점에서 빅데이터는 오늘날 기업, 정부, 공공기관의 전략적 설정 및 정책 수립에 있어 중요한 정보 자산이 될 수 있다.

최근까지 데이터는 기술적인 측면에서 저장, 관리 및 분석을 위한 소프트웨어 및 하드웨어 인프라 측면이 강했다. 따라서 빅데이터는 대용량의 정형 데이터와 비정형 데이터와 동시에 산업별, 시장별로 활용 범위와 중요성 면에서 다르게 평가될 수 있는 정보 자원으로 주목받고 있다.

3) 빅데이터의 중요성

4차 산업혁명의 도래와 함께 첨단 기술의 융합을 통해 얻을 수 있는 정보의 양과 질이 급격히 증가하고 있다. 예를 들어, 스마트폰, 태블릿과 같은 스마트 기기는 이미 우리 일상의 일부가 되었으며 음악, 영화, 게임 등 다양한 대용량 멀티미디어 정보와 서비스를 소비할 수 있는 환경이 마련되었다. 특히 SNS 이용의 증가로 가상공간에서 생성되는 데이터의 양이 급격히 증가하고 있다. 또한, 이러한 데이터의 소비를 통해 메타 정보(데이터를 효율적으로 이용하기 위해 설명해 놓은 정보)도 대량으로 생성되며, 사물인터넷(IoT) 기술이 사회 곳곳에 도입되면서 인간과 인간, 인간과 기계가 생성하는 데이터, 사물과 사물 간의 데이터, 사람과 사물 간의 데이터는 끊임없이 생성되고 있다.

또한, 기술의 발전에 따라 증가한 데이터를 저장하고 처리할 수 있는 자동화된 컴퓨터 성능으로 데이터를 처리하고 분석하는 것이 가능하다. 특히 산업별, 시장별로 더욱 정교하고 특화된 알고리즘과 데이터 분석을 위한 논리적 추론을 개발할 수 있게 됐다.

이에 따라 기업이 안고 있는 의사결정 문제를 양적, 질적으로 확보한 데이터를 통해 의미 있는 정보를 생성함으로써 기업의 경쟁력을 강화하기 위한 데이터 분석에 대한 수요가 증가하고 있다. 이는 향후 기업에서 빅데이터가 중요하게 활용될 것임을 의미한다. 치열한 경쟁 속에서 기업들은 제품이나 서비스를 차별화하기 위해 다양한 노력을 기울이고 있다. 경쟁사 제품과의 차별화된 차별화를 위해서는 여러 가지가 필요하지만 결국 시장 구매자의 정보, 즉 소비 패턴과 욕구에 대한 이해이다.

이러한 정보를 얻기 위해서는 소비자로부터 최대한 많은 데이터를 얻어 이를 바탕으로 분석을 통해 소비자에 대한 정보를 획득하여 회사의 제품이나 서비스의 마케팅에 활용하는 것이 가능하다. 예를 들어, 과거 데이터에서 분석한 소비자의 구매 행태와 패턴에 부합하는 차별화되고 맞춤형 서비스는 물론, 소비자의 과거 기호와 관심을 고려한 맞춤형 광고 또는 할인 이벤트를 제공함으로써 효과적인 마케팅 믹스 전략을 실행할 수 있다.

또한, 빅데이터는 컴퓨팅 기술의 발달과 기존 ICT 시장의 포화로 인해 새로운 시장에 진입하기 위한 의사결정 문제를 해결하는 수단이 될 수 있다. 특히, 정보통신 서비스를 제공하는 많은 기업은 이미 많은 산업에서 보편화한 정보 시스템 시장에서 새로운 제품과 서비스로 구성된 새로운 시장을 찾기 위해 노력하고 있다. 빅데이터와 인공지능(AI), 이를 활용한 로봇 시장은 이러한 기술을 4차 산업혁명 기술로 제공하는 정보서비스 시장의 가능성을 확대하고 있다.[148]

---

148 최하눌, 이호형, 스마트무역의 이해, 계명대학교출판부, 2021.

2. 빅데이터의 특징과 유형

1) 특징

- Volume, Velocity, Variety

빅데이터의 특성을 3V 또는 5V로 설명할 수 있다.[149] 3V라고 하면 규모에 해당하는 Volume, 데이터 생성 속도를 나타내는 Velocity, 데이터 유형의 다양성을 나타내는 Variety를 의미한다. 5V로 말할 때 약간의 차이가 있지만, 일반적으로 정확도를 나타내는 Veracity와 가치를 나타내는 Value를 추가한다.

빅데이터의 특징인 규모(Volume)는 시스템이 처리하는 데이터의 크기, 데이터 처리 용량, 누적량을 의미한다. 빅데이터는 스마트폰을 비롯한 다양한 디지털 기기, 사물인터넷(IoT)을 통한 데이터, SNS나 인터넷 서비스와 같은 가상공간을 통해 기하급수적으로 생성된다. 따라서 빅데이터의 핵심 기술은 이를 수집, 저장, 처리하는 기술이 된다. 빅데이터의 크기는 발생 위치와 시기에 따라 수십 테라바이트에서 수십 페타바이트에 이를 수 있다. 데이터 대부분은 원본(Raw) 데이터, 소스(Source) 데이터 또는 여러 개별 요소에서 생성된 원자(Atomic) 데이터의 대규모 집합으로 간주한다.

다양한 소스에서 발생하는 빅데이터 다양성이 있다. 빅데이터는 다양한 형태의 데이터를 말하며, 그 다양성 정도에 따라 정형(Structured), 반

---

149 박두순 외, 빅데이터 컴퓨팅 기술, 한빛아카데미, 2014.

정형(Semi-structured), 비정형(Unstructured)으로 구분된다. 또는 구조화, 반구조화 또는 구조화되지 않은 데이터로 해석될 수 있다.

기술의 발달과 다양한 정보기술 서비스의 출현으로 인해 데이터가 생성되는 채널이나 원천(Source)이 다양해지고 있다. 데이터의 저장 및 분석 측면에서 과거에는 기업이나 조직 내 관계형 데이터베이스 시스템에 잘 정리되어 저장된 구조화된 데이터를 분석하는 데 중점을 두었다. 최근 다양한 형태의 비정형 데이터에 대한 분석이 중요해짐에 따라 분석 데이터의 다양성이 빅데이터의 강점으로 인식되고 있다.

이러한 다양한 데이터의 예로는 기존의 정형 데이터가 저장된 관계형 데이터베이스뿐만 아니라 SNS 멀티미디어 데이터, 개인이나 사물의 위치 정보(물류 운송 등), 각종 로그 기록, 각종 비정형 데이터 등을 들 수 있다.

빅데이터의 세 번째 특징은 빠른 속도로 인해 기존의 일괄 처리 데이터와 달리 빠르게 생성 및 배포된다는 점이다. 빠른 생성과 처리는 데이터의 실시간 분석을 통한 의사결정 속도가 빨라진다는 것을 의미하며, 빅데이터 도입의 장점이라 할 수 있다. 정보 인프라의 발달로 장소에 구애받지 않고 실시간으로 다양한 인터넷 서비스가 제공되고 있다. 음원 및 동영상 등의 스트리밍 서비스와 SNS 등에서 발생하는 실시간 데이터가 지속적으로 생성되고 있으며, 이를 실시간으로 분석하여 소비자에게 추천하는 것이 새로운 가치가 되고 있다.

일정 기간에 생성된 데이터를 분석하는 경우 생성 시점과 분석 시점의 차이가 존재하며, 현재 시점에서 의미 없는 정보나 결론을 얻을 수 있다. 하지만 빅데이터를 활용하면 실시간 데이터를 즉시 처리해 정보를 얻고 의사결정을 내리기 때문에 자료수집과 분석 사이에 시차 없이 실시간 분석을 통해 현상을 파악한다. 즉, 데이터 생성, 수집, 통합, 분석의 전 과정에서 실시간으로 대응하여 의사결정 속도를 높이는 것은 과거의 유사한 데이터 분석시스템과 오늘날의 빅데이터를 구분하는 중요한 특징이다.

- 5V 관점에서의 빅데이터 특징

첫 번째는 정확성(Veracity)이다. 이것은 데이터가 얼마나 신뢰할 수 있는지를 나타낸다. 데이터 분석에서 중요한 것은 데이터의 양과 다양성, 분석 도구 등이지만 정확한 데이터도 중요하다. Garbage In Garbage Out이라는 말이 있는데, 데이터 분석에 잘못된 데이터를 입력하면 잘못된 결과가 나온다는 의미이다. 따라서 빅데이터를 활용하기 위해서는 저장된 데이터의 고품질을 유지하는 것이 중요하지만 이는 매우 어려운 작업이기도 하다. 입력 주체에 따라 데이터가 왜곡되거나 기재되지 않을 수 있고, 기계로 입력하더라도 항상 위변조의 위험이 있기 때문이다. 또한, 최상의 데이터 정제 기술을 사용하더라도 고객의 향후 구매 결정, 날씨, 경제 등 일부 데이터는 데이터의 특성상 불확실성이 계속 존재한다. 소셜 네트워크에서 생성되는 데이터는 비정형 데이터로 빅데이터 범주에 속하지만 신뢰하기 어려울 때도 있다. 따라서 수집된 데이터가 빅데이터 분석을 위해 정확하거나 가치가 있는지에 대한 세부적인 검토가 필요하다.

빅데이터의 또 다른 특징은 가치(Value)이다. 가치란 빅데이터를 저장하고 관리하기 위한 정보인프라에 대한 투자 대비 빅데이터 활용으로 기대되는 편익의 정도를 의미한다. 빅데이터의 규모는 방대하고 대부분이 비정형적인 텍스트와 이미지로 구성되어 있다. 데이터를 저장하고 관리하는데 비용이 들며, 새로운 데이터가 추가되면 이미 저장된 데이터가 쓸모없게 될 수 있다.

빅데이터의 특성은 때때로 복잡성(Complexity) 또는 가변성(Variability)으로 설명된다. 데이터가 생성되고 처리 및 정제 과정에 관련된 모든 요소가 복잡해지기 때문이다. 구조화되지 않은 비정형 데이터가 유입되고 있으며, 데이터를 저장하는 방식에도 차이가 있다. 데이터의 중복 및 외부 데이터의 유입으로 인해 관리해야 할 데이터가 증가함에 따라 데이터 관리의 복잡성이 증가하고 있다. 데이터 처리의 복잡성은 특히 다양한 채널이나 장치를 통해 수집되는 데이터의 수렴 또는 연결의 어려움을 의미한다. 따라서 빅데이터의 가치를 창출하기 위해서는 이러한 복잡성을 극복하고 다양한 데이터의 융합이나 연계를 통해 분석할 필요가 있다.

휘발성(Volatility)도 빅데이터의 특징으로 언급된다. 휘발성은 데이터를 장기간 저장하고 사용할 수 있는지를 나타낸다. 다양한 고품질 데이터가 많이 수집되어도 데이터의 삭제나 노후화로 인해 데이터를 장기간 저장할 수 없고 분석 가치가 떨어지면 의미가 없다. 따라서 유용한 정보를 만들기 위해 자료를 수집하고 처리하는 과정에 앞서 이러한 휘발성의 특성을 설계 단계부터 고려하는 것이 필요하다.

2) 유형

빅데이터는 수집된 데이터의 표준화 정도에 따라 세 가지로 나눌 수 있다.[150]

---

150 주해종, 김혜선, 김형로, "빅데이터 기획 및 분석", 크라운출판사, 2017.

- **정형 데이터**

구조화된 정형 데이터는 데이터베이스의 설계에 따라 수집할 정보의 형태가 결정된 데이터를 의미한다. 즉, 데이터베이스를 테이블로 표현하면 고정된 항목이나 필드(field)에 데이터가 저장되어 있다고 할 수 있다.

예를 들어 유통업체의 입장에서 주요 관리 대상은 구매자, 판매되는 제품, 공급업체가 될 것이다. 각각에 대해 비즈니스 관심사로 수집하려는 정보 항목이 있다. 기업이 유통하고자 하는 제품은 크기, 무게, 가격, 제조 일자가 있다. 이러한 항목을 필드라고 하며, 구조화된 정형 데이터의 경우 객체에 대한 필드를 결정하고 해당 필드에 저장된 정보를 분석 대상으로 사용한다. 회사는 구매자에 관한 정보로서 성별, 나이, 거주지, 회원가입 시점, 최근 구매내역, 구매금액 또는 결제방법, 배송지 등의 정보를 저장한다. 저장된 정보의 분석을 통해 어떤 상품을 선호하는지, 어떤 상품이 매출이 증가했는지, 최근에 인기 있는 상품에 대한 정보를 얻을 수 있다.

실제 정형 데이터를 분석하기 위해 데이터베이스의 스키마(Schema) 구조를 사용한다. 스키마 구조에 따르면 데이터를 찾는 과정은 데이터가 저장된 테이블(Table)을 찾는 순서, 열(Column) 구조를 찾는 순서, 행(Row)을 찾는 순서로 표준화되어 있다. 구조화된 데이터는 대부분 내부에 저장되기 때문에 수집이 쉽다. 구조화된 데이터 대부분은 엑셀 파일과 같은 스프레드시트 형태이다.

- **반정형 데이터**

반정형 데이터는 정형 데이터와 달리 고정 필드에 저장된 데이터가 아니다. XML(eXtensible Markup Language) 및 HTML(HyperText

Markup Language) 텍스트와 같은 메타데이터 및 스키마를 포함하는 데이터이다. 반정형 데이터는 정형 데이터의 스키마, 즉 정형 데이터가 저장된 데이터베이스의 구조 정보에 해당하는 메타데이터를 갖는다. 반정형 데이터의 처리는 API(Application Programming Interface)를 활용하기 때문에 정형 데이터와 달리 별도의 처리 기술이 필요하다.

- 비정형 데이터

반정형 데이터와 마찬가지로 비정형 데이터는 고정된 데이터베이스 필드에 저장할 수 없는 데이터를 말한다. 일반적으로 여기에는 Facebook, Twitter 등의 소셜미디어에서 공유되는 데이터, YouTube 동영상 데이터, 인터넷상의 이미지 파일 또는 사운드 파일, 문서 파일이 포함된다. 예를 들어, 인터넷에서 공유되는 날씨 정보, 특정 지역의 유동인구 수 등을 수집할 수 있다. 정형 데이터와 달리 저장 형태가 정해지지 않은 정보이기 때문에 분석 방향에 따라 일부 또는 전체가 수집될 수 있다. 비표준화된 데이터이기 때문에 같은 성격의 데이터(예: 페이스북, 인스타그램 등에 게시된 게시물 또는 이미지)라도 어느 채널에서 데이터를 얻느냐에 따라 다양한 형태를 띠게 된다. 따라서 자료를 수집할 때 채널마다 다른 접근이 필요하고, 분석을 위한 처리 과정도 다르므로 어렵다.

- 수집 데이터의 위치에 따른 구분

데이터가 저장되는 위치에 따라 내부 데이터와 외부 데이터로 나눌 수 있다. 내부 데이터는 수집하고자 하는 소스 데이터의 저장소가 기업 또는 조직의 내부시스템에 존재하는 경우를 말한다. 내부 데이터에 접근하고 수집하는 빈도와 방법은 내부 데이터 관리자와 협의를 통해 가능하다. 데이터 관리자와의 원활한 의사소통이 특징으로 외부 데이터와 비교하면 수집 난도가 낮다.

외부 데이터는 수집된 데이터의 저장소가 기업 또는 조직 외부에 있는 경우의 데이터를 말한다. 따라서 사전에 데이터 관리자와 약속이 없으면 데이터 액세스 또는 수집을 위한 처리가 불가능하다. 따라서 데이터에 접근하기 위해서는 수집항목을 분석하고 별도의 수집시스템을 설계할 필요가 있다. 외부 소스를 통해 수집된 데이터는 데이터 관리자와 소통이 어려우므로 데이터 접근 및 수집 난도가 높다.

- 생성 주체에 따른 구분

빅데이터의 원천으로 거래 데이터, 추정 데이터, 센서 측정 데이터, 온라인 활동 데이터를 통해 수집할 수 있다. 기계 데이터의 경우 물리적인 장치와 설비를 통해 얻은 데이터라고 할 수 있다. 여기에는 애플리케이션 서버에 저장된 로그 데이터나 센서를 통해 얻은 데이터가 포함된다. 사람 데이터는 인간이 생성한 데이터를 의미한다. 기존에 SNS나 블로그를 통해 공개된 자료, 웹상에 게재된 기사, 사진, 이미지, 동영상 등 다양한 정보를 포함한다. 관계형 데이터는 인간 대 인간 상호작용의 결과로 생성된다. 여기에는 소셜미디어를 통해 서로 주고받는 대화, 댓글, 이미지가 포함된다.

3) 빅데이터의 유형별 가치 비교

빅데이터는 다양한 유형으로 분류될 수 있으며, 그중 구조화된 정형 데이터는 내부 데이터의 특성으로 인해 활용 면에서 상대적으로 잠재 가치가 낮다. 정형 데이터는 이미 조직 내에서 사용되고 있고 이해하기 쉬운 영역이기 때문이다. 반면, 비정형 데이터는 일단 수집될 수 있으면 수집 주체에게 가장 높은 잠재적 가치를 제공하기 때문에 가장 높은 가치를 갖는다고 할 수 있다.[151]

제2절 전자무역 분야의 빅데이터 활용

무역업계에서 가장 주목받고 있는 4차 산업혁명 기술에 대해 한국무역협회가 조사한 결과가 있다. 기업들은 빅데이터가 무역 산업에 가장 큰 영향을 미칠 것이라고 예측했다. 거래제안 단계에서 빅데이터를 활용하여 시장정보 수집 및 바이어 발굴이 가능하다. 중소기업의 글로벌 역량 강화를 위해서는 빅데이터를 기반으로 한 해외시장 맞춤형 수출마케팅이 비법이 될 수 있다. 신용조사에서 빅데이터를 사용하여 거래위험을 줄일 수 있다. 빅데이터는 계약실행 단계에서도 uTradeHub에서 활용할 수 있다.[152]

---

151 최하늘, 이호형, 스마트무역의 이해, 계명대학교출판부, 2021.
152 이호형, 전자무역 분야 빅데이터 활용 사례연구, 정보화연구(구 정보기술아키텍처연구) 제15권 제2호, 2018.

1. 빅데이터 기반 무역통계정보분석

1) BIG TRADE(한국무역통계진흥원)

한국무역통계진흥원은 빅데이터 기업과의 업무제휴를 통해 빅데이터무역통계 정보분석 서비스를 제공하고 있다. 인공지능 기반 무역정보 분석 기술을 활용한 고객 맞춤형 수출입 분석 및 통계 플랫폼 'BIG TRADE'이다. BIG TRADE 플랫폼은 관세청에 무역통계를 제공하는 기관인 한국무역통계진흥원에서 보유하고 있는 지난 5년간 약 5억 건의 수출입 통관 데이터를 활용, 분석하여 공공기관, 지방자치단체, 일반 수출입기업에 맞춤형 서비스를 제공하고 있다.

2) 빅데이터 기반 무역통계종합포털서비스

무역통계 빅데이터 기반 종합포털 서비스 K-stat(stat.kita.net)은 대한무역협회 홈페이지에서 이용 가능하다. 한국의 교역 및 남북교역통계는 물론 주요 교역상대국의 교역통계를 볼 수 있다. 이 사이트를 통해 52개국 61개 거래의 거래 통계를 한 번에 확인할 수 있다. 또한 52개국의 수출입 현황을 한눈에 비교 분석할 수 있는 기능과 함께 무역 통계를 그래픽으로 볼 수 있다. 수출입 품목별 통계정보는 HS코드, SITC(국제표준분류), MTI(산업품목별분류)의 3가지 유형으로 제공된다. 세계무역통계, 세계경제통계, 부품소재통계 등의 통계도 K-stat에서 확인할 수 있다.

3) 관세청·은행연합회 공조 무역금융사기 예방체계 구축

2014년에 가전업체 모뉴엘이 해외 매출을 부풀려 무역보험공사와 금융회사로부터 3조 원 이상의 사기대출을 받은 사건이 적발됐다. 이러한 사기 대출을 방지하기 위해 금융기관에서는 빅데이터를 활용하고 있다. 관세청의 통관 간소화(수출신고 자동수리)로 인해 모든 수출품에 대한 검사는 사실상 불가능했다. 이 때문에 실제 확인 없이 수출신고 정보만 보고 무역금융 사기대출을 적발하는 데 한계가 있었다. 금융기관도 대출 심사 단계에서 수출업자가 제출한 무역금융 서류만 보고 수출가격이 적정한지 확인할 방법이 없어 무역금융 사기 대출을 사전에 적발하기 어려웠다.

이제 관세청은 수출입 데이터 빅데이터 분석을 통해 품목별 평균 수출단가 데이터를 은행연합회에 제공하고 있다. 각 은행은 기업 대출을 검토할 때 이 데이터를 실시간으로 사용할 수 있다. 은행은 사기혐의가 있는 업체의 무역금융심사자료와 선하증권(B/L) 번호를 관세청에 보낸다. 관세청은 수출입 실적과 외환거래 실적을 은행 자료와 비교 분석해 가격 조작이나 대출 사기 의도가 있는지 조사해 무역금융사기를 사전에 예방하고 있다.

관세청과 은행 간 연계시스템을 구축하였다. 관세청의 수출실적 정보를 은행시스템에서 즉시 확인할 수 있도록 시스템을 구축하였다. 특정 수출 품목의 정상 수출 가격을 볼 수 있기 때문에 수출 가격이 조작됐는지 알 수 있다. 특정 수출품목이 수출가격의 정규분포에서 벗어나면 가격조작 가능성이 의심된다.

4) Global Trade Barometer

Global Trade Barometer는 DHL의 인공지능(AI) 및 빅데이터를 분석 및 활용하여 무역을 예측하고 국제 무역 발전 지표를 산출하는 것이다. 한국을 포함한 세계 7대 교역국의 무역 데이터를 분석하고, 분기별로 무역예측 데이터를 고객에게 제공한다. 7대 교역국은 국제 무역의 약 75%를 차지한다. 국가별 총량 데이터를 집계하는 것은 글로벌 무역량의 단기 예측을 위한 효율적인 지표로 사용할 수 있기 때문이다.

5) uTradeHub 디지털무역 데이터포털

KTNET이 보유한 간접수출데이터를 활용한 '공급기업 AI 추천' 서비스와 '산업동향 분석' 서비스를 무료로 제공한다. '공급기업 AI 추천' 서비스는 구매확인서/내국신용장 등 간접수출 빅데이터를 활용하여 사용자가 검색한 품명과 관련이 높은 공급기업을 AI 알고리즘으로 찾아주는 서비스로서 수출품 생산에 필요한 부품 및 완제품 공급기업을 손쉽게 찾아볼 수 있다.

'산업동향 분석' 서비스는 월간 간접수출 산업동향을 조회하는 서비스로서, 월간 신고품명 중요키워드 및 간접수출 거래실적 규모를 보여주며, AI 알고리즘이 분석하여 다음 달 산업동향을 전망하는 서비스를 제공한다.

2. 빅데이터를 활용한 무역마케팅

1) 한국무역협회

한국무역협회가 빅데이터 분석을 통해 고객별 맞춤형 콘텐츠와 서비스를 추천하는 서비스를 출시했다. 맞춤형 뉴스, 추천사업, 다양한 지원정보를 제공한다. 한국무역협회의 온라인 거래알선 플랫폼인 tradeKorea는 관련 검색 상품을 자동으로 추천한다. 한국무역협회 무역아카데미 웹사이트

(tradecampus.kita.net)는 비슷한 성향을 가진 다른 수강자들이 수강하는 코스를 추천한다. 인공지능(AI) 바이어 매칭 서비스도 추진된다.

2) KOTRA

KOTRA가 적극적으로 빅데이터 플랫폼 구축 사업을 시작하여 인공지능(AI) 기반 지능형 분석 모델을 개발했다. 또한 분석 플랫폼을 구축하고 데이터 품질 관리에 주력했다. KOTRA가 축적한 비정형 수출지원 경험을 분석할 수 있는 빅데이터 플랫폼이기 때문에 국내 기업의 수출실적에 대한 다차원적 분석이 가능하다. 과학적인 의사결정은 관세청의 통계자료와 세계수출통계를 활용하여 분석한다. KOTRA는 수출 연관 규칙을 도출했다. 예로 들면 아프가니스탄에 수출하는 기업의 79%가 리비아에도 수출하고 있다. 튀니지에 수출하는 기업의 72%가 인도에도 수출하는 것으로 확인됐다. KOTRA는 빅데이터 플랫폼에 인공지능(AI) 엔진을 탑재하여 유망시장 추천, AI수출보고서, 기업활동지수, 지능형자동매칭 같은 서비스를 제공한다.

3) Import Genius

Import Genius는 빅데이터를 통해 최신 무역활동을 파악하여 서비스하고 있는 비즈니스 모델이다. 해상운송 빅데이터를 통해 수출기업들에게 새로운 바이어 발굴의 기회를 제공하고 있다. 선하증권(B/L) 및 적하목록(M/F) 정보를 분석하여 해당 업계의 바이어, 유통업체, 거래량 등의 정보를 파악할 수 있다. 이러한 방식으로 최적의 공급망 전략을 수립할 수 있다. 또한 Visual Mapping 기능으로 무역회사 간의 관계를 한눈에 파악할 수 있다.

3. 국제물류 빅데이터 활용

국제물류 분야에서는 물류 관련 빅데이터를 수집·관리하는 조직이 늘어나고 있으며, 민간기업의 국내외 물류에서도 빅데이터 활용이 증가하고 있다.[153]

1) DHL의 빅데이터 분석

세계 최대 물류기업인 DHL은 빅데이터 분석을 통해 물류 업계의 고객을 예측하고 물류 운영을 간소화한다. 빅데이터를 활용하면 배송경로를 실시간으로 최적화할 수 있고 운송비 절감, 물류 개선, 고객 관리 및 고객서비스 개선, 신사업 발굴이 가능하다.

2) 해운항만물류 분석시스템

국내외 주요 항만들은 빅데이터 기반의 스마트항만 건설을 추진하고 있다. 부산항만공사는 2016년부터 해운항만물류 빅데이터 분석시스템 구축에 착수했다. 인천항만공사는 빅데이터를 활용한 실시간 교통정보 제공 시스템을 개발·운영하고 있다.[154] 싱가포르항만공사는 빅데이터 기반 AI분석시스템(SAFER)을 통해 항만운영의 효율성과 생산성 향상을 도모하고 있다.

---

153 신나라·김용진, 물류 빅데이터 구축 실태 및 활용사례 분석을 통한 활성화 방안, 한국물류학회 물류학회지 제28권 제2호, 2018.

154 한국해양수산개발원, "해운·항만 정책 의사결정 지원 빅데이터 플랫폼 개발 필요", KMI 동향분석 제152호, 2019.

4. 전자상거래무역과 빅데이터

무역은 전통적으로 기업 간 거래를 통해 상품이 수입업자와 소비자에게 유통되는 구조이다. 전자상거래의 발달로 다양한 디지털 기기들이 연결되면서 소비자들은 전자상거래를 통해 직접 구매하기가 더욱 쉬워지고 있다. 실시간 거래정보 공유 및 전달은 전자상거래 확산에 기여하고 있다. 4차 산업혁명의 핵심 기술인 빅데이터와 클라우드[155] 컴퓨팅은 전자상거래의 확산을 주도하고 있다.

글로벌 전자상거래 플랫폼 카페24는 해외 직판 쇼핑몰에서 활용할 수 있는 빅데이터 기반 실시간 상품 반응 분석 서비스를 제공한다. 카페24의 '세라'는 쇼핑몰 방문자의 행동패턴을 실시간으로 파악하는 빅데이터 분석서비스이다. 상품 주문, 클릭 현황 등의 데이터를 수집, 분석하여 고객의 반응을 즉시 파악하고 신속하게 대응할 수 있는 기능이다. 운영자는 실시간 소비자 현황에 따라 제품 노출 위치와 판매 가격을 조정하여 성공적인 운영 전략을 세울 수 있다. 카페24의 '스마트 추천'은 쇼핑몰 이용자의 이동경로, 클릭, 주문내역 등 빅데이터를 체계적으로 분석하여 이용자의 구매를 유도하여 지속적으로 관심상품을 노출시킨다.

---

155 정보처리를 자신의 컴퓨터가 아닌 인터넷으로 연결된 다른 컴퓨터로 처리하는 기술(정용찬, 빅데이터, 커뮤니케이션북스, 2013)

제3절 무역 빅데이터 플랫폼

KOTRA(한국무역투자진흥공사)는 '데이터 기반 수출지원' 구현을 위해 2020년부터 빅데이터 시스템을 가동하고 있다. KOTRA가 진행하였던 수출지원 서비스에서 축적된 비정형 데이터를 모아서 분석하고, 관세청 통계 자료와 글로벌 수출통계 데이터를 활용해 기업들이 수출시장에서 과학적 의사결정을 할 수 있도록 돕는 것이다. 이 시스템은 기업에 수출 유망시장을 추천하고 인공지능(AI)으로 자동 작성된 수출시장보고서를 제공하는 지능형 서비스도 제공한다.

KOTRA는 수출지원 경험을 큰 규모로 축적하고 있다. 해외무역관에서 수집한 해외시장정보가 약 7만 6000건에 달한다. 30만 개 이상의 해외기업 정보와 더불어 연간 500회 이상의 무역전시회, 수출상담회, 무역사절단 행사에서 수집한 상담 정보도 많다. 추가로 10억 건 이상의 글로벌 수출통계 데이터를 분석할 수 있는 빅데이터 플랫폼을 KOTRA가 구축하여 다차원적인 국내기업 수출성과 분석도 할 수 있다.

1. 트라이빅(TriBIG) 플랫폼 개요

1) 무역·투자 빅데이터 플랫폼 트라이빅(TriBIG)

'트라이빅'은 KOTRA에서 제공하는 무역·투자 빅데이터 플랫폼의 새로운 이름이다. 2020년 3월부터 무역 빅데이터 플랫폼을 도입한 KOTRA가 2021년 11월부터 기능을 개선해 새로운 명칭을 공개했다. 트라이빅은 글로벌 수출시장과 관련된 빅데이터를 '유망시장', '수출품목'과 '잠재파트너' 3개 축으로 구성한다. KOTRA가 해외무역관에서 수집한 해외시장 정보는 물론 국제무역통계자료, 해외기업, 고객관리시스템, 업무 관련 정보 등 약 1억 5천만 건의 빅데이터를 분석하여 수출기업에 필요한 사항을 안내한다. 한국의 수출현황은 관세청이 공개한 데이터 포털의 내용을 사용한다. 최신 인공지능(AI) 알고리즘을 적용해 회원 개개인에게 적합한 수출 유망시장, 유망품목, 잠재파트너를 추천하는 기능도 포함돼 있다.

2) 빅데이터 분석 플랫폼 아이리스(IRIS)

KOTRA의 트라이빅은 빅데이터 전문기업 모비젠의 빅데이터 분석 솔루션 아이리스(IRIS)를 기반으로 구축되었다. IRIS는 지능형 통합분석 플랫폼이다. 정보통신 시스템이나 IoT(사물인터넷) 센서에서 수집하는 정형 데이터는 물론이고 로그 데이터 등 다양한 정보를 모아서 처리한다. 빅데이터 저장소에 통합 저장된 데이터를 여러 가지 방법으로 실시간으로 검색할 수 있는 기능도 있다. 또한, IRIS에서 제공하는 분석 사용자 인터페이스(UI)를 포함한 공개 소스 분석 도구나 비즈니스 인텔리전스(Business Intelligence, BI)를 활용하여 데이터를 분석할 수 있는 데이터 분석자 관점의 그룹 사용자 경험(UX) 환경을 제공한다. 빅데이터를 보유한 기업은 IRIS가 제공하는 이상 탐지, 고장 예측 같은 고급 분석기능을 통하여 의사결정을 위한 통찰력을 빠르게 도출할 수 있다.

2. 항목별 제공 정보

KOTRA 홈페이지에서 빅데이터 서비스를 선택하면 트라이빅으로 들어갈 수 있다. 무역투자통계, 품목별 유망시장, 국가별 시장정보는 로그인하지 않고 이용할 수 있으므로 학생들도 실습해 볼 수 있다. 기업별 맞춤 정보는 기업 계정으로 로그인해야 하며 잠재파트너 정보는 별도 프리미엄 서비스 구독 신청이 필요하다.

1) 무역투자통계

- 한국 수출현황

트라이빅 무역투자통계 메뉴에서 한국의 수출현황을 수입지역별/품목별/연월별 지정하여 볼 수 있다. 품목은 HS코드[156] 6자리 또는 10자리 기준이다.

먼저 수입지역만 지정한 다음에 해당 수입지역으로 마우스 커서를 대면 수출액과 한국의 총 수출액 대비 해당 국가 수출액 비중을 확인할 수 있다. 조회기준 시점으로부터 최근 7개월간 한국의 해당 지역 수출액 추이 그래프를 볼 수 있으며 한국에서 해당 지역으로 가장 많이 수출한 상위 5개 품목도 볼 수 있다. 한국에서 해당 지역으로 수출한 품목의 비중

156 국제 통일 상품 분류체계에 따라 대외 무역 상품을 종합적으로 분류하는 품목 분류코드

을 HS코드 2단위 기준으로 시각화하여 보여준다. 한국이 해당 지역으로 가장 많이 수출한 상위 50위 품목 중 전년 대비 수출액 증가율과 감소율이 높은 상위 5개 품목도 볼 수 있다.

품목 HS코드를 지정하면 한국의 해당 품목 전 세계 수출현황을 지도로 시각화하여 볼 수 있다. 조회기준 시점으로부터 최근 7개월간 한국의 해당 품목 수출액 추이 그래프를 볼 수 있으며 한국에서 해당 품목을 가장 많이 수출한 상위 5개 지역도 볼 수 있다. 한국에서 해당 품목을 가장 많이 수출한 상위 50개 지역 중 전년 대비 수출액 증가율이 가장 높은 상위 5개 지역도 볼 수 있다.

- 글로벌 수출현황: 전 세계 수출현황을 수출지역별/수입지역별/HS코드별/연별 제시한다.
- 외국인 직접투자통계: 외국인 직접투자현황(FDI) 현황을 투자지역별/연도 및 분기별 제시한다.

2) 국가별 시장 정보

원하는 국가를 선택하면 국가 개요부터 KOTRA가 직접 수집한 호부진 품목정보까지 종합적인 시장정보를 확인할 수 있다.

- 시장 개요 정보 : 국가 기본 정보, 국경일 정보, KOTRA 지역 전문가 정보, FTA 체결 현황
- World Bank 지표: 세계은행(World Bank)에서 발표하는 국가별 주요 지표 정보
- KOTRA 지표: KOTRA에서 해외무역관을 통해 수집한 국가별 호조/

부진 품목정보, 해당 시장의 기업이 KOTRA buyKOREA를 통해 등록 한 공개 인콰이어리 수, 한국에서 해당 시장으로 최근 5년간 수출한 금액

- KOTRA 해외시장뉴스 및 언론정보: 현지 무역관에서 직접 작성된 해외시장뉴스 및 무역 사기 사례, 국가별 국내외 언론기사
- AI 분석: 해당 시장의 국내수출금액 추이에 대한 인공지능(AI) 분석

3) 품목별 유망시장

HS 코드나 MTI[157] 코드를 입력하고 통합분석을 클릭하면 빅데이터 분석을 요청한 품목별로 해외 유망시장 추천 및 관련 무역통계 정보를 얻을 수 있다. 먼저 해당 품목의 글로벌 시장 교역 순위, 주요국 글로벌 시장 점유율, 한국 5개년 수출신고 추이, 유망시장 순위 등을 볼 수 있다. 추천된 유망시장에 대한 KOTRA 시장조사를 곧바로 의뢰할 수 있는 것이 장점이다.

- 유망시장 수출입 통계: 품목별 유망시장 상위 30개의 수출입 통계 상세정보(UN Comtrade[158] 기준)
- 품목별 종합 정보: KOTRA 무역관에서 작성한 해외시장뉴스, 글로벌 전시포털(GEP)의 전시정보, 바이코리아(buyKOREA)의 바잉오퍼 정보 등 KOTRA에 축적된 해당 품목 관련 정보를 종합적으로 제공
- 수입규제정보: 해당 품목 관련 수입규제 정보 제공

---

157 Ministry of Trade Industry. HS 코드는 무역통계 분석 활용에 어려움이 있으므로 산업통상자원부에서 제정한 수출입 품목 분류체계.

158 유엔의 무역통계 데이터베이스 UN Comtrade를 활용해 국가 간 수출입 현황을 파악할 수 있다.

- AI 분석: 해당 품목 관련 수출통계 정보를 인공지능(AI)이 보고서 형태로 제공

4) 기업별 맞춤 정보

KOTRA 기업회원 계정으로 로그인하면 KOTRA 사업참여 이력과 고객의 소리 상담 이력을 볼 수 있다. 유망시장, 유망사업을 맞춤형으로 추천해 준다.

기업별 맞춤 정보는 고객이 KOTRA 홈페이지에 입력한 기업 기본 정보, buyKOREA에 등록한 상품정보, 홈페이지 내용을 분석한 결과이므로 기본 정보, 관심 품목, 상품정보를 수정하면 더 정확한 맞춤형 추천 서비스를 받을 수 있다.

5) 잠재파트너 정보

KOTRA 기업회원은 빅데이터 해외시장정보 프리미엄 서비스를 무료로 구독할 수 있다. 프리미엄 구독 신청만 하면 600만 개 해외기업 DB에서 회원사에 맞는 잠재파트너를 매주 업데이트하며 찾아 줄 수 있다.

3. 무역 빅데이터 플랫폼 활용 성공사례

1) A사

코로나19 상황으로 인해 준비 중이던 해외전시회와 외국 바이어 미팅이 모두 취소되었다. 트라이빅의 빅데이터를 통해서 제품 홍보에 적합한 바이어 리스트를 추천받았다. 곧바로 바이어들에게 제품안내 이메일을 발

송했다. 싱가포르 회사들이 관심을 보여서 화상 미팅을 진행하였고 수출 계약으로 이어졌다. 빅데이터 분석을 하면 시간과 비용을 절감할 수 있으므로 수출마케팅 인력이 부족한 중소기업에 큰 힘이 된다.

2) B사

트라이빅의 빅데이터 분석을 통해 미국 모회사가 잠재 거래처인 것으로 파악하였다. 이메일을 통해 회사와 제품 소개서를 발송하였고 미국 회사 대표의 한국 방문 소식을 들었다. B사 본사에서 미국 회사 대표와 미팅 후 수출계약으로 이어졌다. 트라이빅을 통해 효과적으로 진성 바이어를 찾을 수 있는 장점이 있다. 수출 기업으로서는 해외 영업에 들어가는 시간과 비용을 줄일 수 있다.

토의문제

- 전자무역 빅데이터 활용 사례가 더 있는지 조사하고 설명하시오.
- 빅데이터를 활용한 무역마케팅 성공사례를 조사하시오.
- KOTRA 무역·투자 빅데이터 플랫폼 트라이빅(TriBIG)에 접속하여 무역투자통계, 국가별 시장정보, 품목별 유망시장을 실습하시오.
- 중소기업의 글로벌역량 강화를 위해 빅데이터가 어떻게 사용될 수 있을지 토의하시오.
- 계약이행 단계에서 과연 uTradeHub에서 빅데이터를 활용할 수 있을지 문제점을 지적하시오.

9장

비대면 무역

학습 목표

- 급성장하고 있는 비대면 무역의 필요성에 대해 이해할 수 있다.
- 비대면 무역 지원정책, 지원 서비스, 활용 수단에 대해 자세히 알 수 있다.
- 전자무역 사기 수법을 파악하고 사기 예방 수칙과 예방 사례를 이해하여 무역 사기 피해를 예방할 수 있다.

학습 목차

9장 비대면 무역

제1절 비대면 무역의 급성장

1. 비대면 무역의 필요성

1) 비대면 무역마케팅 필요

각국의 강력한 여행 제한과 입국 제한으로 대면 마케팅에 장벽이 생긴다면 기업은 비대면 마케팅으로 장벽을 극복해야 한다. 여행 및 항공 산업은 매우 어려웠지만, 전자상거래 및 엔터테인먼트와 같은 비대면 경제를 통해 성장한 산업도 있다. 최근 무역의 트렌드는 비대면 무역이다. 효과적인 비대면 무역 마케팅은 무역 산업을 활성화할 수 있다. WTO(세계무역기구)는 코로나19 팬데믹이 시작되면서 무역 규모가 큰 폭으로 축소될 것으로 예상했지만 실제로는 감소 폭이 크지 않았다. 코로나19 팬데믹 이후에도 많은 바이어가 온라인을 찾을 것이다.

전 세계 정부는 비대면 수출을 강화하기 위해 인프라를 확충하고 있다. 가상전시회, 화상회의, 온라인 세미나 등의 비중이 증가하고 관련 산업의 규모가 커지고 있다. 한국무역협회는 코로나19 위기가 심화함에 따라 자체 온라인 플랫폼을 통해 온라인 수출상담을 지원하고 있다. 한국무역협회의 기업 간 바이어 거래 플랫폼인 tradekorea와 해외직접판매 플랫폼인 kmall24를 통해 비대면 무역 시대에 한국기업을 도왔다. KOTRA는 비대면 해외 마케팅 사업도 적극 추진하고 있다. KOTRA는 온라인 지사화, 화상상담, 온라인 설명회, 온라인플랫폼, buyKOREA, 온라인 상품관, 온라인 전시관을 강화하고 있다. KOTRA는 코로나19 이후에도 대면·비대면 결합(O2O) 해외 마케팅을 추진할 계획이다.

2) 비대면 무역의 뉴노멀화

전문가들은 지역이나 시기의 구분 없이 전 세계적으로 감염병이 반복해서 나타날 것으로 예상한다. 감염병이 세계적으로 유행하는 팬데믹의 일상화를 넥스트 노멀(Next normal·새로운 표준)로 받아들여 수출기업을 위한 근본 대책을 마련해야 한다. 이러한 시대에 기업전략의 핵심은 디지털 전환(Digital Transformation)이다. 물리적 이동과 대면 비즈니스 제약의 근본적 해소를 위해 디지털 체제로의 혁신을 도모하는 것이다. 물리적 이동성에 제약이 생겼을 때 수출 활동을 유지하고 새로운 수출 기회를 찾기 위해서는 기존의 수출방식과 수출기능에 비대면·비접촉과 같은 혁신적 변화가 요구된다. 코로나 팬데믹 이후에도 디지털 수출 혁신(Digital Export Innovation)[159]이

---

159 특정 수출 관련 활동 또는 기능에 디지털 기술 또는 솔루션을 적용하여 수출 생산성

핵심 전략 또는 정책으로 자리 잡아야 하는 이유이다.[160]

3) 디지털 수출혁신전략 필요

2020년에 산업연구원과 한국무역협회가 공동으로 수행한 조사에 의하면 비대면 수출마케팅과 디지털 수출혁신전략은 기업들의 코로나19 대응 전략에 이바지한 것으로 나타났다. 디지털 수출혁신전략의 필요성을 확인할 수 있고 다음 표를 보면 기업들이 실제로 어떻게 비대면 수출마케팅을 활용하고 있는지 그 실태를 알 수 있다.

표8 비대면 수출마케팅 활동의 유형별 활용 실태

비대면 수출마케팅 활용	응답 기업 수	비중(%)
활용하지 못함	230	23
활용함	768	77
합계	998	100
비대면 수출마케팅을 활용하는 768개 사의 세부 활용 유형(복수 응답)		
공공기관 주관의 화상상담회 참가	304	25.2
자사 자체의 화상상담회 시행	447	37
B2B, B2C 온라인 플랫폼을 통한 자사 홍보 강화	268	22.2
온라인 홍보콘텐츠 (유튜브, VR 등) 제작	172	14.3
기타	16	1.3
합계	1,207	100

출처: 한국무역협회·산업연구원 실태조사(2020)

을 혁신적으로 향상하는 것이다. 수출활동의 근본적인 혁신이 디지털 기술이나 솔루션에 따라 이뤄지는 디지털 전환의 바로 전 단계라고 볼 수 있다.

160 KIET, "코로나19 대응을 위한 중소기업 디지털 혁신실태 및 정책 시사점", 산업경제분석, 2020.

비대면 수출마케팅 활용 정도를 살펴보면, 수출중소기업의 77%는 활용하고 있으며 나머지 23%는 활용하지 못한 것으로 나타났다.

비대면 수출마케팅의 유형은 4개로 나눌 수 있다. 자사 화상회의(37.0%), 공공기관 주최 화상회의(25.2%) 등 화상회의를 이용하는 기업이 많았다. 반면 B2B, B2C 등 온라인 플랫폼을 활용한 홍보(22.2%)와 유튜브 홍보콘텐츠 제작(14.3%)과 관련된 마케팅 활동은 상대적으로 적었다.[161]

그러나 비대면 수출마케팅이 수출실적 증가에 실질적인 기여가 높지 않은 점은 생각해 보아야 한다. 그 배경에는 여러 가지 복합된 요인이 있다. 경쟁사보다 디지털 혁신 수준이 낮고, 제품 특성에 맞는 온라인 수출마케팅이 부족하다는 문제가 있다. 화상회의 결과가 실제 수출계약으로 이어지기 위한 후속 지원도 강화되어야 한다.[162]

2. 중소기업 비대면·온라인 수출지원 정책

코로나19로 인한 어려운 여건 속에서도 중소기업이 주역인 온라인 수출 및 비대면 품목 수출은 증가하였다. 중저가 소비재 위주의 B2C 거래 비중이 큰 온라인 수출의 특성을 봤을 때 중소기업 중심으로 수출이 늘

---

161 KIET, “코로나19 대응을 위한 중소기업 디지털 혁신실태 및 정책 시사점”, 산업경제분석, 2020.

162 한국무역협회·산업연구원, “코로나19의 중소기업 수출 영향 및 디지털 수출혁신 전략 활용 실태 분석”, 2020.

어난 것이다. 중소벤처기업부는 기존 오프라인 수출지원사업을 비대면 방식으로 확대하고 글로벌 온라인마케팅과 한류마케팅도 대폭 늘리는 등 마케팅 지원을 강화한다.

1) 비대면 방식 고도화

오프라인 수출마케팅 현장 지원 연계 등 화상상담회를 고도화한다. 오프라인 무역 전시·상담회와 온라인 화상상담회를 결합한다. 협업 네트워크를 활용한 유망 중소기업제품 전용 오프라인 전시실을 구축한다.

현지 전문가를 활용하여 해외 전시회 비대면 참가를 지원하고 비대면 마케팅 사전·사후관리 강화를 통해 수출성과를 창출한다. 주제별·지역별 화상상담회를 상시 운영하여 수출성과를 달성한다.

2) 비대면 거래 확대

해외 온라인몰 판매를 적극적으로 지원하여 K-세일[163] 방식의 글로벌 진출을 촉진한다. 국내와 해외 온라인몰을 연계하고 해외 온라인몰에 입점할 수 있도록 지원제도를 개선하여 내수기업의 온라인 수출 기업화 지원을 확대하고 신흥시장 진출 지원을 확대한다. 브랜드 K[164], 한류마케팅 및 라이브커머스를 활용하여 홈쇼핑·온라인몰 홍보를 강화한다.

---

163 해외 쇼핑몰의 스트리밍 채널을 활용하여 한류스타와 상품을 연계한 프로모션 콘텐츠 제작 및 방송, 현지 인플루언서를 활용한 라이브커머스 구축

164 국내 중소기업은 품질과 기술력을 갖추고 있어도 브랜드 인지도가 낮으므로 국가대표 중소기업 공동브랜드 '브랜드 K'를 만들었고, 중소벤처기업부와 중소기업유통센터에서 2022년까지 300개의 제품을 선정하여 수출마케팅을 지원함

3) 비대면 신동력 발굴·육성

온라인·비대면 관련 유망 신생기업의 해외시장 진출을 지원한다. 온라인·비대면 방식의 해외 진출이 가능한 신생기업을 발굴하여 테스트베드[165]를 지원하고 해외 현지 안착 및 판로개척 지원 등을 전방위적으로 지원한다.

4) 기반 확충

비대면·온라인 수출지원시스템을 체계화하고 비대면·온라인 수출 전문인력을 양성하며 인프라를 확충한다. 빅데이터를 활용한 해외시장 진출전략 수립을 지원하고 화상회의 관련 인프라 구축을 지원하는 등 비대면·온라인 수출 기반을 확충한다.

3. 비대면 수출지원 프로그램

전시회, 무역사절단, 바이어 초청 상담 등 전통적 수출마케팅 활동이 어려워지면서 정부는 새 시대에 걸맞은 비대면 수출마케팅 지원정책을 펼치고 있는데 실제 비대면 수출지원 프로그램은 KOTRA, 중소벤처기업진흥공단, 한국무역협회 등 무역유관기관에서 진행하여 성과를 내고 있다.

---

165 신기술, 제품 및 서비스의 성능과 효과를 테스트할 수 있는 환경, 시스템 및 시설

1) KOTRA

대한무역투자진흥공사(KOTRA)는 가장 먼저 코로나19 대응 태세로 전면 전환해 화상상담, 온라인 플랫폼 입점, 긴급 지사화, 온라인 전시관, 글로벌 소싱 다변화 등 비대면 수출지원 서비스를 시행했다.

KOTRA는 오프라인 비중이 높았던 한국 수출산업을 온라인 채널로 확대해 새로운 성과를 내고자 한다. 중소기업 등 디지털 전환에 취약한 기업에 대한 지원을 강화하고, 기업별 성장단계에 따른 디지털 마케팅 수요를 반영해 지원한다. 디지털 수출 노하우 및 관련 예산이 부족한 수출입 초보, 내수기업, 소상공인 등을 대상으로 온라인 전시관에서 사용할 수 있는 디지털 콘텐츠 제작 혜택을 무료로 제공한다. KOTRA는 참가업체의 보유항목 및 요청사항을 고려하여 동영상, 전자카탈로그 등 맞춤형 디지털 콘텐츠를 제작한다. 단순한 제품 홍보영상을 넘어 가상 공장 견학과 라이브커머스도 시도한다.

KOTRA는 취소된 해외 산업전시회를 대체하기 위해 온라인 전시관을 건립하고 전 세계에서 다수의 온라인 한국상품 전시회를 개최했다. KOTRA는 온라인 채널 제공도 하고 해외 각지 무역관에서 코로나19 특수가 생기는 품목을 발굴해 수출기업에 전달하는 역할도 맡았다. 또한, 국내 중소기업과 해외 바이어 간의 영상상담을 위해 현지 무역관이 직접 발로 뛰었다.

KOTRA는 2021년에 대면·비대면 결합형(O2O) 무역·투자 디지털 전환을 주요 사업 운영 방향으로 정했다. 디지털 플랫폼 고도화를 통한 가성비 높은 비즈니스 모델을 제공하기 위해 buyKOREA를 수출거래 전 단계의 One-roof/One stop+빅데이터+대외경제정보 통합 플랫폼으로 구축하였다. buyKOREA를 통해 무역사절단(빅데이터+화상상담+긴급 지사화), 수출 기업화(샘플박스+화상상담), 전시회(온라인 전시회+전담 직원 오프라인 마케팅) 등 무역·투자사업의 융복합 및 O2O/O4O[166] 디지털 전환을 지원한다.

이를 위한 주요 사업은 ①무역사절단, ②온라인 지사화, ③화상상담, ④온라인 설명회, ⑤온라인 플랫폼, ⑥buyKOREA 구매 제안 발굴, ⑦온라인 상품관 구축, ⑧온라인 전시관 등이다.

2) 중소벤처기업진흥공단

중소벤처기업진흥공단이 해외거점을 활용한 비대면 해외 진출 지원사업(K-비대면 사업)으로 중소기업 수출계약을 체결했다. K-비대면 사업은 16개국 BI(수출인큐베이터) 등 25개 해외거점을 활용해 수출기업에 온라인 세미나, 온라인 멘토링, 온라인 수출상담회, 기술교류회, O2O(온라인과 오프라인을 연결한 마케팅) 수출 등을 지원하는 사업이다.

중소벤처기업진흥공단은 온라인수출플랫폼 사업을 통해 해외홍보 및 판로개척이 어려운 중소기업을 지원한다. 온라인 수출시장 개척 및 해외 판로 확대를 위해 홈페이지 제작, 검색엔진마케팅 서비스, 글로벌 홍보마케팅 등을 제공하여 중소기업의 수출을 촉진한다. 지원내용은 다음과 같다.

- 외국어 홈페이지 제작: 영어, 중국어, 일어, 러시아어 등 외국어 홈페이지 제작

---

166 O2O(Online to Offline) - 온라인과 오프라인을 연결한 마케팅. O4O(Online for Offline) - 온라인에서 축적된 기업 데이터를 상품 조달 및 큐레이션에 적용하여 오프라인으로 사업을 확장하는 차세대 비즈니스 모델

- 검색엔진 마케팅: 기업의 홈페이지를 구글 등 유명 포털사이트에서 검색 상위 노출되는 과정을 지원
- 글로벌 홍보마케팅: 영문으로 된 디지털 상품 페이지 제작 및 B2B 무역거래알선사이트 등록, 해외 바이어 구매 인콰이어리 대응, 무역 상담 등 사후관리
- 온라인 수출관: 현지 언어로 된 상품 페이지, 거래제의서 작성 등 인콰이어리 발굴을 지원함(포르투갈어, 스페인어, 아랍어, 베트남어, 인도네시아어, 러시아어 6개 권역)

중소벤처기업진흥공단은 글로벌 전자상거래 및 인플루언서 수출마케팅 활성화를 위해 전문 MCN(Multi Channel Network) 기업과 연계해 중기 상품 전문 판매자, 인플루언서 70명(기초과정 50명, 심화 과정 20명)을 선발했다. 또한, 전국 7개 대학을 특성화 대학(대학생 약 400명)으로 지정해 전자상거래 전용 과정을 신설하고, 지역 중소기업 제품과 매칭해 지역 특산물 판매를 확대했다.

3) 한국무역협회

한국무역협회도 중소기업의 수출 확대를 위한 비대면 화상 수출상담회와 온라인 전시회 개최를 적극적으로 하고 있다. 무역협회는 서울 강남구 삼성동 트레이드 타워에 있는 비즈니스센터에 화상 회의실을 구축했다. 아울러 13개 국내 지역본부 회의실에 화상상담 시스템을 구축했다. 모든 국가 바이어들과 화상회의 가능하도록 줌(Zoom)·스카이프·구글 행아웃 등 화상회의 소프트웨어를 활용하고 있다. 상대방의 얼굴만 마주하는 데 그치지 않고 카탈로그와 문서, 견적서를 공유하며 회의할 수 있다.

한국무역협회는 비대면 마케팅 수출 성공사례를 비대면 생중계 세미나를 통해 공유하는 데 적극적이다. 한국무역협회가 개최하는 화상 수출 상담회에서 해외 바이어와 국내기업을 직접 매칭해 준다. 한국무역협회가 직접 품목별로 맞춤형 해외 바이어를 발굴한다. 무역 현장 자문위원이나 수출바우처와 연계된 통·번역 위원이 옆에서 상담을 도울 수 있다. 상담회 후 SNS, 이메일, 전화 등을 통해 바이어와 추가 연락하는 과정에서도 자문을 제공한다.

한국무역협회는 수출기업의 비대면 마케팅 역량 강화를 지원한다. 해외 바이어들에게 전달할 외국어 카탈로그나 제품 사진은 기본이고 상표 및 포장 디자인을 업그레이드하도록 도와준다. 신뢰할 만한 회사 발자취와 상세한 제품 카탈로그, 홍보영상, 전문가가 찍은 수준 높은 제품 사진은 비대면 수출마케팅에서 강점이 된다.

한국무역협회는 디지털 무역 상담 플랫폼 '트레이드프로' 서비스를 개시했다. '트레이드프로'는 무역협회가 운영해 왔던 무역 상담 서비스 '트레이드 SOS(Trade SOS)'를 업그레이드한 플랫폼이다. 여기서는 '채팅 및 화상상담'은 물론 게시판을 통해 물어볼 수 있는 '오픈 상담', 인공지능 기반의 'AI 자문 상담'을 제공한다. 비대면, 디지털 전환 흐름에 대응하여 무역업계의 다양한 분야에 대한 상담도 진화하고 있다.

제2절 비대면 무역 수단의 활용

중소벤처기업부는 코로나19의 영향이 본격화된 이후 해외 전시회 참가 등 매년 진행되었던 오프라인 해외마케팅을 온라인·비대면 방식으로 전환하였다. 온라인 전시관도 참여기업 수를 늘리고, 주제별 전시를 추가하는 등 확대·개편했다. 다른 수출 지원기관과의 협업을 통해 화상상담회를 진행할 수 있었고, 실제 수출계약이 달성되는 성과를 거뒀다.

온라인 전시관은 시간과 비용상의 어려움 또는 감염병 유행으로 인해 해외 전시회에 참가할 수 없는 중소기업을 위해 국내 대표 B2B 무역알선 거래사이트인 gobizkorea(중소벤처기업진흥공단) 및 tradeKorea(한국무역협회) 등에서 운영해 왔다. 코로나19의 영향으로 온라인 전시장의 비중이 높아짐에 따라 최신 기술을 활용한 영상 및 현지화 콘텐츠 제작을 지원하고, VR(가상현실) 기반 3D 영상과 스토리텔링이 가능한 영상을 활용하여 오프라인 미팅 효과를 극대화하기 위해 운영했다.[167]

---

167 방지현, "비대면·온라인 트렌드 활용 중소기업 수출지원", 한국행정연구원, 행정포커스 Vol. 148, 2020.

1. 온라인 전시회

1) 장점

코로나19의 확산으로 인해 대부분의 전시회가 온라인으로 전환되었다. 온라인 전시회는 오프라인 전시를 온라인으로 옮기는 것으로 쉽게 이해할 수 있지만 장단점이 있다. 오프라인 전시는 기업의 부스에서 고객과 직접 대화하면서 제품이나 기술을 소개하는 것이다. 온라인 전시회는 디지털콘텐츠를 통해 제품이나 기술을 선보여야 한다. 온라인 전시는 물리적인 경계가 없기 때문에 시간과 장소에 구애받지 않는다는 장점이 있다. 오프라인 전시에서는 전시장을 돌아다니며 생각하지 못했던 제품이나 기술을 접하면서 새로운 사업 기회를 얻을 수 있었지만, 온라인 전시에서는 비교적 드문 일이 되었다. 온라인 전시회는 제품을 만지고 접하는 경험이 부족한 단점이 가장 크다.

2) 활용 전략

오프라인 전시회가 종합 비즈니스 플랫폼이라면 온라인 전시회는 제품 노출, 관심 획득, 영상 상담 등 기대 효과가 제한적이다. 따라서 온라인 전시회에서는 기업과 제품을 분류하는 카테고리와 키워드에 각별한 주의가 필요하다. 온라인 전시회를 위해서는 양질의 제품 사진과 설득력 있는 영상을 준비해야 한다. 우리 회사에 관심이 있는 바이어가 회사소개서 자료를 다운받을 때 마지막까지 읽을 수 있도록 최신 자료와 설득력 있는 제안서를 준비하는 것이 중요하다.

온라인 전시를 위해 사전에 상담 샘플을 발송하는 것도 좋은 방법이다. 바이어가 직접 상품을 보고 이해할 수 있어 비대면 상담의 한계를 보완할 수 있다. 인터넷 환경이 한국만큼 좋지 않은 나라가 많으므로 바이어의 온라인 접속 자체에 문제가 생길 수 있다는 점도 고려해야 한다. VR(가상현실) 등 온라인 전시 콘텐츠의 혁신이 일어나고 있고, 고객들도 점차 온라인 전시에 익숙해지고 있다는 점에서 코로나19 사태 이후에도 온라인 전시회 비중이 늘어날 것으로 예상할 수 있다.

2. 화상상담

코로나19가 확산되면서 수출기업에 화상상담은 필수가 됐다. 화상상담에서 성공적인 계약 성사를 위해서는 차별화된 전략이 필요하다. 화상상담의 단점은 바이어가 직접 상품을 확인할 수 없다는 것이므로 다양한 시각적 준비가 필요하다. 시청각 자료를 적극적으로 활용하고 샘플을 제시한다. 한국무역협회는 성공적인 화상상담을 위해서는 ① 시청각 자료 활용 ② 인증서 및 테스트 결과 ③ 영향력 있는 바이어와의 거래 내역 ④ 원활한 상담 환경 구축 ⑤ 제품 특성별 전략 수립이 필요하다고 밝혔다.[168]

코로나19 사태가 진정된 후에도 화상상담은 출장비와 시간을 절약할 수 있어 활용도를 높일 예정이다. 따라서 화상상담의 성공을 위한 전략수립이 필요하다. 대면상담에 비해 화상상담은 바이어의 집중력이 떨어진다. 그러므로 제품 시연 영상으로 바이어의 관심을 끈 후 견적서, 카탈

---

168 한국무역협회, 포스트 코로나 시대, 온라인 화상상담 성공전략, 트레이드 브리프 12호, 2020.

로그 등 부가정보를 공유하는 것이 전략적이다. 공인기관의 테스트 결과 및 성능, 기존 거래 실적을 공유하면 상대방의 신뢰를 얻을 수 있다.

3. 메타버스(Metaverse)

1) 정의

메타버스(Metaverse)는 '메타'(Meta)와 '유니버스'(Universe)의 합성어이다. '메타'(Meta)는 '가상', '초월' 등을 뜻하고 '유니버스'(Universe)는 우주를 뜻한다. 사회·경제·문화 활동이 현실 세계와 비슷하게 이뤄지는 3차원의 가상세계가 메타버스이다. 2003년 미국에서 개발한 온라인 가상현실 '세컨드 라이프'가 대표적인 메타버스 플랫폼이다.

메타버스는 VR(가상현실)보다 더 진화한 개념이지만 2022년 현재 메타버스는 AR(증강현실), SNS, 소셜 게임, 온라인 롤플레잉 게임 등도 메타버스의 범주로 수용하고 있다. 메타버스는 아바타를 활용하여 가상현실 게임을 즐기는 현재 수준에 그치지 않고 일선 기업과 산업 현장에서도 적용될 것이고 문화·사회적 활동에서 현실 세계를 대체해 나갈 가능성이 있다.

2) 무역에서 메타버스의 활용

KOTRA의 디지털 기반 서비스 중에서 메타버스도 있다. KOTRA는 메타버스로 상담 현장을 구축하여 국내기업이 메타버스에서 외국 기업과 연결될 수 있도록 하였다. KOTRA는 2021년 미국 뉴욕 코믹콘(New York Comic Con)에 참가해 한국관을 열었으며 미국 출장이 힘든 국내 콘텐츠 기업들이 바이어와 만날 수 있도록 메타버스 플랫폼 '게더타운'에서 온라인 상담회를 진행했다.

'2022 두바이 한국우수상품전'에서는 '게더타운'을 활용하여 온라인 세미나와 수출상담회를 진행하였다. 메타버스가 기존 온라인 화상상담과 다른 점은 가상세계와 현실 세계가 상호작용하면서 가치를 창출하는 것이다. 메타버스 온라인 수출 상담의 차별화된 특징은 유연한 화상대화이다. '게더타운'에 접속한 바이어, 통역사, 수출자는 아바타를 직접 꾸미고 아바타로 다른 사람에게 인사하고 말을 건다. 실제 현실 세계에서 비즈니스를 하듯 명함을 주고받고, 비즈니스 관련 업무를 할 수 있다. 메타버스 안에서는 직접 상대방을 찾아가 대화를 시작할 수 있다는 점에서 더 현실적이고 유연한 업무환경을 경험한다.

커스터마이징도 장점이다. 실제 행사장의 모습과 비슷하게 맵을 만들 수 있고, 아바타를 자유롭게 꾸미고 움직일 수 있다. 전시 부스도 업체별로 다르게 만들어져 제품설명 및 카탈로그를 통해 접속할 수 있다. 메타버스에서는 수출상담회 참가자가 주체적으로 움직이고 참여할 수 있으므로 재미와 더불어 대화의 긴장 요소를 줄일 수 있다.

4. 라이브커머스(live commerce)

1) 라이브커머스의 확대

실시간 동영상 스트리밍과 채팅으로 소비자와 소통하며 상품을 판매하는 온라인 채널이다. 비대면 경제의 부상과 더불어 모바일 소통에 익숙한 'MZ세대'를 주 고객으로 라이브커머스가 주목받고 있다. 홈쇼핑과 달리 채팅창에서 시청자와 양방향 소통을 하는 점이 특징이며, 채팅창에서 제품에 대한 문의와 답변을 간편하게 진행할 수 있다. 라이브커머스는 화장품 업계, 백화점, 편의점 등에서 활발하게 활용하고 있으며 코로나19 비대면 경제 상황에서 급성장했다.

2) 라이브커머스를 통한 해외시장 진출

정부는 전 세계적인 비대면 소비 추세에 맞춰 라이브커머스 등 새로운 온라인 마케팅기법을 활용하여 우리 중소기업의 해외 진출을 적극적으로 지원하고 있다. 중소벤처기업진흥공단은 온라인 해외 수출시장 진출을 희망하는 국내 중소벤처기업에 라이브커머스 교육을 지원한다.

라이브커머스는 중국과 동남아 시장진출에 효과적이다. 중국 소비시장의 디지털 전환과 비대면 추세가 가속화되며 덩달아 라이브커머스 시장도 폭발적으로 성장하고 있다. 중국 최대의 온라인 플랫폼 타오바오몰과 중국의 대표적인 전자상거래 플랫폼인 텐센트와 후야를 통해 상품 구성부터 중국 현지의 유력 왕홍이 참여하는 방송으로 국내 유망제품을 중국 소비자들에게 온라인으로 선보이며 수출에 성공하고 있다.

미국도 전자상거래 이용률이 많이 늘어나면서 라이브커머스가 기업들의 주요 판매 채널로 주목받고 있다. 미국의 많은 기업이 라이브커머스 시장에 뛰어들고 있다. 라이브커머스는 방송 공간과 시간의 제약이 없다는 장점이 있다. 한국기업이 미국에 오프라인으로 입점하지 않아도 라이브커머스를 통해 미국 고객에게 상품을 소개할 수 있으므로 마케팅 수단으로 적절하게 활용할 수 있다. 단, 영어를 잘하는 인력이 있어야 미국 라이브커머스 방송을 진행할 수 있다.[169]

---

169 KOTRA, "미국, 라이브커머스가 뜬다", 해외시장뉴스, 2022.01.03.

제3절 전자무역 사기의 예방

코로나19 팬데믹으로 비대면 무역거래가 확산하면서 무역 사기가 늘고 있는 것으로 나타났다. 더욱 교묘해지고 다양해진 무역 사기 수법에 수출입 기업들의 각별한 주의가 요구된다. 피해 후 대금 회수 등의 문제는 해결하기 어려우므로 사전에 주의하고 예방하는 것이 필요하다.

1. 전자무역 사기 수법

1) 스피어 피싱(Spear Phishing)

이메일 무역 사기 수법이 더욱 교활해졌다. 특정한 개인들이나 회사를 대상으로 교묘하게 속이는 '스피어 피싱'이 늘어나고 있다. 불특정 다수의 개인정보를 빼내는 기존 사기 메일과 달리 스피어 피싱은 특정인을 공격 목표로 삼는다. 주로 기업 이메일을 해킹하여 무역 거래정보를 훔쳐본 후 다른 계좌로 송금을 유도하는 수법으로 이루어진다. 사기 계좌로 대금을 잘못 송금한 뒤 무역 사기를 인지했을 경우 즉시 은행에 자금 동결을 요청하고 곧바로 수사기관에 신고해야 한다. 이미 송금이 완료된 금액은 회수하기가 어렵기 때문이다. 그러므로 항상 대금 송금 전에 바이어의 실존 여부를 파악하고 외상거래는 될 수 있으면 피해야 한다. 바이어에 대한 신용조사와 전화 통화 확인을 통해 잘못된 송금을 예방해야 한다.

최근 외국 해커가 국내 수출업체인 A사와 거래하는 나이지리아 수입업체인 B사의 이메일을 해킹하였다. 해커는 B사에게 A사에 결제 예정인 수입 대금을 자신의 은행 계좌에 입금하도록 유도하여 B사가 잘못 송금하는 사기 사례가 발생하여 막대한 손해를 입었다.

2) 명의도용 사기[170]

한국무역보험공사는 최근 무역보험 고객들에게 수입업자의 신분 도용에 주의할 것을 당부했다. 첫 거래임에도 사기범이 전액 외상거래를 강력히 요구하면서 불안해하는 수출업자에게 무역보험 가입을 먼저 제안하기도 한다. 수입업자의 명의를 도용하여 사기범이 수출업자와 수출계약을 체결 후 물건만 납품받아 잠적하는 사례가 자주 발생하고 있다. 수입업자로 속인 제삼자와 거래할 때 보험증권에 따라 수입업자와 계약이 체결되지 않아 보험금 지급이 거부된다.

무역 사기의 피해자가 되는 것을 피하기 위해서는 거래상대방이 정말 수입자인지 철저한 확인을 해야 한다. 특히 첫 번째 거래에서 수입자의 원산지 국가와 수출상품의 도착지가 다른 경우 또는 제3의 주소로 선적을 요청하고 선적서류의 직접 배송을 요청한 상황에 해당한다. 또한, 수입업자의 이름과 수입업자의 업종과 수출품이 관련이 없는 경우에도 주의해야 한다. gmail.com과 같은 개인 이메일을 사용하거나 이름과 미묘하게 다른 계정을 사용하는 경우 공식 홈페이지 등을 통하지 않고 개인 이메일이나 메신저 앱을 통해서만 연락할 때도 조심해야 한다.

이메일이나 인터넷을 통해 접근한 사람이 제공한 연락처에 대해서는 교차검증이 필요하다. 회사 홈페이지나 현지국 사업자등록번호 데이터베

170 한국무역협회, "코로나19 장기화에 비대면 무역 사기 기승", 무역뉴스, 2021.08.03.

이스에서 확인 가능하며, 공시자료 및 KOTRA 해외수입업자 연락처 확인 서비스에서도 확인할 수 있다. 무역보험공사는 국외기업 신용 및 불량정보 데이터베이스를 운영하며 수출 기업들에 정보를 제공하며 바이어 신용조사 서비스도 제공하고 있다.

연락처를 확인한 후 해당 수입사 직원이 실제로 근무 중인지, 계약 체결 의사가 실제로 있는지 확인하고 해당 내용을 증거자료로 확보한다면 사기 피해 가능성을 줄일 수 있다.

3) 대금결제 사기

신규 바이어와 처음 거래할 때는 계약조건에 조심해야 한다. 대금결제를 선수금 결제조건이나 신용장 개설로 진행하면 명의도용 사기로 인한 피해 가능성을 줄일 수 있다. 무역거래 계약 체결 전에 무역협회, KOTRA 같은 유관기관이나 법무부에서 계약서를 검토받고 조언을 받는 것도 좋은 방법이다.

첫 거래인데 수입자가 외상거래를 강력하게 요구하는 경우, 수출계약서에 나와 있는 수입상의 대표자나 구매책임자 같은 계약 권한자의 서명을 받거나 계약서 서명자에 대한 권한위임장을 공증받아 두는 것이 좋다. 아울러 제3국에 수입사의 지사나 사무소가 있다며 그곳으로 물품을 선적하라고 요구하며 선적서류를 보내 달라고 요구하면 의심이 필요하다. 내수 업체인데도 제3국으로 물품 선적과 선적서류 직송을 특별히 요구하는 경우 더더욱 조심해야 한다.

국내기업 A사는 중국에 있는 B사에 여러 해 화학제품을 수출하고 있다. 거래 초반에만 정상적인 결제가 이루어졌고, 작년부터 대금이 연체되어 미수금이 100만 달러에 달하였다. A사는 해결을 위해 B사를 계속 설득하였으나, B사는 시세가 변동되어 할인 및 분할 결제를 요구하였다. B사는 A사의 이메일 연락과 전화 통화까지 피하였다. 피해를 접수한 중국 현지 무역관은 B사를 면담했지만 B사는 고소하라고 배짱을 부렸다. A사는 결국 가격 할인과 분할 결제를 B사에게 허락했다. B사는 이것도 일부만 대금결제하고 계속 A사의 연락을 피하였다.

4) 선적 관련 사기

수출계약 체결 시까지 화물의 목적지를 알리지 않다가 선적 직전에 화물의 목적지를 제3국으로 변경하는 경우가 많다. 아프리카로의 선적을 요구하는 사례가 주로 많았으나, 최근 유럽이나 아시아로 선적을 유도하는 사례도 발생하고 있다.

화물이 목적항에 도착하였지만, 제품 가격 급락 등의 이유로 수하인(바이어)이 변심하여 인수를 거부하는 경우이다. 그 결과, 수하인이 나타나지 않아 운송인이 체화료 등의 부대비용을 대신 지급하고 수출자에게 구상 청구하는 사례가 많다.[171]

한국의 A사는 건강식품 원료를 수입하기 위해 중국 기업 B사와 계약을 맺었다. B사는 해당 원료의 가격이 오르고 있다며 안정적인 상품 확보를 원한다면 선금이 필요하다고 A사에 연락했다. A사는 B사에 선금을 지급했으며 B사는 제품 사진을 보내오며 A사를 안심시켰다. 그러나 납품 기일을 여러 번 미루다가 결국 계약된 것보다 적은 물량의 상품만 보내왔다. 한국에 도착한 상품은 식품 원료로 사용할 수 없는 불량품이었다. A사는 B사에게

---

171 김범구, "무역사기의 유형과 예방", 더테크(THE TECH), 2021.03.29.

항의했으나 B사는 적반하장으로 바이어인 A사가 물건을 바꿨다고 우겼다. B사는 계속 손해배상 및 기타 비용을 거부하다가 연락을 끊었다.

5) 불법체류 목적의 초청장 발급요청

불법체류를 목적하는 자가 바이어로 가장하고 수출자의 본사 또는 공장 방문 등의 명분으로 초청장 발급을 요청하며 위조 여권 등을 보내오는 등의 사기 행위를 조심해야 한다.

베트남에 있는 B사는 한국 방문 비자를 발급받기 위해 주베트남 대한민국대사관을 방문했다. 대사관 영사과에서는 B사에 한국기업의 초청장 없이는 사증발급이 불가능하다고 통보했다. 이에 B사는 거래 의향이 있는 척하며 한국 A사에 접근해 발주 계획을 전달하고 견적을 요청했다. 그리고 B사의 CEO 겸 엔지니어는 공장을 직접 방문할 수 있는 초청장 발급을 요구했다. B사의 진상을 의심하지 않은 A사는 초청장을 발행했고, 바이어는 A사가 보낸 서류와 함께 비자를 받았다. 이후 입국한 두 사람은 모두 사라졌다.[172]

6) 금품갈취

첫 거래의 경우에는 무역 계약의 체결에 필요하여, 진행 중인 거래의 경우에는 규모의 확대 또는 장기화 등에 필요하다는 다양한 명분으로 수출자(seller)에게 계속하여 금품을 요구하는 일련의 행태를 말한다.

국제입찰, 정부나 지방자치단체 상대의 조달(공급)계약에 필요한 입

---

172 한국무역협회, 가장 빈번하게 발생하는 무역사기 유형 TOP6, 2020.03.10.

찰 수속비, 보증금, 변호사 비용, 수수료 또는 담당자 로비(선물) 비용 등의 명분이 자주 등장하며, 최근에는 목적항에서의 통관 비용 등의 인상을 이유로 하는 갈취 시도 건이 자주 보고된다.

무역 사기가 발생하면 바로 경찰에 신고하고 은행에 지급정지 요청을 해야 한다. 송금한 계좌가 해외 계좌라면 소재지 담당 KOTRA 무역관에 연락해 제삼자 지급정지를 신청하는 방법도 있다. 금품 및 결제 사기, 서류위조 피해가 발생했다면 중소기업법률지원단과 대한상사중재원의 지원과 무역보험공사의 국외기업 추심서비스도 큰 도움이 될 수 있다.

2. 전자무역 사기 예방 수칙

무역 사기의 유형을 더욱 세분류할 수 있겠지만 보다 중요한 것은 예방책이다. 무역 사기 예방을 위하여 유형 및 예방지침 등의 연구가 고도화될수록 무역 사기의 유형과 수법 역시 진화되고 있다.

대부분의 무역 사기는 급하게 거래를 진행하기 때문에 발생한다. 사기 피해를 방지하기 위해서는 충분한 시간을 갖고 바이어와 서서히 거래를 시작하고 주의를 기울인다면 무역 사기의 징후를 사전에 간파할 수 있다.[173]

거래상대방에 대한 신용조사는 신용조사 기관을 통해 항상 철저히 해야 한다. 계좌변경 등 중요 사항이 있으면 반드시 fax와 유선을 통해

173 한국무역협회, 무역사기 방지 매뉴얼, 2019.

즉시 바이어에게 통보해야 한다. 바이어가 이메일로 계좌변경 요청을 보내오면 즉시 유선으로 다시 통보해 달라고 요청해야 한다. 수출대금 미회수 상황 발생 시 해외 채권 회수 전문기관을 활용하여 신속하게 대응해야 한다.

1) 거래단계 초기에서 선적 전 사기 징후 간파

① 바이어가 거래를 서두른다.

② 제품의 사양은 무시하고 대형 프로젝트 또는 대량 오더로 유혹한다.

③ 견적서를 보내주면 단가인하 등 요구도 없이 바로 주문하겠다고 한다.

④ 회사 소개도 없이 정부 혹은 발주처의 인맥을 내세운다.

⑤ 믿을 만한 은행의 신용장 개설이나 선수금 송금방식의 결제조건을 내세우면서 대량 샘플을 무상으로 요구한다.

⑥ 빠른 선적을 재촉하며 항공운송을 요청한다.

⑦ 선수금을 송금한 후 2차 주문에서는 사후송금방식을 요청한다.

⑧ 샘플 보내는 횟수를 늘리고 점차적으로 수량을 늘린다.

⑨ 주문진행 도중에 주문 수량을 늘리면서 무역 대금 결제조건을 바꾼다.

2) 선적 이후의 사기 징후 간파

① 상대 바이어가 전화나 기타 연락을 피한다.

② 시장 사정 같은 장황한 설명을 하며 대금 지급을 연기하려고 한다.

③ 상품 도착 후에 사소한 하자를 트집 잡으며 대금 지급을 피한다.

④ 상품 선적 전에 했던 말이 선적 후 달라진다.

⑤ 선적만 서두르고 선적 후 연락을 끊어 버린다.

3) 이메일 무역 사기 예방 수칙

경찰청 사이버수사국에서는 이메일 무역 사기를 예방하기 위한 수칙을 다음과 같이 알리고 있다.

① 믿을 만한 보안프로그램이 설치된 회사 PC 사용(스마트폰 또는 개인 노트북의 업무 사용 자제)

② 이메일 계정과 B2B 무역거래알선사이트의 비밀번호를 수시로 변경

③ 출처를 알 수 없는 이메일은 열지 말고 삭제

④ 이메일을 통해 결제계좌 변경을 요청하면 반드시 전화나 팩스로 사실관계 확인

⑤ 계약서를 작성할 때 대금결제 할 계좌번호를 미리 지정

⑥ 이메일 계정 해외접속 차단 서비스 이용, 상대방이 보낸 이메일의 IP주소를 확인할 수 있는 이메일 서비스 이용

- 한국무역협회(www.kita.net) 이메일 계정(kita.net) 사용 시 이메일 확인(원문보기)할 때 상대방의 IP주소를 확인할 수 있고 해외접속 차단 설정 가능

⑦ 아이디, 비밀번호 외에 휴대전화 인증, OTP(일회용 비밀번호) 등 투팩터[174] 인증 방법 활용

의심스러운 이메일의 경우 그냥 열어보지 말고 본문 내용 미리 보기를 활용해 메일 내용을 파악해야 한다. 이메일 주소록 기능을 사용하면

---

174 기존 비밀번호 인증방식을 보완해 해커가 비밀번호를 알아도 휴대폰이나 OTP(일회용

정상적인 이메일 주소는 미리 저장해 놓고 저장된 주소로만 회신하므로 사기 피해를 예방할 수 있다.

4) 스피어 피싱 무역 사기 예방 수칙

스피어 피싱은 고위 공직자, 유명인 등 특정 개인이나 회사를 대상으로 개인정보를 캐내거나 정보를 탈취할 목적으로 하는 신종 피싱 공격이다. 경찰청 사이버수사국에서는 스피어 피싱 무역 사기를 예방하기 위한 수칙을 다음과 같이 알리고 있다.

① 이메일 발신자 정보 자세히 확인 (아이디, 도메인 등)
 - 예: 경찰청 도메인은 or.kr 아니고 go.kr
② 이메일에 확인되지 않은 첨부파일의 다운로드 금지
 - 예: 해커들이 PDF 파일 안에도 악성 파일을 숨기는 방법 사용
③ 이중 확장자 파일(doc.lnk 등)은 사기일 가능성이 크므로 열람 금지
④ 이메일 본문에 링크된 사이트 연결 조심
⑤ 개인정보나 특정 정보의 회신을 요구하는 경우 해당 담당자와 반드시 전화 통화로 확인
⑥ 인터넷상에 자신의 개인정보 노출하는 행위 조심
⑦ 윈도 등 운영체제(OS)와 주로 쓰는 문서 프로그램 최신 보안패치 설치

비밀번호) 기기가 없으면 계정 소유자가 로그인할 수 없다.

5) 철저한 신용조사와 무역보험 가입

바이어에 대해 철저한 신용조사를 해야 한다. 지나칠 정도로 나(seller)에게 우호적인 거래내용에 대해 의심하고 바이어에 대해 반문해 본다. buying offer를 먼저 제안하는 바이어는 거의 없다. 이럴 때 의심해야 한다. 상대방이 보내온 서류(특히, 송금증 및 성분분석서 등)의 진위 확인이나 선하증권의 철저한 관리(결제 이전, B/L releasing의 금지) 등이 요구된다.

결제 사기와 선적 사기를 피하기 위해서는 해외 거래업체가 실제로 존재하는지와 신용도 파악이 필수 조건이다. 무역회사의 신용도는 최소 2개 이상의 채널을 통해 검증되어야 한다. Google 검색을 통한 주소지 확인은 기본이다. 기업 대표번호로 전화해 평소 연락을 주고받는 담당자와 실제 통화하는 것도 필요하다. KOTRA 무역관에서는 현지 기업과의 즉각적인 전화 연결은 물론, 주재국의 유관기관과의 협업도 가능하다. 또한, 현지에서 입수할 수 있는 정보와 전문가를 통해 기업의 사실 여부를 검증할 수 있다.

신흥국과의 거래거나 대형 거래일 때 안전장치를 확보해 두어야 한다. 신흥국 바이어는 대금결제 능력이 낮고 무역 거래 변수가 많이 발생하므로 무역보험 가입이 권장된다. 규모가 큰 거래는 물량을 나눠서 진행하는 것이 좋고 담보를 요구하거나 선금 비율 조정 등으로 대금결제 미이행에 대비할 수 있어야 한다. 첫 무역 거래 시에는 L/C(신용장) 개설 거래방식으로 진행하는 것이 안전하다.

3. 전자무역 사기 예방 사례

1) 입금 계좌 의심

국내 무역업체 A사는 중국 바이어로부터 한국산 KF94 마스크 100만 장(50만 달러 상당)을 주문받았다. A사는 최종계약서를 보내기 전에 한국무역협회를 통해 계약서 검토를 요청했다. 한국무역협회 측은 중국 바이어의 은행 계좌가 'B은행'인 점을 발견하고, A사에 마스크 대금 입금 전까지 선적을 늦추도록 당부했다. 작년에 어떤 회사가 금융사기로 1천만 원을 중국으로 송금할 당시 은행 계좌도 'B은행'이었던 것이다. 중국 바이어는 예측대로 수출대금에 대한 송금수수료 500만 원을 송금할 것을 A사에 요구했고, 사기임을 확신한 A사는 즉시 거래를 중단했다.

2) 금품갈취 간파

한국의 주사기 제조업체 A사는 베네수엘라의 B사로부터 정부 납품과 관련된 이메일을 받았다. B사는 A사가 주사기를 납품하려면 PPA Form과 Registration Requirement가 필요하다고 안내하였다. 계약 체결을 위해 미리 변호사 비용 1만 달러를 내라고 요구했다. 베네수엘라 B사의 진위가 의심스러웠던 A사는 인근 파나마 KOTRA 무역관에 확인을 요청하였다. 무역관 직원이 베네수엘라 정부 기관에 확인한 결과, 이 계약은 가짜인 것으로 밝혀졌다. B사는 베네수엘라 현지에 정상적으로 등록된 회사는 맞지만, 이메일을 보냈던 사람은 그 회사 직원이 아니었고 알려준 주소도 실제 회사 주소와 다른 것으로 밝혀졌다.

3) 서류위조 의심

한국의 수출기업 A사는 홍콩 B사로부터 P/O(Purchase Order)를 받았다. 홍콩 B사는 HSBC 은행에서 발급한 자금증명서를 보냈으니 A사가 검토 후 보증신용장(Stand-by Credit)을 발행받아 납품해 달라고 요청했다. 사기를 의심한 A사는 홍콩의 KOTRA 무역관에 확인을 요청했다. 홍콩무역관은 B사가 제출한 서류의 형식이 낯설고 HSBC 은행이 사용하지 않는 양식이라는 점을 간파하여 A사에게 B사와의 연락을 중단하도록 안내했다.

서류위조에 당하지 않기 위해서는 서류에 기재된 상대방 기업정보를 철저히 확인해야 한다. 기업명, 주소, 전화번호가 서류에 적힌 것과 실제로 일치하는지 확인해야 한다. 홍콩 전화번호는 +852로 시작해야 하는데 서류에 중국 전화번호인 +86으로 시작하는 사례도 있다. 서류에 나와 있는 계좌번호 소재지가 실제 기업 소재지와 다른 예도 있으니 주의해서 살펴봐야 한다. 문서를 확대해서 글꼴의 크기 및 유형이 달라 고친 흔적은 없는지, 정부 로고나 날인을 합성하지는 않았는지도 자세히 살펴봐야 한다.

토의문제

- 비대면 무역마케팅이 뉴노멀로 자리 잡을 것이라는 전망에 대하여 반박하시오.
- 가상의 수출 아이템을 정해서 트레이드내비(TradeNAVI)에서 무역 정보를 조사하시오.
- 가상의 수출 아이템을 정해서 어떤 온라인 거래처 발굴 전략이 적합할지 토론하시오.
- 이 책에 소개하지 않은 비대면 수출지원 프로그램을 조사하시오.
- 이 책에 소개하지 않은 전자무역 사기 사례를 조사하시오.

10장

디지털 무역

Electronic Trade in the Age of Digital Transformation

학습 목표

- 디지털 무역이 급성장하고 주목받게 된 배경을 이해할 수 있다.
- 디지털 무역의 정의와 유형에 대해 학습한다.
- 디지털 무역의 주요 쟁점 분야에서 논의되는 내용과 디지털 무역 관련 장벽, 협정, 국제규범에 대해서 이해한다.

학습 목차

10장

디지털 무역

제1절 디지털 무역의 급성장

1. 디지털 무역의 등장 배경

기존 무역 거래에 적용되던 WTO(세계무역기구) 규범을 모두 전자무역에도 그대로 적용할 것인가 여부가 현안으로 주목받고 있다. 이와 더불어 인터넷 규제, 디지털 지식재산권, 인증, 보안, 투자, 해킹 등 디지털 무역과 관련된 다양한 문제가 발생하고 있다. 전자상거래에 대한 조세 문제를 어떻게 할지 국제적 협력도 필요하게 되었다. 불건전한 콘텐츠의 확산에 따른 국제적인 규제가 필요하다. 디지털 지식재산권의 보호, 디지털 서비스의 소비자피해 문제 등이 무역 협상의 의제로 등장하고 있다. 이러한 문제를 다룰 인터넷 라운드(Internet Round)의 필요성도 제기되고 있다.

1) 디지털 경제 전환

디지털 경제 전환은 빠르게 확산하고 있다. 기업들은 이미 데이터와 온라인 시장을 확보하기 위해 치열하게 경쟁하고 있다. 각 나라는 디지털 기술과 시장을 선점하기 위해 국가적 차원에서 디지털 전략을 추진하고 있다. 기존에는 전자상거래를 중심으로 국제기구에서 통상규범 논의를 진행해 오다가 최근 WTO(세계무역기구), OECD(국제개발협력기구) 등 국제기구에서 디지털 무역 관련 용어를 사용하며 논의가 진행되고 있다.

2) 디지털 무역마찰

물품이 직접 세관을 통과하는 무역 거래와 다르게 디지털 무역은 온라인을 통해 국경을 넘나들기 때문에 수출입 통계에서 빠지거나 세금을 내지 않는 문제가 발생한다. 기존의 무역 정책으로 디지털 무역을 다루기 어려운 상황이다. 나라별 인터넷 기술 수준과 정책이 다르고 디지털 거래는 복잡하므로 새로운 형태의 무역마찰이 발생하기 시작하였다.

3) 디지털 무역에 대한 새로운 질서 필요성

ECIPE(유럽국제정치경제센터)의 경제학자 Hosuk Lee-Makiyama는 "디지털 무역의 부상은 국제적 차원의 규제가 필요하고, 인터넷무역은 글로벌이기 때문에 세계 무역 협상만이 의미가 있다"라고 강조했다.[175] 이에 WTO(세계무역기구) 전자상거래 협상과 FTA(지역무역 협상)에서 디지털 무역에 대한 새로운 질서와 규범을 논의하고 있다. 개인정보 보호, 사이버

---

175 KOTRA 워싱턴 무역관 보고서, 무역협정을 통해 보는 디지털 무역, 2017.

보안 등 광범위한 디지털 경제 논의가 포함되고 국제표준이 강조되고 있다. 국제표준화 경쟁도 심화하고 있다. 선진국들은 4차 산업혁명 핵심 기술과 관련된 국제표준을 정하기 위해 치열하게 경쟁하고 있다. 디지털 경제 시대에 디지털 무역 강국이 되기 위해서는 국가적 전략과 정책이 요구된다.[176]

2. 디지털 무역의 정의

1) 특징

디지털 무역은 인터넷에서의 소비재 판매와 온라인 서비스 공급뿐 아니라 글로벌 가치사슬을 가능하게 하는 데이터 흐름, 스마트 제조를 가능하게 하는 서비스, 그리고 무수히 많은 기타 플랫폼과 애플리케이션을 포괄하는 광범위한 개념이다. 디지털 무역 또는 디지털 통상은 인터넷 관련 산업과 기술, 전자상거래, 전자결재 모두를 포괄하는 개념으로 사용되고 있다. 디지털 통상은 국가의 정책적 또는 외교적 개입을 표현할 때 적합하다. 본 책에서는 디지털 무역이라는 용어로 통일한다. 디지털 기술의 혁신과 함께 디지털 콘텐츠 및 전통적인 ICT 서비스뿐 아니라 빅데이터, 3D프린팅, 인공지능(AI), IoT(사물인터넷) 등 4차 산업혁명과 관련된 디지털 혁신 산업의 발전 방향이 반영된 개념이다.

---

176 한국무역협회, 디지털무역 표준 논의 동향과 시사점, 2021.

2) 대상

디지털 무역의 대상은 정보(금융정보, 기업 관련 정보 등), 디지털 매체를 통해 교역되는 상품 및 서비스, 디지털 콘텐츠 등으로 크게 구분된다. 이처럼 디지털 무역의 대상에는 유형 재화도 포함되므로 전통적인 교역과 관련된 인프라인 통신, 금융, 물류 인프라의 구축은 기본적으로 디지털 무역에의 참여 및 활성화를 위해 중요하다. 그러나 이외에도 교역 참여국이나 기업의 온라인 네트워크 접근성, 디지털 기술 역량, 온라인 금융결제 시스템의 구축, 효율적 물류·유통망의 확보 등에 따라 디지털 무역 참여도가 결정된다는 점에 주목해야 할 것이다.[177]

3) 정의

디지털 무역의 정의에 대해서는 학술적으로 합의된 것은 없고 다양한 개념 정의가 혼재되어 있다. 미국 국제무역위원회(USITC)는 디지털 무역을 "인터넷 및 인터넷 기반 기술이 제품 및 서비스를 주문, 생산 또는 제공하는 데 중요한 역할을 하는 미국 내 상거래 및 국제무역"으로 정의하였다.[178] USITC는 온라인으로 주문한 물리적 상품과 책, 소프트웨어, 음악, 영화와 같은 디지털 상품을 CD 또는 DVD로 판매하는 물리적 상품의 상거래는 디지털 무역에 해당하지 않는다고 설명하였다.[179]

---

177 이효영, "디지털 무역을 통한 중소기업의 무역참여 활성화", TRADE INSIGHT 2018-1호, 중소기업중앙회.

178 U.S. International Trade Commission, "Digital Trade in the U.S. and Global Economies" (Part 2)(Publication No. 4485)(Investigation No. 332-540), 2014.

179 U.S. International Trade Commission, Digital Trade in the U.S. and Global Economies, Part 1(Investigation No. 332-531)(USITC Publication 4415), 2013.

OECD(국제개발협력기구)에서는 디지털 무역을 "디지털 또는 물리적 방식으로 제공될 수 있고 소비자, 기업, 정부가 관련된 상품 및 서비스 거래를 디지털 방식으로 하는 국제적 거래를 포함하는 것"으로 정의하였다. 산업통상자원부는 디지털 무역을 "인터넷과 정보통신기술 등 디지털 기술을 이용한 국가 간 교역 활동(상품 + 서비스 + 데이터) 전반"을 의미하는 용어로 사용한다.

3. 디지털 무역의 유형

정보통신기술이 지속적으로 발달하면서 글로벌 전자상거래의 개념이 디지털 무역으로 확대되었다. 전자상거래는 물론이고 상업성이 있는 디지털 재화와 가치 창출이 가능한 데이터의 국가 간 이동도 디지털 무역에 포함된 것이다. 디지털 무역에 대한 정확한 정의가 정해지지 않았으나 다음과 같이 세 가지 유형으로 크게 분류해 볼 수 있다.

1) 전자상거래 플랫폼을 통한 상품과 서비스의 국제무역

아마존(amazon), 이베이(eBay), 알리바바(Alibaba) 등 글로벌 인터넷 쇼핑몰에서 의류 판매 등 물리적 상품을 해외직접구매(직구) 또는 역(逆)직구하는 것이다. 글로벌 전자상거래 시장의 규모는 급성장하고 있다. 디지털 무역규범은 소비자의 국경 간 전자상거래뿐만 아니라 글로벌 사업자의 서비스 이용 등 광범위한 소비생활 관련 사항을 규율한다.[180] 해외직구의 증가 외에도 글로벌 기업이 제공하는 미디어 및 온라인 플랫폼 이용이 확대되면서 국경 간 데이터 이동이나 개인정보 보호 이슈 등 디지털 교역의 확대가 소비자권익에 미치는 영향도 증가하고 있기 때문이다.[181]

2) 디지털 상품(Digital goods)

유튜브(youtube), 넷플릭스(Netflix), Apple TV, 디즈니+ 등 OTT 서비스(over-the-top media service)를 통해 인터넷을 통해 방송 프로그램·영화·교육 등 각종 미디어 콘텐츠를 제공하는 사업이다. 글로벌 OTT 서비스 시장규모는 2012년 이후 10년간 연평균 21.6%씩 성장했다. 디지털 상품을 재화로 분류할지 서비스로 분류할지 명확한 국제적 기준이 없는 상태이다. 재화와 서비스의 융복합 사례가 많기 때문이다.

3) 국경 간 데이터 이동(Cross-border data flows)

가치 창출을 위한 비즈니스를 통해 수집된 데이터가 SNS, 인터넷 포털, 클라우드 컴퓨팅 서비스 등을 통해 다른 나라로 이동하는 것이다. 특히 이 부분에서 기존에 없던 새로운 무역패턴이 등장하고 있다. 예를 들어 외국에서 판매하는 3D 모델링 파일을 전송받아 국내 3D프린터로 출력하면 기존에 없던 데이터 무역이 되는 것이다. 데이터와 인공지능(AI) 기술을 결합하면 새로운 상품, 서비스가 지속적으로 생겨날 것이다.

---

180 "디지털 무역의 데이터 거버넌스에 대한 연구", 무역금융보험연구, 22(5), 2021, pp. 153-169.

181 이금노, "디지털 무역규범 동향과 소비자 정책 시사점", 소비자정책동향 제113호, 2021.

4. 디지털 무역의 기회와 도전

1) 기회

디지털 서비스 및 인프라 접근비용이 낮아지면서 중소기업의 전자상거래 수출실적이 늘어나는 등 중소·중견기업 및 저개발국들의 디지털 무역 참여기회가 확대되고 있다. 그동안 수출이 어려웠던 서비스가 디지털화되어 국경 간 공급이 가능해지면서 서비스무역을 통한 성장 산업이 다양해지고 있다. 4차 산업혁명 신기술을 활용하는 새로운 재화와 서비스의 수출입 여건이 조성되므로 많은 기업의 혁신 성장을 유도할 수 있다.

2) 도전

외국 기업들에 의해 소비자 개인정보가 여러 가지 형태로 수집되면서 사생활 침해와 데이터 보안사고 우려가 커지고 있다. 하지만 새로운 형태의 디지털 무역을 대상으로 한 글로벌 통상규범은 미비하다. 2019년 WEF(세계경제포럼)에서 사이버 공격 및 데이터 유출이 세계 경제를 위협할 것으로 지목되었다. 새로운 통상규범 마련을 위해 WTO(세계무역기구) 등 국제기구에서 논의는 계속하고 있지만 국경 간 데이터 이동, 서버 현지화, 플랫폼 기업의 책임 등 이슈로 국가 간 이해가 대립하고 있다.

제2절 디지털 무역의 쟁점 분야

1. 세금 부과

1) 전자적 전송물 관세부과

전자적 전송물이란 모든 디지털 데이터를 포함하여 음악, 동영상, 컴퓨터 소프트웨어 등 온라인에서 송·수신하고 다운로드·업로드를 할 수 있는 디지털 콘텐츠를 의미한다. 전자적 전송물이 디지털 무역의 대상이 되는 가운데 관세부과 가능성 및 필요성이 국제 사회에서 핵심 쟁점 사안으로 떠오르고 있다.

전자적 전송물은 무체물이라는 점에서 관세부과를 두고 나라별 견해 차이가 생기는 것이다. 전자적 전송물은 '무형화된 상품', '서비스', '제3의 새로운 영역' 등 분류 기준이 다를 수 있는데 이에 따라 관세부과 방식도 차이가 생긴다.

1998년 미국에서 WTO(세계무역기구) 일반이사회에 전자상거래에 대한 무관세를 제안했고 WTO 회원국들은 전자적 전송물에 대한 무관세 관행을 유지하기로 했다. 이는 한시적인 조치였는데 지금까지도 WTO의 무관세 선언은 연장되고 있다.

최근에는 전자적 전송물의 무관세를 영구적으로 해야 한다는 반대 의견이 있다. 미국은 전자적 전송물을 무형의 상품으로 봐야 하고 무관세 관행 영구화를 주장하고 유럽(EU)은 전송 수단에 중점을 두고 전자적 전송물을 서비스로 분류하자는 견해지만 무관세를 지지한다. 대다수 선진국이 미국 주도의 디지털 재화 무관세화를 찬성하지만 저개발 국가를 비롯한 인도, 남아공 등 일부 회원국에서는 반대하고 있다.

2) 디지털세(Digital Tax) 도입

디지털 다국적 기업이 해외 소비지국에 서버만 두고 물리적 사업장을 두지 않거나 조세 혜택이 많은 국가(아일랜드 등)로 매출을 이전하여 법인 소득세가 제대로 세금이 매겨지지 않는 문제가 발생하고 있다. 기존의 법인세 체계로 디지털 기업들의 법인세율이 낮다. 애플코리아의 2021년 한국 매출은 7조 1000억 원에 달하지만 법인세는 628억 9,000만 원으로 전체 매출의 1%도 되지 않는다.

EU는 미국과 비교하면 경쟁력이 약한 디지털 산업의 보호·육성을 위해 디지털세 도입을 적극적으로 고려하고 있다. 인도·이탈리아는 디지털 매출액에 세금을 매기고 있다. 대부분 신흥시장(Emerging Market) 국가들은 과세 이익을 얻기 위해 디지털세 도입을 적극적으로 찬성하고 있다. 이에 OECD(경제협력개발기구)와 EU를 중심으로 디지털세 논의가 진행 중이다.

- EU(유럽연합)

EU 집행위에서는 이미 디지털세에 대한 구체적인 법안을 발표했으나 EU 경제재정이사회(ECOFIN)에서 부결되어 최근 개별국 차원에서 디지털세를 도입 중이다. 디지털세 도입을 적극적으로 찬성했던 영국, 프랑스, 이탈리아, 오스트리아에서 국가 입법을 통해 '디지털 서비스세'를 시행했다. 프랑스는 미국의 글로벌 IT 기업인 구글·애플·페이스북·아마존 등이 프랑스에서 올린 매출 가운데 3%를 세금으로 내도록 했는데 미국은 이에 맞서 프랑스산 핸드백, 화장품 등 수입품에 최고 100% 추가 관세를 받겠다는 등 미국과 EU 간 관세전쟁이 시작되었다.

- OECD(경제협력개발기구)

OECD는 다국적기업의 조세회피, 특히 디지털세에 대한 국제적 공동 대응을 위해 프로젝트를 추진하고 있다. OECD 인클루시브 프레임워크(IF) 총회에서 '디지털세 기본 합의안'이 공개되었고 2023년부터 적용 예정이다. 협약의 원칙은 ① 시장이 있는 국가의 과세권 강화, ② 새로운 과세표준 기준, ③ 기존의 독립적인 경영원칙의 개정, ④ 과세의 단순성과 확실성을 추구하는 것이다. OECD는 디지털세를 두 가지 접근법(2 Pillar)으로 구분하였다.

Pillar 1(통합접근법)은 연결 매출이 200억 유로 이상이고 영업이익률이 10% 이상인 다국적기업이 시장이 위치한 국가에서 세금을 납부하도록 요구하는 것이다. 목적은 각 국가가 기업 판매에 대한 과세 권한을 공유할 수 있도록 하는 것이다.

Pillar 2(글로벌 최저한세율)는 디지털 다국적기업이 조세회피처에 법인 주소를 두어 조세를 회피하는 것을 방지하기 위해 글로벌 법인세 최소세율 15%를 적용하는 것이다.

2. 국경 간 데이터 이동 자유화

디지털 무역을 통해 경제적 효과를 극대화하려는 나라와 개인정보 등 소비자 보호 침해를 최소화하려는 나라의 입장은 대립하고 있다. 데이터는 위치와 관계없이 필요한 정보와 서비스에 액세스할 수 있도록 자유롭게 이동할 수 있어야 한다. 개인에서 기업에 이르기까지 모두 데이터 전송에 의존하기 때문이다. 하지만 개인정보 보호와 보안 문제는 국경 간 데이터 이동을 제한하는 규제를 만들거나 강화하기 위한 당위성을 제공한다.

중국 같은 나라는 국내 디지털 산업의 보호 등 보호무역 목적으로 데이터 현지화를 요구하기도 한다. 중국 정부가 인터넷 규제 정책을 엄격하게 시행한 결과 구글(Google), 넷플릭스(Netflix), 페이스북(Facebook) 등 인터넷 서비스에 대한 중국 내 서비스 접근이 제한되었다. 그 사이 알리바바(Alibaba), 바이두(Baidu), 텐센트(Tencent) 등 중국의 국내 인터넷 기업이 급성장하였다.

2017년 제11차 WTO(세계무역기구) 각료회의 전자상거래 분야 각료결정문(ministerial decision) 채택 이후 국경 간 데이터 이동의 자유화와 관련된 논의가 계속되고 있다. 미국은 국경 간 자유로운 정보의 이동을 강조하고 EU는 개인정보 보호의 필요성을 주장하며 신중한 접근을 하고 있으므로 견해 차이가 뚜렷하다.

WTO(세계무역기구)에서의 논의와 더불어 국가 간 다자·양자 협정에서도 데이터 이동 규제를 협상 안건으로 다루는 예도 있다. 미국·멕시코·캐나다가 합의한 USMCA의 전자상거래 조항에서 데이터 지역화(data localization) 조치 금지 조항을 확인할 수 있다. 태평양경제동반자협정(CPTPP) 협정은 회원국 사이에 자유로운 국경 간 데이터의 이동을 촉진하고 데이터 지역화[182] 조치를 금지한 의무규정을 포함하고 있다.

---

182 기업이 자료를 수집한 국가 안에서만 데이터를 저장·처리해야 한다는 개념. 중국이 제

1) 데이터 국외 이동의 제한

- 미국

국경 간 데이터의 자유로운 이동을 보장하기를 원하고 데이터의 국외 이동에 관한 제한 조치를 철폐할 것을 주장한다. 미국은 다른 나라에서 정한 데이터의 국외 이동에 관한 제한 조치를 무역 장벽으로 규정한다. 정당한 공공정책 목적을 달성하는 데 필요한 데이터 이동 제한 금지는 예외로 인정한다. 개인정보의 국경 간 이동에 대해 규제할 때는 드러난 위험에 대해서만 필요한 수준에서 비례적으로 적용해야 함을 강조한다.

- EU(유럽연합)

유럽은 세계에서 가장 높은 수준의 개인정보 보호 정책을 갖춘 지역이다. EU 회원국 거주자의 개인정보를 보호하고 권리를 보장하는 GDPR(General Data Protection Regulation, 개인정보 보호 규정)을 2018년 5월 25일 시행했다. 처벌 수위가 높아서 미국 주요 ICT 기업들은 GDPR에 대비하여 개인정보 보호 정책을 강화하고 있지만, 유럽에서 과징금을 부과받는 사례가 나오고 있다.

기본적으로 EU는 자유로운 국경 간 데이터의 이동에 찬성하면서도 소비자 정보 보호에 중요성을 둔다. EU 역내에서는 데이터의 자유로운 이동을 보장하지만 개인정보의 역외 이동 시 교역상대국이 적절한 개인정

정한 사이버보안법(네트워크안전법)에서 데이터 서버를 중국 내에 위치해야 한다는 조항을 담은 것이 데이터 지역화의 대표 사례

보 보호조치를 갖춘 경우로 제한한다.

< GDPR 위반에 따른 벌금 사례 >

* (구글) 2019년 1월 프랑스 정보자유국가위원회(CNIL)로부터 과징금 5,000만 유로 선고 - GDPR '투명성(제5조 개인정보 처리원칙)' 정책 위반
* (페이스북) 2018년 12월 이탈리아 정부로부터 100만 유로 벌금 부과 - 개인정보 유출, 2018년 9월 영국 정부로부터 50만 파운드 벌금 부과 - 개인정보 유출
* (브리티시항공) 2019년 7월 영국 정부로부터 2억 3,000만 달러 벌금 부과 - 50만 명의 고객 정보가 유출
* (메리어트 인터내셔널) 2018년 11월 영국 정보위원회(ICO)로부터 1억 2,400만 달러 벌금 부과 - 5억 명의 고객 정보 유출

출처 : KOTRA, "글로벌 디지털 통상 규범 논의 동향 및 주요국 입장", 2020.

- 중국

중국은 국경 간 데이터 이동에 대한 강력한 제한 조치를 시행 중이다. 중국은 데이터 현지화 조치를 시행했기 때문에 국경 간 데이터 이동과 관련하여 WTO(세계무역기구)에 제안할 수 없다. 2017년부터 시행된 중국의 사이버보안법(네트워크 안전법)은 네트워크 보안 등급에 따라 보호 의무를 부과하고 있으며, 최고 등급이 지정되면 각종 규제가 따른다. 중국에서 수집한 데이터는 반드시 중국 내에만 저장돼야 하며 중국 정부가 지정한 네트워크와 서비스를 이용해야 한다.

2) 데이터 저장설비의 현지화와 소스 코드(source code) 공개

- 미국

데이터 저장설비의 현지화를 반대하고 소스 코드(source code)[183] 공개를 금지하도록 주장하고 있다. USMCA(미국·멕시코·캐나다 협정) 협정문에는 "어느 당사자도 해당 국가에서 사업을 수행하기 위한 조건으로 해당 국가의 컴퓨팅 시설을 사용하거나 영토 내에 위치하도록 요구하지 않습니다."라고 명시되어 있다. 미국 기업이 사업을 수행하는 국가마다 별도로 데이터 저장센터를 지으면 천문학적인 비용이 발생할 것을 우려하기 때문이다.

- EU

EU 차원에서 자국 영토 안에 반드시 서버를 둘 것을 규정하지 않았지만, 프랑스, 독일 등 일부 EU 회원국에서 데이터 저장설비의 자국 현지화 정책을 추진하였던 사례가 있다.[184]

- 기타 국가

중국은 사이버보안법 제37조에 핵심정보인프라 운영자가 중화인민공화국 경내에서 운영하여 수집 및 발생한 개인정보와 중요 데이터는 중화인민공화국 경내에서만 보존해야 한다고 명시하고 있다. 데이터 저장설비

---

183 컴퓨터 소프트웨어(프로그램)의 제작에 사용되는 설계파일(File)
184 KOTRA, "글로벌 디지털 통상 규범 논의 동향 및 주요국 입장", 2020.

의 현지화를 추진하고 필요한 경우 국가 인터넷정보 부서가 소스 코드 공개를 요구할 수 있다.

일본, 호주, 싱가포르는 WTO(세계무역기구)에 데이터 저장설비의 현지화와 소프트웨어나 소스 코드의 강제적 이동에 대해 반대하는 뜻을 밝혔다. 러시아, 브라질, 베트남, 인도네시아, 인도 등의 국가에서는 해당 국가의 소비자 정보 및 데이터를 보호하기 위한 수단으로 데이터 저장 시설을 현지화하는 조치를 시행하고 있다.

3) 정보 주체의 동의에 따른 데이터 국외 이동

- 미국은 정보 제공 주체의 동의가 있으면 데이터의 국외 이동을 허용하자는 견해다.
- EU는 정보 제공 주체의 명시적 동의가 있으면 제3국 또는 국제기구로의 개인정보 이동이 예외적으로 가능하도록 GDPR 제49조에 규정하고 있다.
- 중국은 정보 제공 주체의 사전 동의에 따른 정보수집과 국내에 정보를 제공하는 가능성을 열어두고 있지만, 특정 정보는 정보 제공 주체가 동의해도 국외로 이동을 제한한다.

3. ISP(Internet Service Provider)의 책임 면제 문제

디지털 플랫폼에서 거래되는 온라인 콘텐츠 및 서비스 시장이 크게 성장하면서 이와 관련된 인터넷 서비스 제공자인 ISP(Internet Service Provider)에 대한 법적 책임 문제도 디지털 무역 장벽의 한 이슈로 주목

을 받고 있다.[185]

1) ISP의 법적 책임

온라인에서 어떤 표현이 전달되기 위해서는 인터넷 서비스 제공자인 ISP(Internet Service Provider)가 있어야 한다. 온라인에서 어떤 표현으로 인하여 인격권의 침해가 발생하면 인터넷 서비스 제공자인 ISP는 어디까지 책임을 지는 것이 타당한지 논란의 대상이 되고 있다.[186]

미국 의회는 1996년 통신품위법 제230조를 통해 인터넷 서비스 제공자인 ISP는 자신이 중개한 온라인 표현에 대해 발행인으로서 책임을 지지 않고 완전히 면책되도록 규정했다. 완전 면책 조항은 온라인에서 명예훼손을 당한 자의 명예보다는 인터넷 표현의 자유 보호에 치중한 나머지 인터넷 서비스 제공자인 ISP가 해로운 표현을 차단해야 할 책임감이나 동기를 없애 버리는 부작용이 분명히 있다.

최근 개정된 영국의 명예훼손법은 인터넷 서비스 제공자인 ISP에 법적 책임을 묻지만, 온라인 명예훼손 피해자에게도 구체적인 피해를 소명해야 하는 부담을 주고 있다. 인터넷 표현의 자유와 피해자의 명예회복 양쪽 간에 균형을 찾으려고 시도하는 것이다.

세계적인 추세는 유해하거나 불법적인 내용의 콘텐츠가 특정 인터넷 서비스 플랫폼을 통해 유포되었을 때 해당 콘텐츠에 대한 책임을 인터넷 서비스 제공자인 ISP가 부담하지 않는 면책이 기본 전제이다. 하지만 최

---

185 이효영, "디지털 무역 관련 국제규범의 동향과 쟁점", 국립외교원 외교안보연구소, IFANS 주요국제문제분석, 2021-14, 2021.

186 박아란, 인터넷 표현의 자유, 커뮤니케이션북스, 2014.

근 EU(유럽연합) 등을 중심으로 인터넷 서비스 제공자인 ISP의 면책을 어느 정도 규제하는 방향으로 법안 도입이 논의되고 있으므로 미국과 충돌하는 양상이다.

2) ISP 면책 조항 세계 동향

나라별로 표현 방식에 약간의 차이가 있지만, 기본적으로 인터넷 서비스 제공자인 ISP가 콘텐츠의 유해성에 대한 책임을 면제받기 위해서는 ISP는 도관(conduit)에 불과하다는 사실을 증명해야 한다. ISP는 플랫폼 이용자에게 인터넷 서비스만을 단순히 제공하였을 뿐이고 플랫폼 이용자의 불법행위나 저작권 침해에 ISP는 직접 관여하지 않았다는 것이다.

- 미국

미국의 통신품위법(Communications Decency Act)은 1996년에 제정되었다. 이 법 제230조는 제삼자인 이용자가 게시한 콘텐츠와 관련해 인터넷 서비스 제공자인 ISP 업체에 법적 면책권을 부여한다. 하지만 ISP 기업은 플랫폼의 적절한 대책과 방법을 세우기 위해 선의의 노력을 다하도록 규정하고 있다. 이 법은 인터넷 업체들에 광범위한 면책 특권을 부여해 고속 성장의 견인차 구실을 한 것으로 평가된다. 미국 내에서 이 법을 폐지 또는 개정해야 한다는 공감대가 형성되고 있다.

- 캐나다

캐나다 저작권법에 의하면 인터넷 서비스 제공자인 ISP가 저작물을 공중에게 전달하면서 단지 중개자나 전달자로서 작용하였을 뿐 그 이상의 관여를 하지 않았다면 그 전달 행위로 인한 불법 콘텐츠나 저작권 침해 책임으로부터 면제를 받을 수 있다. 이 면책 조항은 단지 도관(conduit)으로 기능하였을 뿐 저작물의 전달에 그 이상 관여하지 않은 경우에만 적용된다. 인터넷 서비스 제공자인 ISP가 도관이 되기 위해서는 콘텐츠 내용에 대한 중립성이 인정되어야만 한다는 캐나다 법원의 판결이 있다. 중개자나 전달자로서 ISP가 면책 조항의 적용을 받기 위해서 인터넷 서비스에서 전달된 콘텐츠가 불법 저작물이라는 사실을 ISP가 몰랐어야 한다는 것이다.[187]

- 인도

인도 정보기술법에서는 제삼자를 위해 전자적 기록을 저장하거나 송·수신하는 자 또는 그 기술과 관련된 서비스를 제공하는 자를 중개자(intermediary)로 정의하고 있다. 그리고 정보기술법 제79조는 이용자의 저작권 침해 행위에 대해 인터넷 서비스 제공자인 ISP 등 중개자(intermediary)의 면책을 규정하고 있다. 항상 중개자가 면책 조항을 적용받을 수 있는 것은 아니고, 다음과 같이 정보기술법 제79조에서 요구하는 바를 중개자가 이행한 경우에만 면책 조항이 적용된다.[188]

첫째, 중개자(intermediary)는 이용자가 정보를 전송하거나 임시 저장할 수 있도록 통신시스템에 대한 접근만 제공해야 한다. 둘째, 이용자가 전송을 완료하지 않았으면 이용자의 저작권 침해에 대하여 중개자(intermediary)는 책임을 지지 않게 된다. 그러나 이용자가 올린 콘텐츠

---

187 김혜성, ISP에 대한 면책 조항 적용 요건: 각 국의 관련 규정 및 법원의 판결 동향, 저작권 동향 2018년 제24호

188 김혜성, 전게서.

등이 불법 저작물임을 중개자(intermediary)가 인지했거나 정부 기관 등으로부터 불법 저작물임을 통지받으면 해당 콘텐츠를 즉시 삭제하거나 접근을 차단해야 한다. 그렇지 않으면 중개자(intermediary)는 책임을 면할 수 없다.

- 대만

대만 의회는 이용자의 저작권 침해 시 인터넷 서비스 제공자인 ISP의 면책을 내용으로 하는 저작권법 개정안을 통과시켰다. 저작권자가 인터넷 서비스 이용자에게 저작권 침해 책임을 물으려고 할 때 인터넷 서비스 제공자인 ISP가 적극적으로 협력하여 저작권 침해 사실을 그 이용자에게 알리고 법률에서 정한 대로 불법 저작물을 삭제하면 ISP의 책임이 없다. 저작권 침해에 따른 형사 책임은 물론이고 기타 손해배상 책임도 ISP는 부담하지 않는 것으로 대만 저작권법에 규정하고 있다.[189]

- 호주

호주 저작권법은 통신서비스 제공자(carriage service provider)에 대한 면책 조항을 규정해왔다. 이 법에 따르면 통신서비스 제공자가 서비스 이용자에게 저작권 침해에 영향을 미치거나 지시하지 않은 경우에만 이용자의 저작권 침해에 대한 책임을 면할 수 있는 여지가 있었다. 그래서 통신서비스 제공자가 면책 조항의 적용을 받기 위해서는, 반복적으로 저

---

189 컴퓨터프로그램보호위원회, “대만 저작권법, ISP 면책조항 및 삼진아웃제 도입”, SW IPReport 2009년 제15호.

작권을 침해하는 이용자의 서비스를 종료시키고, 저작권 침해 행위로부터 통신서비스 제공자가 직접 경제적 이익을 얻지 말아야 하는 등 조건을 충족해야 한다. 호주 저작권법은 면책 조항 적용 가능한 통신서비스 제공자를 너무 제한적으로 정의하고 있는 문제점이 있다.[190]

4. 망 이용료와 앱 결제 문제

한국이 세계 최초의 시험장이 된 디지털 무역 문제가 있다. 대한민국 국회가 세계 최초로 가결한 '인앱결제 강제금지법'(전기통신사업법 개정안)이 시행되면서 구글은 이 법을 우회할 결제수단을 내놨다. 그리고 '네트워크 사용료는 누가 내는가?'를 둘러싼 세계 유일의 법적 다툼도 인터넷 통신사인 SK브로드밴드와 스트리밍 엔터테인먼트 기업 넷플릭스 사이에 진행 중이다.

1) 망 중립성과 망 이용료 문제

국내 초고속인터넷망 사업자들(SK브로드밴드, KT, LGU+)은 글로벌 콘텐츠 사업자(넷플릭스, 구글, 페이스북 등)에 망 이용료를 따로 받기를 원한다. 많은 자본이 투입된 인터넷 인프라에 글로벌 콘텐츠 사업자들이 편승하고 있다고 판단하기 때문이다. 콘텐츠 서비스로 인해 갈수록 인터

190 김혜성, ISP에 대한 면책조항 적용 요건: 각 국의 관련 규정 및 법원의 판결 동향, 저작권 동향 2018년 제24호

넷 트래픽(통신량)이 폭증하여 인터넷망 증설에 막대한 비용을 투자한 만큼 콘텐츠 서비스 제공자들이 비용을 분담해야 한다는 것이다.

콘텐츠 사업자들은 통신망이 접속료만 내면 이용 가능한 공유자산이고 한국기업 중에서도 망 이용료를 내는 곳이 없으므로 망 중립성을 생각했을 때 망 이용료를 낼 수 없다고 버티고 있다. SK브로드밴드가 넷플릭스에 망 이용료를 받기 위한 재판이 진행 중이다.

사실 '망 이용료'라는 개념은 존재하지 않았다. 어느 망사업자도 인터넷망을 소유하고 있다고 할 수 없다. 기업이나 개인이 인터넷망 사업자에 지불하는 비용은 '인터넷 접속료'일 뿐이다. 2016년부터 과학기술정보통신부가 발신자종량제를 시행했다. 데이터 발신량이 많은 인터넷망 사업자가 발신량이 적은 인터넷망 사업자에게 돈을 내고 있다. 그래서 콘텐츠 사업자들이 인터넷망 사업자들에게 내는 인터넷 접속료가 올랐다. 2022년 현재 네이버는 700억 원, 카카오는 300억 원가량의 인터넷 접속료를 매년 내고 있다. 인터넷 접속료는 망 이용료와 다른 개념이다. 구글, 페이스북, 넷플릭스 사업자는 미국에서 인터넷에 접속하기 때문이다.

2) 인앱(In-app) 결제 강제 금지법

인앱 결제는 스마트폰 앱에서 유료로 게임, 음악, 웹툰 등 각종 아이템을 살 때 구글·애플이 제공하는 결제 시스템만 쓸 수 있고 최대 30%의 수수료를 콘텐츠 판매자가 부담하는 방식이다. '앱 통행세'라고도 불린다. 2021년 대한민국 국회는 세계 최초로 이 같은 '인앱 결제방식'을 강요하지 못하도록 하는 전기통신사업법 개정안을 통과시켰다.

문제는 법 조항이 포괄적이었다는 점이다. 구글은 법의 허점을 찾아내 최대 26%의 수수료가 부과되는 제삼자결제 방식을 추가해서 법 취지를 무력화시켰다. 구글은 오히려 수수료 부담을 줄이기 위해 활용해 왔던 '아웃링크' 방식의 외부결제를 막으며 '인앱 결제'를 모든 콘텐츠에 강제하였다.

인앱(In-app) 결제 강제 금지법 사례는 특정 디지털 기업을 규제하는 데 허점과 어려움이 많다는 것을 보여준다. 결국, 규제 일변도보다는 한국의 디지털 기업 역량을 키워서 경쟁 구도를 만들어야 한다.

제3절 디지털 무역 관련 국제규범

디지털 무역이 국제통상의 제일 중요한 의제가 되면서 WTO(세계무역기구) 전자상거래 협상과 OECD(국제개발협력기구) 회의에서 디지털세 논의가 주요 국제 의제가 되고 있다. 미국 디지털 기업에 대한 디지털세 부과를 막고 자유롭게 데이터의 국경 간 이동을 보장하려는 미국과 개인정보의 역외 유출을 막고 미국 기업에 디지털세를 부과하길 원하는 EU(유럽연합)가 대립 구도의 양상을 보인다. 미·중 무역전쟁도 진행되고 있는 만큼, 디지털 무역 논의의 향방을 국제 사회는 궁금해한다.

1. WTO(세계무역기구) 전자상거래 협상

디지털 기술로 인해 새로운 상품과 서비스가 등장하고 글로벌 전자상거래 시장이 성장하고 있다. 국경 간 전자상거래의 질서나 제도를 유지하기 위한 WTO(세계무역기구) 차원의 전자상거래 협정은 없는 상황이다. 1998년부터 WTO는 전자상거래 작업반을 설치하여 지속적으로 일반이사회를 중심으로 전자상거래 관련 논의를 해왔다. 1998년에서 2017년까지 격년으로 열렸던 WTO 주요국 통상장관회의에서 회원국 간 전자전송 무관세 합의 외에는 실질적인 성과 도출이 어려웠다. 지금도 계속 진행 중인 WTO 전자상거래 협상은 2017년 제11차 WTO 각료회의에서 71개 회원국이 채택한 '전자상거래에 대한 공동선언문(Joint Statement on Electronic Commerce)'에 근간을 두고 있다. 기존 WTO 협정에 없는 전자상거래 관련 다자무역규범 수립을 위해 협상 참여국이 86개국으로 늘어났다.[191] 전자서명과 인증에 대한 무역 규범, 전자적 전송물에 대한 무관세, 국경 간 데이터의 자유로운 이동에 관하여 WTO 회원국들은 계속 논의하고 있다. 전자상거래 다자무역규범은 합의가 쉽지 않지만 개별 자유무역협정에서 전자상거래 관련 규정이 포함되는 경우가 늘어나고 있다.

1) 전자상거래 원활화(Enabling electronic commerce)

전자거래 자체가 원활하게 이루어질 수 있도록 지원하는 전자전송에

---

191 대외경제정책연구원, "WTO 전자상거래 협상 전망과 한국의 과제", KIEP 오늘의 세계경제, 2021년 3월 10일 Vol. 21 No. 3.

관한 법률제도와 인증, 서명, 계약, 송장 등에 대한 법적 효력의 동등성을 논의한다. 전자상거래 원활화 협상 문서에 전자지급서비스에 대한 제안을 포함한다.

전자전송에 대한 법적 틀(framework)은 기본적으로 1996년 UNCITRAL(유엔 국제거래법위원회)에서 제정된 「전자상거래 모델법」을 따르며, 기타 적용 가능한 국제기준을 고려하여야 한다. 전자거래를 규제할 수 있는 최소한의 법적 제도를 유지하면서 불필요한 규제 부담을 줄이는 노력이 필요하다.

전자인증 및 전자서명 방식은 거래당사자 간에 자유롭게 결정되어야 하며, 사법당국과 행정당국은 관련 법적 요건을 준수하는지를 확인할 기회를 보장해야 한다. 전자계약의 경우 전자적 방법으로 체결하였다고 하여 그 법적 효력이 부인되는 것은 아니다. 여기에는 전자 송장(e-invoicing)과 종이 기반 송장(invoice)의 법적 효력 동등성에 대한 논의와 더불어 전자 송장에 대한 조치가 국가 간의 상호운용성을 높이도록 설계되었는지 보장하는 내용이 포함된다.

소비자와 기업에 전자결제 서비스에 대한 선택권을 제공하고 전자결제라는 이유로 거래를 금지하는 것은 불가능하다. 전자결제 사업자에 대한 면허요건을 차별하지 않는 원칙과 무역 거래제한을 최소화하는 방안을 제시한다. 전자 지불 서비스는 중국에서 독점적으로 제안했다.

물류에는 서류 없는(paperless) 무역, 통관절차 등이 포함된다. 서류 없는 무역은 무역 원활화 관점에서 제안되며, 전자적으로 제출된 무역 행정문서를 종이 형태의 무역 행정문서와 동등하게 법적으로 수용하도록 노력한다. 통관절차는 전자상거래에서 간소화된 통관절차의 채택 또는 유지를 허용하자는 한국의 유일한 제안이다.

2) 개방과 전자상거래

디지털 제품에 대한 비차별적 대우와 대화형(interactive)[192] 컴퓨터 서비스의 책임 및 침해에 대한 제한 사항을 다룬다. 비차별 대우의 핵심은 어떤 디지털 제품도 같은 종류의 다른 디지털 제품보다 불리하게 취급되지 않도록 하는 것이다. 보조금(정부 지원 대출, 정부 보증, 보험 등 포함) 및 방송은 차별 금지 조항에 적용되지 않는다.

양방향 컴퓨터 서비스의 책임 제한(limiting liability)은 미국에서만 제안되었으며 양방향 컴퓨터 서비스 제공자는 서비스 제공과 관련하여 정보의 저장, 처리, 전송 및 배포로 인해 발생한 손해에 대한 책임이 면제된다. 다만, 공급자·이용자가 정보의 전부 또는 일부를 생성 또는 개발한 경우는 제외한다.

지식재산권 침해 책임에 대한 조치는 적용에서 제외된다. 양방향 컴퓨터 서비스 침해(infringement)는 한국 단독으로 제안되었으며, 지식재산권 침해가 발생한 경우 서버가 위치한 국가를 포함한 관련 국가에 즉시 상황을 통보하고 통보를 받았을 때 침해를 중지하도록 협조한다.

데이터 관련 주요 조항으로는 국경 간 데이터 이동 및 전산시설 위치에 관한 조항이 포함되었고, 데이터 관련 조항을 금융권까지 확대하는 방안도 제안됐다.

전자전송(electronic transmission)에 관한 관세 조항은 전자전송에 대한 관세 면제를 다룬다. 선진국의 1안은 국경 간 전자전송에 영구적으

---

192 여러 사용자에게 컴퓨터 서버에 대한 전자적 접근을 제공하거나 가능하게 하는 시스템 또는 서비스

로 관세를 부과하지 않는 것이다(콘텐츠를 포함할지는 논의 중). 인도네시아의 2안은 전자전송(콘텐츠 불포함)의 무관세 관행을 유지하되, 향후 전자상거래 실무그룹과 관련된 WTO(세계무역기구) 각료회의의 의결이 있는 경우 전자전송에 관한 관행이 조정될 수 있다. 중국의 3안은 WTO 각료회의를 통해 합의한 대로 전자전송의 무관세 관행을 유지하는 것이다.

3) 신뢰와 전자상거래

전자상거래에 대해 기업과 소비자의 신뢰를 높이기 위해 온라인 소비자 보호 및 스팸 메시지에 관한 조항이 제안되었다. 스팸 메시지라고도 하는 원치 않는 상업성 메시지와 관련된 조항에서는 스팸 메시지의 사용을 최소화하는 조치를 채택하거나 유지 관리해야 한다. 2021년 2월 5일 협상 회원국은 원치 않는 상업적 메시지 조항에 이미 동의했다.

개인정보 보호를 제공하는 법적 시스템 및 조치를 채택하거나 유지하고 국제기구 및 기관에서 제시하는 표준, 원칙, 지침 및 표준을 고려해야 한다. 개인 구제책 및 회사의 법적 요건 준수방법을 포함하여 개인정보 보호에 대한 정보를 공개해야 한다.

비즈니스 신뢰에는 소스 코드 공개 요구에 대한 금지와 암호화를 사용하는 정보통신기술 제품에 관한 조항이 포함된다. 소스 코드 공개 요구에 대한 금지는 소프트웨어 자체의 수입, 배포, 판매 및 사용을 전제로 하는 다른 회원국의 주체가 소유한 소프트웨어의 소스 코드(알고리즘 포함)에 대한 이동 또는 접근 요구를 금지한다. 해당 소프트웨어는 상용 소프트웨어(mass-market software) 및 소프트웨어를 포함한 제품으로 제한되며 주요 인프라에 사용되는 상용 소프트웨어는 포함되지 않는다.

표10 WTO(세계무역기구) 전자상거래 협상 논의 주제

큰 주제	세부 주제
디지털 전자상거래무역 가능 (enabling digital trade/e-commerce)	종이 없는 무역, 전자결재, 전자서명과 계약, 전자전송 무관세
개방과 디지털 전자상거래무역 (openness and digital trade/e-commerce)	시장접근, 국경 간 데이터 이동, 컴퓨팅 설비 현지화, 비차별
신뢰와 디지털 전자상거래무역 (trust and digital trade/e-commerce)	소스 코드, 강제기술 이전, 온라인 소비자와 개인정보 보호
공통이슈 (cross-cutting issues)	투명성, 개발(인프라와 디지털 격차), 협력

출처 : 김흥종, "디지털 무역 규범의 국제 논의와 한국의 대응", 통상법률 제149호, 2020.

4) 핵심 쟁점

국경 간 데이터 이동과 프라이버시 보호를 둘러싸고 미국과 EU의 이해 충돌이 발생하고 있다. 미국은 국경을 넘어 데이터의 자유로운 이동을 추구하고 있으며 국경 간 이동 데이터에 개인정보 포함을 강력히 주장하지만, EU는 협상 전에 개인정보는 협상 대상이 아니라는 입장을 밝힌 바 있다.

컴퓨팅 설비(facility)란 상업적 목적으로 데이터를 저장하거나 처리하는 데 필요한 컴퓨터 서버 또는 저장설비를 말한다. 전산시설 국산화 금지는 중국을 비롯한 개발도상국을 겨냥한 것으로, 협상 전부터 화제가 돼 왔다. '데이터 현지화 수요'를 '디지털 무역 장벽'으로 정의하는 선진국들의 입장은 이것이 '디지털 산업을 육성하고 시장확대를 위한 정당한 정책수단'이라는 견해와 상충한다.

전자전송에 대한 '임시(2년)' 무관세 적용 관행이 지속하고 있는 것은 관련 전문가들이 전자전송의 법적 개념, 적용 대상, 현황(제품/서비스)에

대한 기술적 합의에 이르지 못했기 때문이다. 전자전송에 대한 영구적인 무관세 논의는 선진국과 개발도상국 간의 대결 구도를 보여준다.

2. 각국의 디지털 무역 장벽

미국은 디지털세뿐만 아니라 각국의 전자상거래 관련 규제도 무역의 걸림돌로 보고 있다. 미국 무역대표부(USTR)가 무역장벽보고서를 발표하면서 각국의 디지털 무역장벽을 분석했다. 미국이 다른 나라의 디지털 프라이버시를 '태클'하면 언제든 무역협상 논제나 무역분쟁으로 이어질 수 있다는 점에 각국 정부와 글로벌 기업들이 주목하고 있다.

1) EU

EU의 경우 새로운 데이터 보호 규정(GDPR)이 개인정보의 해외 이동에 대한 제한 문제를 일으킬 수 있다고 본다.

EU가 역내 자국민의 개인정보 보호를 강화함에 따라 EU는 미국과 세이프 하버 협정(Safe Harbor Agreement)[193], 프라이버시 실드(Privacy Shield)[194] 등 개인정보의 국제 이동에 대한 협정을 잇달아 무효로 했다.

USTR(미국 무역대표부)은 CJEU(유럽연합 사법재판소)의 2020년 7월 16일 프라이버시 실드 계약 무효 결정을 디지털 현지화 조치로 분류

---

193 유럽연합(EU)과 미국 간의 개인정보 공유에 관한 협정

194 미국과 EU 간의 데이터 전송 계약에 따라 미국 기업은 유럽에서 본국으로 데이터를 전송하기 위해 유럽 데이터 보호 표준을 준수하고 있음을 증명해야 한다.

하고 있다. 또한, 2020년 11월 10일 EDPB(유럽 데이터 보호위원회)의 권장 사항과 새로운 표준 계약 조항(SCC)에 대한 EU 집행위원회의 새로운 제안에 대한 정보를 추가하였다.[195]

2) 중국

중국에서 2020년 10월에 도입된 개인정보보호법이 우려의 대상으로 거론된다. 2017년 5월 발효된 사이버보안법과 마찬가지로 국경 간 데이터 이동을 제한하고 데이터 저장 및 처리 과정에서 데이터 현지화 조치를 요구하는 내용이 포함될 수 있기 때문이다.

3) 한국

미국 무역장벽보고서에서도 한국을 디지털 무역장벽의 데이터 제한 정책과 관련된 국가로 언급했다. 미 국무부가 제5차 한미 ICT 정책포럼에서 한국의 넷플릭스법이 한미 FTA를 위반했다는 공식 항의를 전달했다.[196] 구글은 인앱결제법과 관련하여 한미 FTA 위반 가능성에 대해서도 의견을 제출했다.

---

195 KIEP, "디지털 무역 장벽에 관한 미국의 시각과 정책 시사점", 오늘의 세계경제, 2021.04.13. Vol. 21 No. 5.

196 2020년 12월 10일부로 전기통신사업법 개정안 시행령은 부가통신서비스 제공자에 대하여 통신서비스 품질 유지 의무를 부과함으로써 통신서비스의 질을 높일 수 있도록 하였다.

3. 디지털 무역 관련 협정

WTO(세계무역기구) 체제가 통일된 디지털 무역 규칙을 확립하지 못하고 있는 가운데, 미국을 중심으로 무역협정에 새로운 무역 규칙이 도입되고 있다.[197] 미국 주도의 무역협정(한미 FTA, CPTPP, USMCA)에서 활발한 논의가 있었고, 최근에는 EU와 일본도 전자상거래와 관련된 규범을 무역협정(EU-일본 EPA)에 포함했다. 현재 WTO에는 디지털 무역을 다루는 단일 국제협정이 없지만, 디지털 무역과 관련된 일부 내용은 서비스 및 정보기술 관련 조약에 반영하고 있다.

1) 국제무역 협정에 반영된 디지털 무역[198]

- 서비스 교역에 관한 일반협정 (GATS, General Agreement on Trade in Services)

세계무역기구(WTO)는 GATS를 통해 디지털 무역 정책을 규정하고 있다. GATS는 1995년 1월 각국의 서비스무역을 담당하기로 체결한 협정으로, GATS의 규정은 서비스 제공 수단을 제한하지 않는다. 지금까지는 데이터, 전자문서 등 디지털 상품의 거래도 서비스무역에 해당하여 적용되고 있다. GATS는 전자상거래의 근간이 되는 통신 및 금융 서비스를 통

197 KOTRA, "글로벌 디지털 통상규범 논의 동향 및 주요국 입장", Global Market Report 20-003, 2020.
198 KOTRA, "디지털 무역 이해하기II: 무역협정을 통해 보는 디지털 무역", 2017.08.16.

신에 관한 별도 부속서(Annex on telecommunications)에 명시하고 있지만, GATS는 국가 간 정보 흐름 및 디지털 무역장벽 등 논란이 되는 문제를 다루지 않는다는 점에서 한계가 있다.

- WTO(세계무역기구) 정보기술협정 (ITA, Information Technology Agreement)

이 협정은 1996년 WTO에서 처음 체결되었으며, 2015년 제10차 WTO 각료회의에서 조약의 범위가 확대되었다. 세계 무역의 90% 이상을 차지하는 선진국과 개발도상국이 맺은 다자간 협약이다. 인터넷 운용에 필수적인 201개 정보통신 제품에 대한 관세 철폐를 목표로 하고 있다. 관세 철폐를 통해 상품 가격을 낮추어 국가 간 기술격차를 줄이는 협정이다. 이러한 제품에는 소비자 가전제품 및 차세대 반도체 및 MRI와 같은 의료기기가 포함된다. WTO는 이번 조치가 조약에 서명한 53개국뿐만 아니라 전 세계에 파급효과를 미칠 수 있다고 밝혔다. 디지털 무역의 근간이 되는 기술 상품의 거래 확대에 큰 도움이 될 것 같지만 거래 시 발생할 수 있는 비관세 장벽 등 실질적인 문제를 다루지 않아 한계도 있다.

- 무역 측면에서의 지식재산권에 관한 협정(TRIPS, Agreement on Trade-Related Aspects of Intellectual Property Rights)

1995년 세계무역기구(WTO)가 발효한 TRIPS 협정은 국가 간 지식재산권 보호 및 집행을 위한 최소한의 기준을 제시하고 있다. 디지털 환경에서 지식재산권 보호를 구체적으로 다루고 있지는 않지만 각국의 무역협상 및 협정에서 지식재산권 규제의 근간이 된다. 저작권, 상표, 특허, 영업비밀 등에 대한 전반적인 기준은 1800년대 국제지식재산권

(International IPR treaties) 조약에 근거하여 제시되어 있으며, 실질적인 시행에 한계가 있는 것으로 평가된다. TRIPS의 조항 중에서 디지털 환경에서의 지식재산권에 관한 내용은 저작권 및 관련 권리에 관한 조항에 포함되어 있는데 컴퓨터 프로그램 및 데이터 편집의 저작권을 다루고 있다.

- **세계지식재산권기구**

(WIPO, World Intellectual Property Organization Internet Treaties)

TRIPS 협정 이후 WIPO는 디지털 환경에서 발생하는 지식재산권 문제를 논의하기 위해 WIPO 저작권 조약과 WIPO 실연 및 음반 조약을 체결하여 2002년 발효되었다. 이 조약은 간단히 '인터넷 조약'으로 불리며 1996년에 타결되었지만 2002년에 발효되었고 회원국에서 강제성은 없다.

이 조약의 핵심은 저작권이라는 디지털 정보 수단을 삭제, 변경, 우회 또는 회피하는 경우 법적 보호 및 구제를 위한 내용이다. 미국은 WIPO 인터넷 조약에 기초하여 1998년 디지털 밀레니엄 저작권법(DCMA 1998)을 발효했으며 교역상대국이 WIPO 인터넷 조약을 완전히 이행할 것을 요구한다. DCMA는 디지털 환경에서 저작권 보호에 대한 표준을 설정하고 디지털 저작물에 불법 복제 방지 수단을 포함하고 준수하지 않았을 때 민사, 행정 및 형사 구제 수단을 규정한다.

2) 한미 FTA 전자상거래 협정

한미 FTA 전자상거래 협정은 전자상거래 진흥을 위한 자유화 규범과 협력조항 등 총 9개 조항으로 구성됐다. 구체적으로, 온라인으로 전송되는 디지털 제품에 대한 관세 면제 관행을 유지하고, 디지털 제품에 대한 비차별적 대우 및 예외를 제공하고, 전자상거래 당사자가 전자상거래 보증을 쉽게 하도록 전자인증 방법을 자율적으로 선택하도록 장려하는 데 동의한다.

3) CPTPP, USMCA

CPTPP(Comprehensive and Progressive Agreement for Trans-Pacific Partnership)는 미국이 환태평양경제동반자협정(TPP)에서 빠지면서 일본을 중심으로 아시아태평양 11개국이 참여하는 '포괄적이고 점진적인 환태평양경제동반자협정'이다. 2018년 12월 30일 발효됐다. CPTPP는 미국이 가입할 때까지만 적용되는 임시 명칭이다. 미국이 재가입하면 TPP로 복원된다.

USMCA(United States-Mexico-Canada Agreement)는 미국, 캐나다, 멕시코 간의 자유무역협정이다. USMCA는 또한 일종의 공동시장으로 분류된다. 1994년 NAFTA(North American Free Trade Agreement) 발효 이후 미국, 캐나다, 멕시코가 사실상 단일경제권이 되었기 때문이다.

CPTPP 및 USMCA에는 개인정보 보호, 정보의 자유로운 국경 간 이동 보장, 전산시설의 현지화 금지, 디지털 콘텐츠에 대한 관세부과 금지, 개인정보 보호를 전제로 한 금융정보 제공 등의 내용이 들어가 있다. 디지털 보호주의를 경계한다.

4) EU-일본 EPA, 영국-일본 CEPA

EPA(Economic Partnership Agreement)는 자유무역협정(FTA)을 궁극적인 목표로 하는 국가 간 경제협력계획이다. 관세의 폐지 또는 인하 외에도 EPA는 투자, 서비스, 지식재산 및 인적 자원의 자유로운 이동을 포함한다. 체약국은 느슨한 방식으로 경제공동체를 형성한다. EU-일본 EPA는 기밀정보, 개인정보 보호를 전제로 금융정보의 자유로운 이동 허용 및 지식재산권 제공에 대한 정보 권리 보호에 관한 조항을 포함하고 있다.

영국이 유럽연합(EU)에서 탈퇴한 후 일본과 영국 간에 새로운 자유무역협정(CEPA)이 발효되었다. 디지털 무역 분야에서는 EU 협정보다 높은 수준의 협정을 달성했다. 개방형 디지털 시장, 데이터 경제를 지원하고, 디지털 거래를 촉진하고, 소비자와 기업을 보호하기 위한 규정이 만들어졌다.[199]

5) 디지털경제동반자협정(DEPA)

DEPA(Digital Economy Partnership Agreement)는 싱가포르, 뉴질랜드, 칠레 간의 디지털 경제협력을 강화하기 위한 협정으로 2021년 1월 7일부터 발효되었다. 자유무역협정 내 디지털 부문과 달리 DEPA는 디지털 부문만을 다루는 협정이다. 서류 없는 무역을 위한 전자 인보이스, 전자결제 규범을 포함하여 핀테크, 디지털 ID, 인공지능(AI) 거버넌스, 공공정보 개방 등의 내용을 담았다. 우리나라도 국가 간 디지털 무역 장벽을 해소해 디지털 협력 네트워크를 조기에 구축하기 위해 DEPA 가입을 추진하고 있다.

---

199 KOTRA, "영-일 CEPA체결에 따른 우리 기업의 영향 및 시사점", Global Market Report 20-036, 2020.

토의문제

- 디지털 무역은 과연 우리 무역업계에 기회인지 도전인지 토의하시오.
- 전자적 전송물 관세부과와 다국적 디지털 기업 디지털세 도입에 대한 자기 생각을 논하시오.
- 데이터 국외 이동의 제한과 데이터 저장설비의 현지화와 소스 코드 공개에 대한 자기 생각을 논하시오.
- 온라인 콘텐츠 및 서비스 시장에서 ISP의 법적 책임은 어디까지 두어야 할지 자기 생각을 논하시오.
- 망 이용료와 앱 결제 문제에 대한 한국 법원의 결정이 옳은지 토의하시오.

참고문헌

KAPLAN, STEVEN, and MOHANBIR SAWHNEY. "E-Hubs: The New B2B Marketplaces." Harvard Business Review, vol. 78, no. 3, May 2000, p. 97.

KIEP 이수영 외, "리쇼어링의 결정요인과 정책 효과성 연구", KIEP 연구보고서, 2018, pp. 1-206.

KIEP 최낙균 외, "디지털 혁신의 국제비교와 시나리오별 무역 영향 분석", KIEP 연구보고서, 2018, pp. 1-233.

KIET, "코로나19 대응을 위한 중소기업 디지털 혁신실태 및 정책 시사점", 산업경제분석, 2020.

KOTRA 워싱턴 무역관 보고서, 무역협정을 통해 보는 디지털 무역, 2017.

KOTRA, "글로벌 디지털 통상규범 논의 동향 및 주요국 입장", Global Market Report 20-003, 2020.

KOTRA, "디지털 무역 이해하기II: 무역협정을 통해 보는 디지털 무역", 2017.08.16.

KOTRA, "미국, 라이브커머스가 뜬다", 해외시장뉴스, 2022.01.03.

KOTRA, "영-일 CEPA체결에 따른 우리 기업의 영향 및 시사점", Global Market Report 20-036, 2020.

Laudon, Kenneth C. & Laudon, Jane P., Management Information Systems: Organization and Technology(10th ed.). Macmillan Publishing Company, Inc., 2006.

Laudon, Kenneth C., Jane P., Management Information Systems(12th Edition), Prentice Hall, 2011.

Marr, Bernard., "Why Everyone Must Get Ready For The 4th Industrial Revolution", Forbes, Retrieved 14 February 2018.
Mike, Moore., "What is Industry 4.0? Everything you need to know", TechRadar, Retrieved 27 May 2020.
Schwab, Klaus., "The Fourth Industrial Revolution: what it means, how to respond", World Economic Forum, 2016.
Sniderman, Brenna & Mahto, Monika & Cotteleer, Mark J., "Industry 4.0 and manufacturing ecosystems Exploring the world of connected enterprises" Deloitte, Retrieved 25 June 2019.
U.S. International Trade Commission, "Digital Trade in the U.S. and Global Economies" (Part 2)(Publication No. 4485)(Investigation No. 332-540), 2014.
U.S. International Trade Commission, Digital Trade in the U.S. and Global Economies, Part 1(Investigation No. 332-531)(USITC Publication 4415), 2013.
강명구, 아무도 알려주지 않는 4차 산업혁명 이야기, 키출판사, 2018.
관계부처 합동, 무역 디지털 전환 대책, 2020.11.
국제무역연구원(2016), "선진화된 구조로 세계경제와 조화되는 한국무역: 무역 가치 창출을 위한 Value7+ 전략", 국제무역연구원(KITA IIT).
권혁, 한국 수출입기업의 전자무역시스템 활용성과에 관한 실증 연구, 경영연구 제34권 제1호, 2019.
권혁중, 누구나 따라하는 네이버 스마트스토어 만들기, 디지털북스, 2019, pp. 20-21.
김동구, 우리나라 무역자동화(EDI) 운영의 개선방안에 관한 연구, 산학경영연구 제11호, 1998.
김연대, 홍재원, "디지털 무역의 데이터 거버넌스에 대한 연구", 무역금융보험연구, 22(5), 2021, pp. 153-169.
김범구, "무역사기의 유형과 예방", 더테크 (THE TECH), 2021.03.29.
김보경(2016), "해외 IoT기술 접목 스마트 제품의 성공전략", 「Trade Brief」, Vol.8, 국제무역연구원(KITA IIT).
김선옥, e-비즈니스의 활성화를 위한 무역원활화추진, 통상정보연구, 제7권 제2호, 2005.
김신, "인터넷과 4차 산업혁명 시대의 보호무역", 「인터넷비즈니스 연구」, 제20권 제1호, 한국인터넷비즈니스학회, 2019, pp. 9-30.
김재성, 임성철, "국제 무역거래에서 블록체인의 활용 가능성에 관한 연구", 「무역상무연구」, 제75권, 2017, pp. 37-158.
김정균·김보경·이유진, 「블록체인이 산업과 국제무역에 미치는 영향 및 시사점」, 『TRADE FOCUS』, 2018년 제14호, 한국무역협회, 2018.4.
김종렬, "4차 산업혁명 신기술의 관세행정 접목 현황", 한국관세학회 학술대회, 2018,

pp. 135-141.
김철호, "A Study on the Application of Blockchain Technology in International Trade Settlement", 「국제상학」, 제34권 제2호, 한국국제상학회, 2019, pp. 103-120.
김철호, "무역거래에서 블록체인기술의 활용을 위한 해결과제", 「무역통상학회지」, 제8권 제6호, 한국무역통상학회, 2018, pp. 71-89.
김학민, "전자무역 마케팅의 수출 성과에 대한 효과성 분석", 통상정보연구, 13(2), pp. 3-26. 2011.
김학소, "The Countermeasure of Korean Port Logistics Industry in the Era of 4th Industry Revolution", 「국제상학」, 제33권 제4호, 한국국제상학회, 2018, pp. 239-254.
김현미, 전자신용장(e-L/C)의 활성화를 위한 거래 실무상의 문제점과 해결방안에 관한 연구, 전남대학교 대학원 학위논문, 2012.
김현수, 코로나19 이후 글로벌 전자상거래 트렌드, 한국무역협회 TRADE FOCUS, 2020년 21호.
김혜성, ISP에 대한 면책 조항 적용 요건: 각 국의 관련 규정 및 법원의 판결 동향, 저작권 동향 2018년 제24호
노규성, 기업을 바꾼 10대 정보시스템, 커뮤니케이션북스, 2014.
노규성·조남재, 경영정보시스템, 사이텍미디어, 2010.
대외경제정책연구원, "WTO 전자상거래 협상 전망과 한국의 과제", KIEP 오늘의 세계경제, 2021.03.10. Vol. 21 No. 3.
박두순 외, 빅데이터 컴퓨팅 기술, 한빛아카데미, 2014.
박세훈, "4차 산업혁명시대 무역업체 수요를 반영한 무역실무 교육과정 개발과 적용에 관한 연구", 「무역상무연구」, 제84권, 한국무역상무학회, 2019, pp. 275-291.
박아란, 인터넷 표현의 자유, 커뮤니케이션북스, 2014.
박지원, 우리나라의 국경 간 전자상거래 현황과 시사점 - 글로벌 전자상거래 기업을 중심으로, KIET 산업경제, 2019.
방지현, "비대면·온라인 트렌드 활용 중소기업 수출지원", 한국행정연구원, 행정포커스 Vol. 148, 2020.
변대호, "한미간 스마트 물류를 대표하는 키워드 트렌드 비교연구", 「e-비즈니스연구」, 제20권 제3호, 국제e-비즈니스학회, 2019, pp. 3-20.
서민교, 이창현.(2006). 국제촉진수단으로서의 무역전시회(Trade Show)의 효과성 및 전략적 활용방안 연구.통상정보연구, 8(1), 305-323.
손승표, "FTA를 활용한 서비스무역 경쟁력 제고방안 연구 - 물류산업을 중심으로", 「통상정보연구」, 제18권 제2호, 한국통상정보학회, 2016, pp. 151-167.

송계의, “인더스트리 4.0시대에서 전자무역을 활용한 중소기업 수출 확대 방안”, 「무역상무연구」, 제78권, 한국무역상무학회, 2018, pp. 53-72.

송화섭, “분석적 계층 프로세스(AHP)를 활용한 무역업 블록체인의 성공요인 분석”, 국민대학교 비즈니스IT전문대학원 학위논문, 2019.

신나라·김용진, 물류 빅데이터 구축 실태 및 활용사례 분석을 통한 활성화 방안, 한국물류학회 물류학회지 제28권 제2호, 2018.

신현주, “4차 산업혁명 기반 물류기술의 활용 동향에 대한 연구”, 「e-비즈니스연구」, 제21권 제2호, 국제e-비즈니스학회, 2020, pp. 17-27.

윌리엄 번스타인, 무역의 세계사, 라이팅하우스, 2019.

유광현, “국제운송에서의 블록체인 기술 활용을 위한 개선방안”, 통상정보연구, 제22권 제1호, 한국통상정보학회, 2020, pp. 49-72.

유광현, 김종권, “블록체인 근거 기술에 의한 무역활성화와 촉진 가능성에 대한 고찰”, 「무역상무연구」, 제85권, 한국무역상무학회, 2020, pp. 27-47.

유광현, 방성철, “스마트무역 도입과 활성화 방안에 관한 연구”, 「국제상학」, 제27권 제3호, 한국국제상학회, 2012, pp. 189-207.

이금노, “디지털 무역규범 동향과 소비자 정책 시사점”, 소비자정책동향 제113호, 2021.

이기영, 김철호, “A Study on the Application of Smart Chain based on Block Chain to International Commerce Transaction”, 「국제상학」, 제33권 제4호, 한국국제상학회, 2018, pp. 45-63.

이동환, 국내외 전자무역시스템 도입 현황과 발전 방향, 주간기술동향 1892호, 정보통신기획평가원, 2019.

이명구, “블록체인 기반 관세행정 플랫폼 구축을 위한 개선방안 연구”, 「e-비즈니스연구」, 제20권 제3호, 국제e-비즈니스학회, 2019, pp. 107-121.

이명구, 이은재, “4차 산업혁명기술을 적용한 관세행정 개선방안에 관한 연구”, 「관세학회지」, 제19권 제1호, 한국관세학회, 2018, pp. 3-24.

이민화, 대한민국의 4차 산업혁명, 창조경제연구회, 2017.

이병문·정희진·박광서, 4차 산업혁명이 무역에 미칠 영향과 이에 대비한 수출촉진전략, 무역학회지 제42권 제3호, 2017.

이상진·김형철, 전자무역 마케팅의 변화와 발전 방안에 관한 연구, 한국무역상무학회지 제60권, 2013년 12월, pp. 213-234.

이상진·김형철, 전자무역 활용현황 분석과 발전방향에 관한 연구, 전자무역연구 제12권 제2호, 2014.

이언경, 이수영, “4차 산업혁명시대 국내 스마트항만 수준 측정과 비교분석”, 「해운물류연구」, 제103권, 한국해운물류학회, 2019, pp. 323-348.

이재영, “자율운항선박의 개발동향 및 쟁점분석을 통한 정책적 제언”, 「해운물류연구」,

제102권, 한국해운물류학회, 2019, pp. 73-91.

이철웅, "글로벌 온라인 비즈니스를 위한 빅데이터 활용에 대한 연구: 전자 무역을 중심으로", 한성대학교 대학원 학위논문, 2014.

이한영, 차성민, "소프트웨어의 국제거래에 관한 법적 검토", 「과학기술법연구」, 제24권 제2호, 한남대학교 과학기술법연구원, 2018, pp. 81-111.

이호형, "전자무역 분야 빅데이터 활용 사례연구", 「정보화연구」, 제15권 제2호, 한국엔터프라이즈아키텍처학회, 2018, pp. 179-186.

이효영, "디지털 무역을 통한 중소기업의 무역참여 활성화", TRADE INSIGHT 2018-1호, 중소기업중앙회.

임영광, "금융과 무역 분야의 블록체인 도입 관련 연구동향 분석", 「Asian Trade Risk Management(ATRM)」, 제4권 제1호, 성균관대학교 무역연구, 2019, pp. 1-26.

임천혁, "블록체인 기술을 활용한 국제무역 활성화 방안에 관한 연구", 「무역상무연구」, 제85권, 한국무역상무학회, 2020, pp. 49-71.

장명진, 윤광운. "우리나라 무역업체의 인터넷 무역거래알선사이트의 활성화방안", 통상정보연구, 2.2 (2000): 69-96.

정석찬(2006), 허브형 e-마켓플레이스 구현에 관한 연구, e-비즈니스연구, 7(1), 313-333.

조빛나·김건우(2016), "세계 무역구조 변화와 한국 무역", 「Trade Brief」, No. 30, 국제무역연구원(KITA IIT).

조원길, "4차 산업혁명시대 무역인력양성 방향과 전략에 관한 연구", 「무역학회지」, 제44권 제4호, 한국무역학회, 2019, pp. 67-85.

조현숙, "무역거래에서 스마트계약의 법적 고찰", 「통상정보연구」, 제21권 제3호, 한국통상정보학회, 2019, pp. 111-128.

주해종, 김혜선, 김형로, 빅데이터 기획 및 분석, 크라운출판사, 2017.

채진일, 글로벌 전자무역에서 SWIFT의 TSU BPO의 도입과 과제, 무역상무연구 제49호, 2011.

최영환, "4차 산업혁명 대응을 위한 관세행정 중장기 정보화전략계획", 한국관세학회 학술대회, 2018, pp. 115-134.

최하눌, 이호형, 스마트무역의 이해, 계명대학교출판부, 2021.

최학열, "블록체인 기반 글로벌 전자상거래 물류 지능화 모델 구축 사례 연구", 한국경영정보학회 2018년 경영정보관련 추계학술대회, 2018, pp. 31-35.

컴퓨터프로그램보호위원회, "대만 저작권법, ISP 면책조항 및 삼진아웃제 도입", SW IPReport 2009년 제15호.

한경경제, "한국무역협회, 첨단 화상회의 시스템 구축…中企 '비대면 수출' 확대", 2020.03.19.

한국무역신문, "KOTRA, 3월부터 무역 빅데이터 플랫폼 오픈", 2020.02.28.

한국무역신문, “관세청, 4차산업과 만나다… 통관에 AI접목”, 2020.07.14.
한국무역협회 국제무역통상연구원, 무역절차의 그린화, 전자무역의 경제적 효과분석, Trade Focus Vol.9 No.64, 2011.
한국무역협회 수출성공사례, 경험으로 터득한 인터넷무역 노하우
한국무역협회 수출성공사례, 이제는 B2C가 소비재 수출의 출발점
한국무역협회 수출성공사례, 전자무역으로 신뢰를 쌓는 8가지 비결
한국무역협회 통상지원센터, 디지털무역 표준 논의 동향과 시사점, KITA 통상 리포트, Vol.6, 2021.
한국무역협회, “K-Food 열풍, 세계로 뻗어나간다”, 언택트 시대의 수출 마케팅 화상 수출상담회 성공스토리, 2020.
한국무역협회, “코로나19 시국 신통상 화두 떠오른 ‘디지털 무역’”, 무역뉴스, 2021.04.23.
한국무역협회, “코로나19 장기화에 비대면 무역 사기 기승”, 무역뉴스, 2021.08.03.
한국무역협회, “화상상담으로 해외 바이어 속속 발굴”, 언택트 시대의 수출 마케팅 화상 수출상담회 성공스토리, 2020.
한국무역협회, 가장 빈번하게 발생하는 무역사기 유형 TOP6, 2020.03.10.
한국무역협회, 디지털무역 표준 논의 동향과 시사점, 2021.
한국무역협회, 무역사기 방지 매뉴얼, 2019.
한국무역협회, 무역업계의 4차 산업혁명 대응 현황 조사, 2017.
한국무역협회, 포스트 코로나 시대, 온라인 화상상담 성공전략, 트레이드 브리프 12호, 2020.
한국무역협회·산업연구원, “코로나19의 중소기업 수출 영향 및 디지털 수출혁신 전략 활용 실태 분석”, 2020.
한국정보화진흥원, 新가치창출 엔진, 빅데이터의 새로운 가능성과 대응 전략, IT & Future Strategy, 2011.
한국조세재정연구원, 블록체인 기술을 이용한 무역원활화 방안에 관한 연구, 관세연구 18-05, 2018.
한국통상정보학회, 선진 무역환경 조성을 위한 전자무역 개선방안 연구, 2009.
한국해양수산개발원, 해운·항만 정책 의사결정 지원 빅데이터 플랫폼 개발 필요, KMI 동향분석 제152호, 2019.
한설화, 최원목 “국제 전자상거래의 온라인 분쟁해결에 관한 연구 -한-중 FTA 접근방식을 중심으로-” 국제거래법연구 29.1 pp. 109-133(2020): 109.
한종규, “블록체인 기술을 기반으로 한 스마트계약의 법적 쟁점 연구 - 국제사법 쟁점을 중심으로”, 「상사법연구」, 제37권 제3호, 한국상사법학회, 2018, pp. 421-463.